国家出版基金项目
NATIONAL PUBLICATION FOUNDATION

中华民族文化大系

【白族】

苍洱灵秀

主编　杨国才　李东红

总顾问单位　国家民族事务委员会

上海锦绣文章出版社　上海文化出版社

中华民族文化大系

《苍洱灵秀——白族》

主　编

杨国才（白族）　云南民族大学教授

李东红（白族）　云南大学教授

撰稿专家（按章节顺序排列）

赵寅松（白族）　大理州白族文化研究所研究员

张崇礼（白族）　大理州规划局教授级高级工程师

李东红（白族）　大理大学特聘教授，云南大学教授

李学龙（白族）　大理大学研究员

杨国才（白族）　云南民族大学教授

董秀团（白族）　云南大学教授

谢道辛（白族）　大理州博物馆研究员

赵　敏（白族）　大理大学教授

云蒸霞蔚中的洱海三岛（图/杨士斌）

张　翠	张锦鹏
陈　倩	陈　徵
陈丹正	陈勤建
罗春寒（水族）	和少英（纳西族）
金黎燕（景颇族）	周亚成
周志军	周国茂（布依族）
周艳梅	郑继强（仡佬族）
房剑森	孟旭彦
赵卫星	赵昌平
郝苏民（回族）	胡文明（普米族）
段　超（土家族）	俞惠煜
姜复生	姜逸青
袁晓文（藏族）	都永浩（朝鲜族）
贾合甫·米尔扎汗（哈萨克族）	夏　蒙
夏一鸣	热依拉·达吾提（维吾尔族）
铁穆尔（裕固族）	徐　炯
徐艺乙	高志英（纳西族）
高韵斐	郭　锐（佤族）
郭志超（回族）	郭建斌
黄永松	曹先强（阿昌族）
鄂崇荣（土族）	康南山（傣族）
彭卫国（土家族）	葛剑雄
蒋澄澜	傅爱明
街顺宝（彝族）	童翔蔚
蓝炯熹（畲族）	赖永良（德昂族）
蔡武成（傈僳族）	阚宁辉
樊人龙	滕春华（俄罗斯族）
颜莹舫	毅　松（达斡尔族）

大理大学的樱花（图/视觉中国）

弘扬优秀民族文化
打造传世文化精品

中国自古就是一个统一的、多民族的国家，各民族之间交往频繁，相互依存，相互融通，血肉相连。上下五千年的中国史，就是各民族交往交流交融的历史，各民族的交往交流交融也是中华民族自我完善发展的强大推力。我国各民族都是中华民族大家庭中的成员，各民族团结进步是中华民族的生命所在、力量所在、希望所在。只有加强各民族交往交流交融，在共同生产生活和工作学习中加深了解、增进感情，才能促进各民族和睦相处，像石榴籽那样紧紧抱在一起，在中华民族大家庭中守望相助、和谐共生。

文化是民族的精神血脉，积淀着民族深沉的精神追求，代表着民族独特的精神标识，文化自信是国家发展更基本、更深层、更持久的力量。中华文化是一个有机的整体，优秀的民族文化是中华民族深厚的历史文化和丰富的人文风情的重要组成部分。中国56个民族的文化尽管个性纷呈，但是它们都深深根植于整个中华民族文化的丰厚土壤里，既特色多元又融为一体，“各美其美，美美与共”，共同创造了源远流长、灿烂辉煌的中华文化，对延续和发展中华文明、促进人类文明进步，发挥着非常重要的作用。

各民族优秀的文化事项和文化元素，不仅是各民族的文明精华，更是今天整个中国文化大发展的源头和根基。我们要坚持辩证唯物主义和历史唯物主义，不断赋予新的时代内涵和现代表达形式，不断补充、拓展、完善，使中华民族最基本的文化基因与当代文化相适应、与现代社会相协调、与时代需求相结合。优秀的民族文化元素一旦与现代理念和技术相结合，必将焕发出勃勃生机，有利于中华文化在今天的世界多元文化中彰显出自己的特色与个性，有利于促进新一轮的中华文化大发展。

习近平总书记在中央民族工作会议上指示："让各族人民增强对伟大祖国的认同、对中华民族的认同、对中华文化的认同、对中国特色社会主义道路的认同。我们越是接近民族复兴的目标，就越需要汇聚全民族的磅礴之力。"民族问题是事关国家长治久安的核心和要害问题，民族团结是实现中华民族伟大复兴中国梦的基石和"助推器"，向广大民众展示、解读、传播、弘扬各民族优秀文化，促进各民族相互了解、相互尊重、相互包容、相互欣赏、相互学习、相互帮助，具有十分重要的意义，是非常必要、非常迫切的任务。只有加强民族之间的相互了解，才能消除偏见和误会，让民族团结之花常开长盛，共建美好的中华民族大家园。

上海故事会文化传媒有限公司、上海市国际文化传播协会、上海文坊文化传播有限公司多年来一直致力于中华民族优秀传统文化的弘扬及其创造性转化和创新性发展，取得了诸多成果。由三家单位策划的这套"中华民族文化大系"大型丛书汇集众多民族文化研究成果，集聚一流的民族文化专家学者，解读各民族悠久灿烂的文化，展示中华民族共同的精神家园，极大丰富了国民的文化认知。为配合做好新形势下的民族工作，出版这类既有主体观、本土观，也有他者观、国家观，既立足于学术，又为群众喜闻乐见的普及型著作，可谓恰当其时。这套丛书虽然是一部以传统纸质印制的图书，但又不拘泥于纸张，利用现代理念和技术进行文化整合创新，使传统图书与各种新兴媒体表现手段有机结合，在可读性、大众化方面进行了独具中国特色和当下风格的内容表达与视觉呈现的探索，以期让读者获得更完整、更全面的阅读体验。

我国众多民族与周边各国的民族和人民之间有着千丝万缕的联系，而民族文化具有独特的魅力以及广泛的文化传播力，尤其是与"一带一路"国家战略高度契合。希望这套丛书可以推动中华优秀文化的国际传播，推动中外文化的交流互鉴，成为中国民族文化"走出去"的力作。同时，这套丛书也将以令人信服的内容成为世界准确客观了解中国的窗口，并回答国际社会对我国民族问题的关切和期待。

2016年12月29日，习近平总书记致信祝贺《大辞海》出版暨《辞海》第一版面世80周年，对出版工作作出了"坚定文化自信，坚持改革创新，打造传世精品"的重要指示，作为富有责任感、使命感的出版文化工作者，我们更有义务做好弘扬优秀民族文化、打造传世精品的工作，讲好中国故事，谱写中国篇章，宣传中国文化，担当中华优秀文化的传承者和守卫者。

本书编委会

2017年6月

目录 CONTENT

目录 CONTENT

第2章 美丽田园的诗意栖居 民居建筑 57

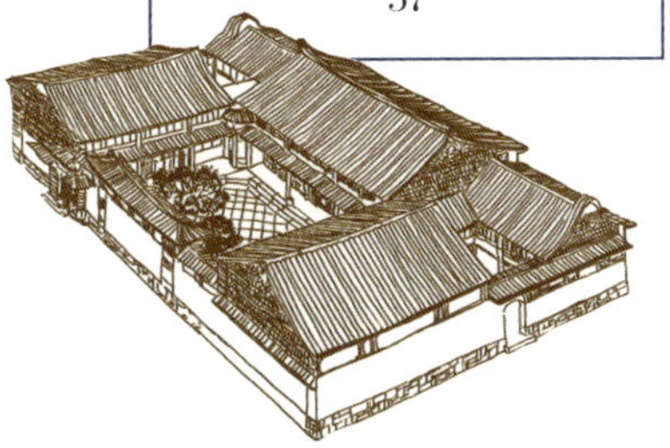

第3章 文明古族的流风遗韵 历史 85

目录　CONTENT

目录　CONTENT

第4章
白族的精神根脉
本主信仰

目录 CONTENT

第5章
妙香佛国的灿烂与辉煌
佛教文化
147

第6章
佛教艺术与白族历史的绝代交响
南诏大理国
绘画与石窟艺术
171

目录 CONTENT

目录 CONTENT

目录 CONTENT

目录 CONTENT

在异彩纷呈的白族文化中，本主文化是白族最独特和最典型的文化。而在本主文化中，本主庙是其文化的核心和重要标志。作为白族传统文化的传承场，本主庙承载着白族各个时期的历史和文化，使古老的文化从传统走向现代。

苍山洱海：我永远的精神家园

杨国才（白族）
云南民族大学教授

》云南大理的苍山之麓、洱海之滨，有一个叫宁邑上登的白族村落。这里水土丰饶，昌盛富庶，山水秀美，民风淳朴。我就出生在这如诗如画的乡间。

》阿爹阿妈30多岁才生我。中年得女，他们视我为掌上明珠，特意给我取了男孩的名字，希望我今后成为国家的有用之才。阿爹过去在省城昆明工作，为了我退职回家。父爱如山，阿爹给予我成长的智慧和力量。

》我的阿爹阿妈都是白族，我的血液里流动着白族文化的基因，性格中秉承了白族人的气质。

》我从小就在浓郁的白族文化的氛围中聆风听雨。苍山雪，洱海月，白族的节庆歌舞，白族的文学艺术，白族的宗教伦理……这一切都对我的成长具有重要影响。

》记得小时候，我经常跟着姑奶及表哥、侄儿到本主庙里去念经、供奉供品、磕头、分享供品；夜晚在村落大青树下的青石板凳上，听老人讲民族民间故事；节日里骑在阿爹的脖子上，看人们在古戏台上耍狮子、表演田家乐、演奏洞经古乐，在祠堂里听大本曲……

》苍山洱海，童年记忆，于我来说刻骨铭心，是我永远的精神家园。

三塔（图/视觉中国）

《洱源西山白族调》

扫描二维码，优美的音乐会在您耳边响起

主编肖像绘制/丁德武

》 我的中小学基础教育是在大理完成的。1972年，我从大理一中高中毕业后，回乡当了知青。20岁那年，我离开大理到云南大学读书，毕业后又分配到云南民族大学教书、编书、做研究，迄今已过去40多年。然而，无论我在日本国立民族学博物馆研究亚洲的生育文化，还是到欧洲和美洲讲授交流白族文化，让我魂牵梦系的，还是生我养我的苍山洱海，还是流动在血液中的白族文化。

》 尽管我离开那片土地已40多年，但我却一直觉得在她身边，从未走远。作为一名民族文化研究学者，我多年研究的领域和课题，都源于我生于斯长于斯的那片土地。

》 1999年，我担任“滇西北行动计划——白族片区传统文化保护与发展”项目组的组长。在历时3年的田野调查中，我走遍了白族聚居区五县一市，在从宾川白羊村遗址到剑川海门口遗址的考古中我发现，白族先民已在新石器文化的基础上创造了青铜文化，进入了文明社会，形成了独具特色的民族文化。汉武帝建益州郡时，在洱海区域设叶榆县（治今大理）。唐宋时期，南诏大理国历经的500多年里，云南形成了稳定的政治实体。直到元世祖忽必烈革囊渡江，建立云南行省，洱海区域白族聚居的大理成为云南政治、经济、文化的中心。

》 在漫长的历史之河中，苍山洱海间留下了宝贵的遗迹。历史上“汉习楼船、唐标

白族民居山墙上的清丽绘画——“三塔倒影”（图/杨士斌）

型的文化。而在本主文化中，本主庙是其文化的核心和重要标志。作为白族传统文化的传承场，本主庙承载着白族各个时期的历史和文化，使古老的文化从传统走向现代

苍山神祠内清代诗人宋湘题写的《苍山诗碑》。诗云："西南雄阔地，苍洱大名垂。众壑雪同古，此峰云更奇。神灵趋白帝，风雨下金支。莫问劫尘事，仙人方弈棋。"（图/杨士斌）

铁柱、宋挥玉斧、元跨革囊"等典故也与大理白族有联系。苍山洱海间有保存完整的新石器时代原始社会村落遗址和青铜文化遗址；有南诏古城的遗址和保存至今的村落太和村；太和村旁边有记录南诏同唐王朝间的天宝战争的《南诏德化碑》；大理古城西侧的三月街上有忽必烈灭大理国以后刻写的《元世祖平云南碑》；有剑川石钟山石窟雕刻、古丝绸之路的博南古道遗迹；有耸立千年的大理崇圣寺三塔、自然景观蝴蝶泉；有名城巍山和道教名山巍宝山；有在东南亚闻名的佛教圣地鸡足山；有被称为"文献名邦"的古城大理……

》研究历史，见证古迹，更让我心系、身系、情系苍山洱海，更让我依恋我生命中永远的精神家园。

》多年来，我以学者身份，一次又一次走进白族村落、民居、本主庙、文阁、山神庙、宗族祠堂，在守护村落的大青树下，在古戏台间，在村落的青石板上，一次又一次地聆听父老乡亲讲述古老的传说。

》多年来，我走遍大理，探访分散在大理各地的72座本主庙。我仿佛感到自己不是在做课题，而是在寻根。我是在探寻自己精神家园的源头。我不断问自己：白族独有的文化是什么？白族文化的主要特色是什么？价值在哪里？

》通过多年的田野调查和深入研究，我终于找到了白族文化的精髓，那就是白族的"本主文化"。

》在异彩纷呈的白族文化中，本主文化是白族最独特和最典型的文化。而在本主文化中，本主庙是其文化的核心和重要标志。作为白族传统文化的传承场，本主庙承载着白族各个时期的历史和文化，使古老的文化从传统走向现代。

》本主庙是南诏大理国历史文化遗存的载体。湾桥镇庆洞村圣源寺本主段宗榜、邓川城外的圣妃庙，承载着南诏的历史文化。大理国开国第一个国王段思平，被白族人民尊奉为爱民本主，供奉在大理市喜洲镇和乐村、银桥镇鹤阳村，洱源县凤羽镇马甲村、旧邑村、庄上村、铁甲村等村，受人们祭拜。

》白族传统民居建筑文化在本主庙的建筑中得到了集中展现。走进苍山洱海的白族村落，映入眼帘的是本主庙、青瓦白墙的民居、照壁、门楼、雕梁画柱和彩绘的山墙；无论是单坊院落，还是三坊一照壁、四合五天井、走马转角楼、一颗印、一进多院的民居建筑群，都有着浓厚的白族风格；至今在鹤庆、凤羽、喜洲、周城及洱海区域的坝区，还保留着明清时期传统白族民居建筑群；山地白族依山构建、依台构舍的青瓦红墙，在云龙千年古村诺邓等地被保留。白族建筑的这些经典特色，在本主庙中都有集中展现。

》 白族传统工艺美术文化在本主庙中汇合。本主庙中的本主雕塑，大多为泥塑，也有木雕本主。如周城本主杜朝选雕像，以及宾川上沧村明代雕刻的木雕本主，每尊雕像都神采奕奕。精湛的雕刻和彩绘艺术在本主庙里沿袭、展演。20世纪90年代初，大理州人民政府曾计划出资20万，将上沧村明代的本主木雕收到州博物馆展示，但上沧村的村民坚定地表示，我们再贫穷也不会出卖我们的祖先。

》 白族民间传说、神话故事和音乐歌舞在本主庙中广为传播。《苍山会盟》和《阿盖公主》就是以历史事件切入，按照戏剧的要求及人们的审美要求创作的白剧。白族民间传说《望夫云》，讲述了南诏公主与苍山猎人悲壮的爱情故事。其中，本主的传说故事有很多，例如《大黑天神》《猎神杜朝选》《段赤城斩蟒》《白洁夫人》等，都在本主庙里传播，流传很广，影响深远。源于唐宋、盛于明清、中原已经失传的宫廷音乐却在洱海区域及剑川沙溪、云龙诺邓一带的偏远山区得到了保留，融合了蔚然儒风和佛道灵韵，绵绵丝竹仿若汉曲的沧海遗珠。演奏者为村民，运用的都是祖辈口传心授的技艺。他们身着古朴的服装排坐于戏台之上，每当乐声响起，瞬间给人难以描摹的心灵震撼。

苍山黄龙潭（图/杨士斌）

型的文化。而在本主文化中，本主庙是其文化的核心和重要标志。作为白族传统文化的传承场，本主庙承载着白族各个时期的历史和文化，使古老的文化从传统走向现代，

》 本主庙是白族传统节日服饰、饮食文化的展示场。每当本主节日来临，本主庙就成为白族服饰的展演场。我穿过许多民族不同时期的服装，都觉得不合身，自从1995年我身着白族绣花白衣、红领挂、黑色绣花围腰，头戴“风花雪月”的帽子，脚穿船形绣花鞋，站上世界妇女大会讲坛，讲述白族女性文化时，我才感觉真正找到了属于自己的服饰。我吃过中华各大菜系，也吃过西餐，但让我魂牵梦系的，依然是白族的砂锅鱼、酸辣鱼、芋头海菜汤；西式奶酪虽然很香甜，我却更喜爱白族的乳扇，还有生皮、冻鱼、凉拌芝麻菜等等。这都是苍洱间最爽口的菜肴，让我难以忘怀。

》 本主庙同时也是白族传统伦理道德的传承场。每当白族老人聚集在本主庙里举行度经会和斋奶会，村里哪家儿子、媳妇孝敬父母，哪家孩子不养老人，都在这里被评说。真善美被表扬，假恶丑被批判。白族固有的文化事项，均能在此得到展示。因而，本主庙被称为“白族乡村民间博物馆”，成为白族传统文化的保存库。

》 白族独特的文化孕育了独特的民族节庆。在我童年的记忆中，家门口的节日，有正月初一穿新衣走亲戚的，有鸡足山庙会，有栽秧会，有三月街，有火把节……

三月街是白族最隆重的节庆。每年三月街到来，阿爹阿妈就带着弟弟和我，约上

集娱乐与劳动为一体的大理栽秧会（图/杨士斌）

亲朋好友，赶着马车，一路歌声一路笑语，先看赛马，再到药材市场转一转，闻百药味，阿妈说闻后这一年都不会生病了。

》 每年农历四月二十三日到二十五日的绕三灵，阿妈总要带我去参加。绕三灵也被称为祈雨会。这是农闲季节的自娱性迎神赛会，是农忙前的游春歌舞集会，已有1000多年历史。20世纪八九十年代，我曾陪同费孝通先生的弟子横山广子博士，以及美国密歇根大学那培思博士、弗吉尼亚大学史杰夫博士多次到大理考察绕三灵。她们认为绕三灵类似西方的狂欢节，但比狂欢节更有文化内涵。

》 农历五月初五的栽秧会，是我最喜欢的节日，因为它是与农耕文化联系最紧密的节日。栽秧会实际上是民间为祈祷五谷丰登、六畜兴旺而举行的一个祭祀活动。祭祀祈祷、栽秧竞赛、田间吃栽秧饭、吃洗脚豆，都是栽秧会的重要内容。人们把紧张的劳动融入欢快的歌声中，比赛劳动技能、展示艳丽服饰。在整个栽秧的过程中，人们演奏洞经古乐、跳霸王鞭舞、唱白族调对歌，田间地头充满了歌声和相互嬉戏的笑声。

大理周城火把节（图/杨士斌）

》 每当六月二十五火把节来临，洱海周围白族聚居区的人们都要穿上节日的盛装，杀猪宰羊，接回出嫁的姑娘。小男孩忙着准备火把，姑娘们忙着把从山上挖来的凤仙花根捣碎，包在手上染红指甲，大人们在村寨广场中央，用麦秆、竹子等捆扎大火把，上面插着寓意五谷丰登的彩色升斗，一根根彩线串起的梨、海棠果挂满火把。入夜，人们点燃大火把后，孩子们各自举着小火把在村里、田野上奔跑驱虫、赛马喊叫，不时将一把把松香面撒在火苗上，腾起阵阵烈焰。靠近海边的村庄，白天要进行划船比赛。人们以此来纪念高风亮节、坚贞不屈的白洁夫人。

》 火把节上立火把是有规矩的，一般为村里结婚、生小孩的人家出资竖立火把。我们村男孩才能参加。听阿爹说，我虽然是女孩，但当时我是我家的独生女，又是老大，所以被特批参加了立火把。20世纪80年代初，我儿子在昆明出生，阿爹也在老家给孙子出资竖火把。2015年底我的孙女在美国出生，2016年我回大理参加竖火把时，生男生女都一样，女儿也能竖火把了。

》 岁岁年年，白族的节日就这样传承。丰富多彩的节庆，承载着白族重大历史信息和原始记忆，反映了白族人民回归自然，追求社会和谐、稳定，追求生活美满、爱情自由的美好意愿。

》 在云南历史上，白族先民创造了灿烂的洱海文化，与云南其他各族先民共同建立了南诏大理国；不仅自己主动积极接受和学习中原文化，而且成为将中原文化向周边各民族传播的桥梁和纽带。

》今天，云南民族团结、边疆稳定、社会和谐进步，这与白族长期奉行心向中原、亲仁善邻的思想密不可分，这是白族对祖国做出的巨大贡献，影响深远。今天，苍山洱海之间的乡村旅游、生态旅游如火如荼。

》不过，让我感到忧虑的是，白族文化在现代化进程中也面临挑战：洱海区域人口增速明显减慢，语言、服饰不断退化；青瓦白墙的民居建筑在开发和重建中岌岌可危；苍山生态环境保护迫在眉睫，洱海水质污染加剧，特别是洱海周围海景房的拓建，使传统民居受到挑战；节日文化正在被商品化和市场化解构。

》苍山洱海是我们永远的精神家园，作为白族儿女，我们有责任和义务担当起保护和传承的责任，责无旁贷。近年来，我和许多有识之士一道，投入保护、抢救和传承白族民族文化的工作之中。

》本书是我与几位白族同胞兄弟姐妹共同研究的结晶，其中也包含着许多白族同胞的辛勤劳动，他们提供图片，审读文章，提出修改建议；还与何承伟先生的创意、编校诸君的智慧及辛勤工作分不开。愿这本书伴着白族文化，走向全国、走向世界；也期盼祖国各兄弟民族同胞以及海外读者，走进白族村落，走进白族悠久的历史文化和淳朴的心灵世界。

白族村镇——喜洲古镇古村古树古戏台（图／杨继远）

白族

人口与分布

白族人口有1933510人（2010年），主要聚居于云南省大理白族自治州、怒江傈僳族自治州，其余分布在云南的昆明、昭通、楚雄、玉溪、普洱、保山、丽江、迪庆、临沧等地区的一些区、县内及贵州毕节、六盘水地区，湖南的桑植、沅陵县和四川的米易、盐边等县。

环境与资源

云南大理地区位于云贵高原西北部，绵延的云岭、怒山山脉纵贯南北，夹持着奔腾而下的澜沧江、怒江，水力资源十分丰富。因横断山脉地势复杂，其间交错分布着高山、峡谷、盆地，地质结构迥异，景象万千。巍峨的点苍山山顶终年积雪，融雪注入清澈明镜般的洱海，山水相映，是举世闻名的旅游胜地。这里的群山峻岭中

有浩瀚的原始森林，除了优势树种云南松、冷杉、铁杉、高山松、阔叶林等遍布其间外，还广蓄秃杉、珙桐、红豆杉、孔雀杉等珍贵

林木，盛产核桃、香蕉、柑橘、石榴、枇杷、木瓜等水果。林中栖息着云豹、金钱豹、小熊猫、金丝猴、岩羊、绿孔雀、灰鹤、原鸡、杜鹃、云雀、火雀等珍禽异兽；地下蕴藏铀、锌、锑、锰、钴、钨、金、银、钼、钯等30多种稀有金属矿藏。洱源县因温泉多、水温高而被誉为“热水城”。

洱海周围遍布大小平坝，气候温和，雨量充沛，这为从事农业的白族人民创造了良好的自然条件。他们开辟出万顷良田，种植水稻、小麦、棉花和烟草等多种农作物和经济作物。

族源与历史

历史上白族自称“白子”“白尼”，意为“白人”。此外，汉族和其他民族对不同地区的白族有“民家”“那马”“勒墨”等称呼。1956年，中央人民政府根据本民族人民的意愿，正式定名为白族。

白族源于古代氐羌的一支。在旧石器时代，其先民已在大理地区繁衍生息。汉晋时，与内地

白族分布图（地图编制：中华地图学社；手绘：ZITAO）

的联系不断增强，西汉王朝设叶榆、云南、比苏等县。公元225年诸葛亮南征，在大理置云南郡。唐宋时，称“河蛮”“白蛮”，白族逐渐形成。唐朝时，大理建立以彝族、白族先民为主体的南诏政权，到公元902年灭亡。公元937年，以白族段氏为主体建立的“大理国”政权，与宋朝以臣属关系相处。公元1254年，“大理国”灭亡，元朝在大理地区设置大理路和鹤庆路，分封当地大小领主为土官，各统其地。明朝时，在白族地区实行“改土归流”政策，废除了世袭土官，以“流官”治理。清朝继续因袭明朝“改土归流”政策，但在边远地区委任了一批土官（土司）。

中华人民共和国成立后，在党的民族政策指引下，1956年11月22日在云南成立了大理白族自治州。1987年11月27日，成立了兰坪白族普米族自治县，并先后在云南的昆明、丽江、保山、泸水、安宁、镇雄、南华、凤庆，湖南的桑植，贵州的毕节、大方、黔西、织金等十几个市县、自治县的白族小片聚居区或与其他民族杂居区成立了30多个民族乡。

语言与文字

白语属汉藏语系藏缅语族。语支系属有两说：有人认为白语属彝语支，有人则主张单独构成白语支。因长期与汉族密切相处，白语的词汇、语音、语法受到汉语的影响很大。白族一直以汉字作为通用文字，但历史上民间也曾仿照汉字创制了一种史称“白文”（“僰文”）的文字，因缺乏统一的规范，没能发展为本民族通用文字。

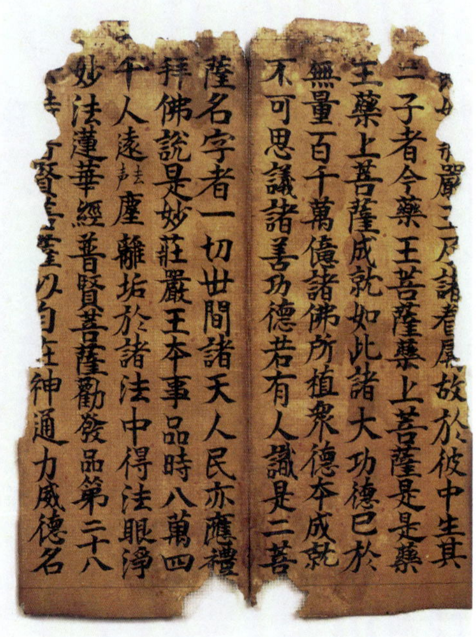
二子者今藥王菩薩藥上菩薩是藥
王藥上菩薩成就如此諸大功德已於
無量百千萬億諸佛所植衆德本成就
不可思議諸善功德若有人識是二菩
薩名字者一切世間諸天人民亦應禮
拜佛說是妙莊嚴王本事品時八萬四
千人遠塵離垢於諸法中得法眼淨
妙法蓮華經普賢菩薩勸發品第二十八

文化艺术

白族的文化艺术内容丰富，形式多样。白族人民早期用白文记载本民族的历史或家史，已知的有唐宋时期的《张氏国史》《白史》《大理国史》，元明时期的《白古通记》《玄峰年运志》等。另外，白族人民还有自己的创世史诗和民间传说。如《创世纪》长诗，叙述了盘古开天辟地的故事。《望夫云》《辘角庄》《美人石》等传说则赞美了青年男女的纯真爱情，抨击、讽刺了统治者的贪婪和愚蠢。

“白族调”是白族地区流传甚广的民间音乐。唱腔各树一帜，有的高亢嘹亮，有的委婉流畅。“白剧”是一种综合性艺术，它的唱腔有20多种，是在早期“吹吹腔”和“大本曲”的基础上，吸取了汉族戏剧的优点发展起来的。

风俗习惯

白族崇尚白色。男女穿白布上衣，包白布头巾，着蓝布长裤。男子外罩开胸领挂；妇女穿红布坎肩，系绣花围腰，穿花鞋，戴玉镯、耳坠。少女盘辫，包毛边头巾，侧垂雪白缨穗，有的戴缀银泡的“鼓钉帽”。妇女婚后盘髻包头巾，有的戴帽沿高翘的“鱼尾帽”。

白族多居平坝，主食稻米和小麦。山区则以玉米、荞麦、马铃薯等为主粮，辅以蔬菜、肉类。有腌制火腿、腊肉、香肠、弓鱼和用糯米酿制白酒的习俗。

白族民居颇有特色。通常条石砌基，石灰刷墙，青瓦为顶，木头作架，门楼讲究。住房一般建成庭院组合的建筑群，有“两房一耳”“三坊一照壁”“四合五天井”“六合同春”等几种建筑形式。楼房分上下两层，过去楼上敬神灵、祖宗牌位，存放粮食、杂物；楼下多分为3间，左右间为卧室，中间为客厅。凡大宅“三坊一照壁”和“四合五天井”式院落，都建有檐角起翘、斗拱重叠、石头雕画、油漆彩绘的殿阁般的装饰性门楼。

白族多一夫一妻小家庭。过去婚姻多由父母作主，同姓不能结亲，有的保持传统的姑舅表优先婚。

白族的部分节日与汉族相同，如春节、清明、端午、中秋等节。此外，还有很多本民族节日，主要的有：“本主节”——为村寨保护神“本主”举行的迎神、祭神、娱神仪式；“三月街”——原为纪念观世音的经会，后发展成为商贸、歌舞、体育的集会；绕三灵——是白族民间的游春歌舞娱神集会，被称为白族的“狂欢节”。

宗教信仰

白族信仰传统的“本主”、佛教和道教，有鲜明的“三教合一”的特点。

“本主”是白族村寨的保护神。在白族群众心目中，本主不仅能帮助信士消灾免难，还会赐福给信士。白族家庭遇上疾病、灾害，出门在外、远行回家等，都要

到本主庙献祭，祈求本主免灾；遇上结婚、建房、功成名就等喜庆之事，也都要到本主庙献祭感恩。

佛教自唐代传入，为白族笃信，到处兴建佛寺、佛塔。著名的崇圣寺“三塔”已成为大理乃至云南的标志性建筑。洱海东岸的鸡足山佛教圣地，有百余座大小寺院，鼎盛时僧尼达5000余众，来朝拜的中外香客络绎不绝，有“夜半寺寺皆钟鸣”的盛名。

本书导读示意图

拓展阅读：与专题相关的名词解释、背景知识、人物小传、田野实录等的延伸阅读，为你构建多维度、多侧面的全息专题文化影像。

专题标题：以虚实结合的文字概括各民族的某一重要文化事项。

专题段落标题：揭示这一重要文化事项的不同断面，分层切入，条分缕析，引你直抵现象背后的文化之核。

正文

民族经典纹样

走进白族人家

欣赏白族民居的优雅明丽，感悟深蕴其中的文化内涵

坐西向东
——白族民居的基本朝向

与传统汉式民居院落坐北朝南的传统朝向不同，大理的白族民居院落，绝大多数的正房朝向是坐西向东。大理的山系大多属横断山脉，其走势为南北向，山与坝相间、山与水相间。建房从建筑和施工的角度考虑，背靠高山，面向江湖，坐西面东能背挡寒冷的西风，东迎和煦的阳光最为有利，由于南北向高山的遮挡，炎夏也没有太阳西晒之虑。

白族人相信“正房要有靠山，才坐得起人家”，即正房后端要正对附近一座吉利的山峦，忌背向山沟或空旷地。正房朝东，或稍偏南偏北，随所靠山冈的位置而定。这也体现出白族古老的择地思想——安全。人出于安全需要，建院盖房自然就有选择背靠安全地带的倾向。因此，从大的环境看，西枕高山、东面江湖或平坝具有安全感，其选址也非常符合中国传统的风水理论。

大理白族民居院落朝东的另一个重要原因是大理地区的主风向是南风或西南风，四季风向基本不变，风沿着山谷从南向北吹。这种特殊的气候特征正是民居选择背西朝东的主要原因，所以大理民间流传歌谣说：“大理有三宝，风吹不进屋是第一宝”。可见，白族民居院落朝向的大格局显现了顺应自然的思想。

浑然天成的天然大理石画

大理苍山盛产大理石，全世界的碳酸盐岩石都以“大理石”称谓。苍山产的大理石不但质地细腻，而且天然花纹优美，解磨出的大理石片，就是一幅天然大理石画，有的似山水画，有的似花鸟画，有的似人物画。明代旅行家、地理学家徐霞客见了都赞叹道：“故知造物之愈出愈奇，从此丹青一家，皆为俗笔，而画苑可废矣。”因此大理石装饰民居建筑一般都作为大理石天然画艺术品来装饰。花纹、质地好的一般作为艺术品嵌在照壁、围屏上。绿花大理石则配装木框架，成为案几上摆设的大理石插屏。花纹、质地差的用于做窗框、栏杆、柱础和地面铺装或做墙的勒脚。

喜洲白族古建筑群俯瞰（图/杨士斌）

白族—64

图片说明：拒绝标签式的大白话图片说明，每一段解读，或长或短，都经撰稿专家反复推敲，发图片画面之所未发，读图时代，仍然需要如此点睛之笔的助力。

图片：既有近百年来中外著名学者亲历现场所拍摄的第一手影像资料，也有当代摄影家极尽巧思的唯美大片，涵盖面广泛，于文本之外，自成一个独立的图片系统。

多媒体技术的全新运用和呈现：音（视）频链接为你直观展现民族文化的某个片段。从此，纸质经典不再是一位沉默的朋友。

神都本主庙大殿。图中的主神“五百神王”即“中央本主”段宗榜，明德圣母为段宗榜的夫人，太子为段宗榜之子，小依庄女本主据说是段宗榜的情人，清平官为段宗榜的宰相，东海龙王、三百神王子是段宗榜的下属，护卫为武士，六位判官是段宗榜下属。段宗榜是南诏时期的大军将。他曾率南诏军队，帮助缅甸抗击“狮子国”（斯里兰卡）的入侵。段宗榜死后，被奉为本主。因此，“五百神王殿”的祀神格局，具有南诏时期官僚体制的遗风：段宗榜被称为“爱民皇帝”，其妻被封为“明德圣母”，其子被封为“太子”。他的下属有清平官与六大判官（图/杨士斌）

白族地区列为全国重点文物保护单位的民居建筑

名称	所在地	列入批次及时间
喜洲白族古建筑群	大理市喜洲镇	第五批（2001年）
西门街古建筑群	剑川县	第六批（2006年）
诺邓白族乡土建筑群	云龙县诺邓村	第七批（2013年）
云南驿古建筑群	祥云县云南驿村	第七批（2013年）

扫描二维码欣赏
白族绕三灵盛况

专家简介：为你介绍各章撰稿专家的学术背景、学术成就，在作者与读者之间搭建起一座信任之桥，论世需要知人，论著也当知人。

撰稿专家

张崇礼，白族，教授级高级工程师，大理白族自治州规划局总工程师。曾从事过科研、城市园林、旅游规划、风景名胜、遗产保护、城市建设和城乡规划等工作。著有《白族传统民居建筑》《大理古桥梁》《人理民族文化遗产》《大理风景名胜大全》等著作。

《白族传统民居建筑》

扫描二维码，
阅读专家代表著作的电子版

代表性论著链接：扫描二维码可阅读该专家代表作，并可进一步在中华民族文化经典学术著作数据库中阅读其他民族文化学术著作。

65—民居建筑

表格：删繁就简，将大段枯燥的学术性表述华丽转身为一目了然的图表，文明演进的过程、文化现象的罗列，由此变得简洁明了。

苍山石门关（图/杨士斌）

第1章

西南雄阔地，苍洱大名垂

人文地理

本章主撰稿人：大理州白族文化研究所研究员　赵寅松

白族聚居的大理地区，北接藏区，南通东南亚，东可达中原，一直是藏彝民族走廊的要津，是汉文化、藏文化、印度文化、海洋文化等多种文化的交汇地带。历史上，我国西南地区两条极其重要的交通要道——茶马古道与“南方丝绸之路”在大理一带相交，促成了滇西乃至云南各民族较早接受来自巴蜀地区的汉文化影响。同时，南亚、西亚以至中亚的经济和文化影响也通过古道传入云南，并进入内地。

大理地区是我国两大地理台阶的交接处，青藏高原向中国东部和南亚低地势区过渡的转折点。平均海拔4000米以上的青藏高原绵延千余千米在此结束，海拔1000—2000米的云贵高原及东部低地从这里开始。在气候上，大理地区是南亚热带气候和中亚热带气候的过渡区，也是东南沿海温湿地区和西北内陆青藏干寒地区之间的过渡地带。

闻名遐迩的苍山、洱海一带，是白族聚居的最核心地区。延绵50千米的苍山与长约42千米的洱海，相依相伴，相对高差2000余米。苍山如屏，洱海如镜，深沉辽远，雄伟广阔，这是一个山海相映的景观整体。苍山险中育奇，雄中隐秀，旷中藏幽，洱海明媚秀美，苍山与洱海间的原野旷远舒展，田园风光妩媚迷人，村落古城有机生长。山、原野、海、天形成有机的景观序列，互相辉映产生丰富的景观效果。巍峨的苍山，秀美的洱海，巨大的高差和特殊的高山植被景观，一起构成高原气势恢宏的自然山水画卷，为地球上同纬度所罕见。

这块得天独厚的宝地，孕育了灿烂辉煌的历史文化。白族人民以其令人赞叹的开放和宽容精神，创造了一个多元文化和谐共处的文化生态环境，创造了民族之间的和谐、宗教之间的和谐、神与人之间的和谐。美妙怡人的自然生态环境与多元和谐的文化生态环境交相辉映，共同绘就了一幅举世罕见的民族风情画卷。

大理：得天独厚的白族家园

山、水、坝子相得益彰，高原上的鱼米之乡

青藏高原与云贵高原的交界

在云南省的西北部，滇西高原与横断山脉相连的地域，山川广布，江河纵横，号称“滇西纵谷”。巨流大川之间，分布着大大小小的坝子，众多湖泊点缀其间。大理坝子东西两侧，一山一湖相生相伴，亘古不移，山称“苍山”，湖名“洱海”。苍山洱海，几乎成了大理的代称。“西南雄阔地，苍洱大名垂。”——清代的宋湘题写在苍山神祠内石碑上的一首诗中这样赞美大理。这一片古老而美丽的土地，就是白族人民世代居住的家园。

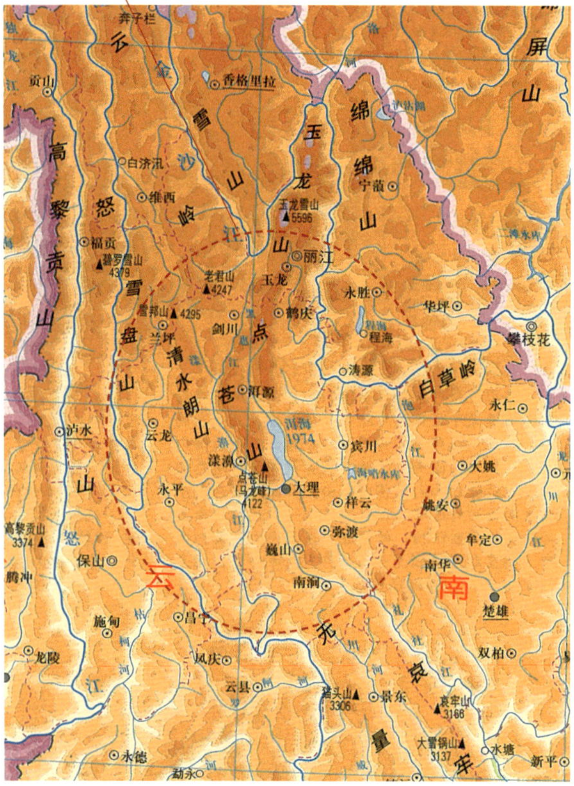

大理白族自治州区位

大理地区特殊而复杂的人文地理环境，在全国乃至全球都是不多见的。大理是一个地质学上非常特殊的地区。大约5000多万年前的早第三纪时期，印度板块向北漂移，与欧亚大陆发生激烈的碰撞，形成了高耸的喜马拉雅山脉，也造就了金沙江、澜沧江、怒江“三江并流”的自然奇观。大理境内的许多山脉，如苍山、老君山等随着地壳的快速抬升而崛起，海拔超过4100米。延绵几千里的青藏高原至此结束，红色的云贵高原从大理开始。

四季无寒暑，一雨便成冬

大理也是多种气候的交汇带，即南亚热带和中亚热带交汇，东南沿海温湿地区和西北内陆青藏干寒地区的过渡地带。来自西南部印度洋孟加拉湾的西南季风受高大的青藏高原阻挡后沿着边缘的水汽通道进入大理地区；来自东南部太平洋的东南季风从我国的南海北上，也受到青藏高原阻挡而在此停留，把湿润的水汽带给了大理地区；北部的西伯利亚冷空气南下到达大理地区后，由于受东南和西南两股暖湿气流的抵御而止步不前。因此，大理地区是这三股不同方向和不同类型的气流较劲、争夺、寻求平衡的地区。正是这种平衡，形成了大理地区“四季无寒暑，一雨便成冬”的独特的区域小气候，使上百个大小不同的坝子，五谷丰登，成为高原的鱼米之乡。

物质生活富足，同时也带动了精神文化的发展，许

多民间文化习俗也得以发扬光大。白族“耕读传家”的悠久传统，没有发达的农业经济作为物质支撑是不可想象的。根植于深厚的稻作文化，又产生了栽秧会、绕三灵、新米节等一系列民间习俗。丰富的物产还催生了独特的与物产和物候相关的民间节庆，如青姑娘节、菊花会、卖花会、庄稼会、花朝节、葛根会等等。

“南方丝绸之路”与茶马古道在这里交会

大理地区山高谷深，形成了相对封闭的大大小小的不同的地理单元。人们往往会认为，这样的地形会极大地限制当地人民与外界的交往。然而，恰恰相反，大理地区自古以来就是交通要道上的重镇。这一例外，得益于大理得天独厚的地理区位。

汉唐以来，大理始终是通往缅甸、印度到印度洋孟加拉湾的南方丝绸之路（“蜀身毒道”）和连通川滇藏地区及西亚、南亚、东南亚地区的茶马古道这两条古道交汇的枢纽地带。这两条古道的主要功能是物资交流，但也为多元文化的交流提供了十分有利的交通条件。

大理自古就是云南的文化中心之一。在以洱海为中心的区域，以白族和彝族为主的各民族创造了自己独特的本土文化。同时，从人文地理区位上看，它又处于中原文化、吐蕃文化、东南亚文化和古印度文化的交汇区域。大理的本土文化在长期与这些文化的交流中，实现了与中原文化和异域文化的交融与整合。因此，白族的文化艺术鲜明地体现着多元文化的特点，白族文化中最具有代表性的文化形式，无一不是多元文化交流的成果，特别是存在和发展于民间的文化。比如大本曲，它的艺术形式是白族的，但其内容有很多是来源于江南一带的民间话本故事。

大理地区也是多种宗教文化的交汇地带。通过“蜀

茶马古道：云龙县青云桥上的马帮(图/杨士斌)

身毒道”和茶马古道，通过沿着三江河谷而下的“藏彝民族走廊”，大理东面受到中原佛教禅宗、道教全真派、汉文化儒教的影响，南面受缅甸的南传佛教的影响，西北面受到藏传佛教密宗的影响。大理本土的宗教信仰与这些宗教不断交流，形成了一种多元宗教融合的文化现象。多宗教的融合还衍生出新的宗教文化——白族独有的阿吒力教（又称“白密”），这是大理地区宗教文化交流融汇的最好例证。

茶马古道上的繁华集市——沙溪

剑川沙溪寺登街（图/杨士斌）

2001年10月11日，世界纪念性建筑遗产基金会（WMF）在美国纽约宣布，中国云南沙溪（寺登）区域入选2002年101个世界濒危建筑保护名录。“沙溪（寺登街）区域是茶马古道上唯一幸存的集市，有完整无缺的戏院、旅馆、寺庙、寨门，使这连接西藏和东南亚的集市相当完备。”世界纪念性建筑遗产基金会（WMF）的这一评价，是完全依据寺登街特有的古朴历史风貌以及其保存完好的明清古建筑群格局所言的。其中的“戏院”即儒家文化古建筑——魁阁带戏台；“旅馆”，即当时商贾、马帮住宿的店铺；“寺庙”即明永乐十三年（1415）所扩建的兴教寺寺院；“寨门”即1921年被土匪烧劫后重修的寺登街东、南、北三处寨子门。寺登街这一个将儒家文化、佛教文化与商业马帮文化、明清古建筑文化融为一体的茶马古道上的古集市，便成为当今世界上唯一幸存的由多元文化构成的茶马古道上的古集市。

沙溪古镇位于大理白族自治州剑川县南部，距州府大理市146千米。沙溪坝子四面环山，平均海拔2100米，阳光充足，气候湿润。黑潓江从坝子中央蜿蜒而下，平甸公路穿镇而过。沙溪自古以来就是茶马古道上的商贸重镇，剑川的鱼米之乡。

考古发掘证明，至少在战国至西汉时期，沙溪地区即已成为当时我国西南地区少数民族与国内外进行经济、文化交流与往来的重要通道。

汉唐时期，沙溪四周的青铜冶炼、盐业生产等工业逐渐兴起。南诏、大理国进一步对当时的“吐蕃道”（早期的茶马古道）进行疏通与拓展。蒙古宪宗二年（1252）忽必烈南征，顺黑潓江南下，越过点苍山，攻克了大理。元代以后“滇藏古道”开通，经沙溪“吐蕃道”南来北往的马帮客商流量逐渐减少，沙溪至牛街、乔后、弥沙等地的盐运道成为马帮运输的短途线路。

寺登四方街呈长方形，街场地坪完全用红砂石条石铺就，平整净洁。如今，红砂石板已被踩踏得十分光滑，其间马帮专行的石板上蹄痕斑斑，留下了昔日寺登街商业运输繁荣的历史痕迹。商铺和住宅沿南、北、东三条街巷布局，又由小巷分流，布局合理，错落有序。明代以来，寺登街道路的走向和尺度不变，古建筑群的传统风貌90%以上得到完整保留。

耀眼夺目的古桥梁遗存

文/谢道辛

在大理交通发展的历史上，留下了许多前人创造的遗迹，构成了白族辉煌的交通文化，而在这些遗存的交通建筑设施中，最为耀眼的是古桥梁。

大理地处滇西澜沧江纵谷区，境内高山深谷，河流湖泊众多，澜沧江、金沙江、怒江穿境而过，由这些大江大河及其水系组成了纵横交错的水网遍及全境。自古多水就多桥，形成了大理五里一水，十里一桥的格局。据史料记载，远在汉代，白族先民就在澜沧江上建造了篾索桥，明代改建为铁链吊桥，名“霁虹桥”，英国人李约瑟所著的《中国科学技术史》一书，称霁虹桥是世界上最早的铁链吊桥。到了唐代的南诏国时期，南诏国在龙尾关上架设了大跨度的木拱桥——黑龙桥。

后来，随着“茶马古道”的兴起，大理成为了古道上的重要交通枢纽，大理的桥梁建筑更加丰富多彩，而各式各样的桥梁就成为了白族建筑文化中的一个组成部分。大理的古代桥梁都是由白族工匠设计和建造，白族建造桥梁不仅仅是用于通行，桥梁还具有休闲、景观、风水、贸易、地理标识、宗教活动多种功能。用桥来补景，每一座桥就是一个景观点；用桥来培育风水，造就人与自然和谐；用桥作为地理标识，使人平安地到达四面八方；在桥上建楼台亭阁，内供魁星、太子、观音、财神等神像，使桥成为宗教场所；在桥上开街场，使桥成为水上的集市。

云龙县松水藤桥（图/杨士斌）

云龙县是大理州古桥梁最多的县，中国古桥中的“梁、浮、拱、吊”四大基本桥型中，云龙县就有“梁、拱、吊”三种，从原始的藤桥到现代的钢桁桥，桥梁种类齐全，建筑形式多样化，完全可以组成一座露天的“桥梁博物馆”，在2013年公布的第七批全国重点文物保护单位中的“沘江古桥梁群”，有42座古桥被列为全国重点文物保护单位，有“云龙古桥冠全滇”之誉。

霁虹桥古遗址（图/杨士斌）

农耕文明造就的诗画田园

大自然厚赐给大理各族人民的这一方沃土，水草丰美，气候宜人，雨量充沛，年平均气温15℃以上，年平均日照总时数2345小时，年平均降水量1000毫米，非常适宜水稻农耕。

历史上，白族是一个喜欢依山靠水而居的以种植水稻为主的农耕民族，通常首选山围着水、水绕着山的平坝居住。大理地区有许多湖泊，如大理市的洱海，洱源县的茈碧湖、东湖、西湖、海西海，剑川县的剑湖，祥云县的青海湖，鹤庆县的大龙潭、黄龙潭等，这些湖泊周围的平坝成为白族理想的定居地。在大理之外，散居的白族同样喜欢选择四山环绕、青山绿水的平坝，如玉溪市元江县的白族居住地——因远、安定、白泽三个小坝子，就是被四周层峦叠嶂的丛山环绕。

白族居住地区山、水、坝子相得益彰，形成天然的诗画田园。白族集中分布的大理、洱源、剑川、鹤庆等地都是阡陌纵横，河网如织，田地肥沃，只要没有大的自然灾害，水旱无忧。清晨，袅袅炊烟与薄雾缭绕；傍晚，暮归牛羊和农人同行。人们过着日出而作、日落而息的恬静的生活。流连在白族村庄的村头巷陌，观赏着白墙青瓦、雕梁画栋的白族民居，徜徉于丝丝垂柳、花香袭人的田间河堤，犹如置身于美妙的山水画之中。

热爱自然、呵护自然的白族人

白族倡导物我合一，赋予山水石树、鸟兽鱼虫以生命的灵气、人类的情感。除了至今尚存于碑刻志书中的《种松碑》《护林碑》、禁捕飞禽告示等文字资料外，从儿童启蒙教育开始，口耳相传的民间故事就向人们传

远眺沙溪古镇（图/杨士斌）

达着热爱自然、呵护自然、敬畏自然的鲜明意识。

大理地区林木茂盛，涵养水源，从石灰岩中冒出的清泉甘洌清甜，到处都是“天然矿泉水”。白族对水有着特殊的感情，江、河、湖、泊、井都有水神。年终岁首，老人们要到经常取水处烧香磕头，并且教育孩童不要向水中乱扔垃圾，因为这样会加重筛水神仙的负担。

俗话说，“苍山十九峰，峰峰积雪；大理三千户，户户养花”。家家流水，户户养花是大理的又一道亮丽的景观。大理地处三江汇流区，地形地貌千姿百态，拥有多达上万种植物，仅苍山就分布着6000多种，其中以茶花、杜鹃花、兰花、马缨花、红豆杉最负盛名。苍山十九峰东临洱海，横列如屏。峰顶终年积雪，通过十八溪永不枯竭地注入洱海，不仅灌溉着大理坝子的万顷良田，也滋养着家家户户争奇斗艳的各种花草树木。白族人爱花成癖，连名字也和花连在一起，诸如“金花”“银花”“菊花”“兰花”“杏花”“福花”等，简直是花团锦簇。

左图：大理茶花极品——恨天高（图/杨士斌）
右图：大理第一名花——龙女花（图/杨士斌）

白族对植物还有一种崇拜之情。许多村子都有一棵至几棵大树，有的作为风水树，有的作为神树。在怒江白族（勒墨人和那马人）中也有崇拜树的习俗，勒墨村寨都有共同的神树，任何人不得攀登、砍伐。那马人各家各户还要单独祭祀核桃树和漆树。

大理地区的珍禽异兽种类繁多，仅鸟类就有150多种，其中绿孔雀、红腹角鸡、白腹锦鸡、白雉、金雕等被列为国家级保护珍禽。哺乳动物有金丝猴、滇金丝猴、灰叶猴、香獐、虎、云豹、穿山甲、小熊猫等上百种，占全省哺乳动物品种的30%以上。白族人与各种飞禽走兽长期和谐相处，形成了自觉爱护动物的良好习惯。

爱鸟护鸟是白族的美德。新房落成，要在走廊上钉几块小木板，便于燕子垒巢，并把燕子的悦耳的叫声拟人化为“不吃你的谷，不吃你的米，借你房子躲个雨”。白族人认为，燕子和人同居一个屋檐下象征着吉祥，并会以“虐杀燕子会生瘌痢头”这类说法警告顽皮的孩子。有时候，白族人还会在主房朝阳的前墙上部有意砌几个鸽子窝，便于鸽子筑巢做窝。

不只在大理——散居各地的白族

大理是白族的发祥地，不过白族人并不只分布在大理地区。云南省内的昆明市、怒江傈僳族自治州、丽江市、临沧市、迪庆藏族自治州、保山市、楚雄彝族自治州、玉溪市、普洱市、文山壮族自治州等州市均有白族聚居区。在云南省外，白族主要分布在湖南省张家界市桑植县，贵州省毕节市、六盘水市，湖北省恩施土家族苗族自治州鹤峰县等市县。

在云南省怒江州，还生活着那马人、勒墨人这两个白族支系。其中，那马人约占白族总人口的3.5%，勒墨人约占白族总人口的1.5%。20世纪50年代民族识别时，统一确定族名为“白族”。那马人主要居住在怒江州兰坪普米族白族自治县的澜沧江两岸，风俗习惯大体与大理白族相近。勒墨人主要分布在怒江州碧江县，社会经济深受傈僳族影响，但认同自己是白族。这两个支系生活在交通不便的高山深谷地区，社会经济水平与大理白族相比要落后许多。

改革开放以后，白族社会经济文化得到快速发展，散居在各地的白族都纷纷回大理寻根探祖，大理的白族也经常到白族散居地探望慰问，共同书写着“天下白族一家亲”的美丽篇章。

点苍山杜鹃之王——黄杜鹃（图/杨士斌）

苍洱胜境——白族聚居的核心区

雪与花争妍，山与水竞奇，天下山川之佳莫逾是者

山雄水秀的“百二山河”，宜居宜游的人间福地

明嘉靖三年（1524），24岁就高中状元的四川人杨慎（字升庵）因“议大礼”案，触犯了嘉靖皇帝，被充军到云南。经过千里迢迢的跋涉，他来到了风光秀美的大理，看到犹如山水画般的苍洱胜景，龙首（上关）龙尾（下关）两关为锁钥的百里海西，阡陌纵横的田园，错落有致的白族村落，他发出由衷感叹：“及至叶榆（大理）之境，一望点苍，不觉神爽飞越。比入龙尾关（下关），且行且玩。山则苍龙叠翠，海则半月拖蓝，城郭奠山海之间，楼阁出烟云之上，香风满道，芳气袭人。余时如醉而醒，如梦而觉，如久卧而起作，然后知吾曩者之未尝见山水，而见自今始。”并挥毫泼墨，写下了遒劲浑厚的“百二山河”四个大字。这四个字，给后人留下许多遐想。有人说它指的是苍山洱海之间的大理地域，因为这片地域南北长约一百里；也有人认为杨状元博学多才，“百二山河”可能源于“百二秦关”或“百二雄关”的典故，形容大理坝子地形险要。但无论作何种解释，“百二山河”作为苍山洱海之间大理坝子的代称，在民间一直沿用至今。

下关及附近的田园风光，可以看到注入洱海的西洱河（摄于约1920年）（供图/杨士斌）

鲜为人知的南诏“五岳四渎”

说起白族，人们自然想起大理，这是不错的，因为大理本来就是白族的族源地。然而这还不全面，因为白族历史上的足迹远不止大理。南诏大理国的疆域囊括了几乎今天的云南省全境，还包括云南省外的部分地区。与云南境内各兄弟民族先民共同缔造了南诏大理国文化的白族，既吸收了各民族文化精华，创造了流光溢彩的白族文化，又随着南诏的开疆拓土，将自己的文化传播到南诏大理国境内的各个地方。

南诏国曾经效仿中原，将境内壮丽的山河封为五岳四渎，即东岳乌蒙山、南岳蒙乐山（无量山）、西岳高黎贡山、北岳玉龙雪山、中岳点苍山，以及澜沧江、金沙江、黑惠江（漾濞江）、潞江（怒江）。

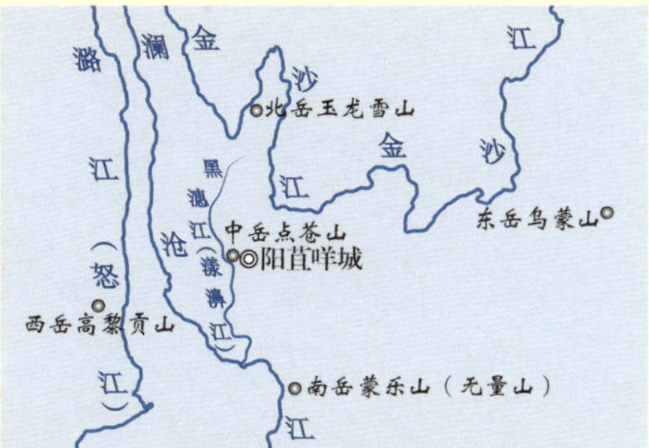

南诏五岳四渎分布示意图（绘图/陈丹正）

大理集优美的自然风光、悠久的历史文化、浓郁的民族风情于一身，令人心驰神往。大理自然文化的无穷魅力，让许多旅居大理的名人雅士赞不绝口。古往今来，山美、水美、人美的大理倾倒了无数文人墨客、才子佳人。

明代学者、地理学家王士性在他的《广志绎》中留下了对大理的赞美："乐土以居，佳山水以游，二者尝不能兼，惟大理得之。……雪与花争妍，山与水竞奇，天下山川之佳莫逾是者。……余游行海内遍矣，惟醉心于是。"

澳大利亚人类学家C·P·费茨杰拉德在他的《五华楼》一书中是这样描写大理自然景色的："大理背靠苍山，苍山为其提供了源源不竭的水源。无数山涧溪水顺流而下，通过城墙下面的水道引入城内，顺着路两边的水道由西向东穿城而走。它们推动水车，用来洗衣服、灌溉农田，但饮水都从井里汲取。在城内的东半部，涓涓溪水，杨柳垂荫，竹林成群，农舍掩映在绿树之间，来访者会惊奇地发现自己身处城内却有如此怡人的田园风光。从苍山的高处俯视大理，这里更像一座披着绿色外衣长墙围绕的花园，一座四处翠绿、稻香浓浓的田野花园。"

据统计，仅在今天大理市辖区内，具有保护价值的自然景观和人文景观就有150余处。1982年2月，大理被国务院公布为全国第一批24个历史文化名城之一。同年11月，大理又被国务院公布为第一批44个重点风景名胜区之一。1994年，苍山洱海自然保护区又升格为国家级自然保护区。正如白族著名学者马曜所说："环顾域内名胜，既饶壮丽之自然景观，又富悠久之历史文化，兼之者其大理乎！"像这样集全国历史文化名城、全国风景名胜区和国家级自然保护区为一身，在全国也是罕见的。这是大自然对生活在这片热土上的各族人民的厚爱，也是先人们披荆斩棘辛勤创业的硕果，我们责无旁贷地应该给予珍视和保护。

大理坝子是极为理想的人类栖居地。图为环境优美的喜洲镇白族民居（图/杨士斌）

苍山余脉——大理南涧无量山盛开的早樱(图/视觉中国)

玉带云伴着苍山，洱海上碧波荡漾。山海之间的那一条线，是人类栖居的家园（图/杨士斌）

下关风，上关花，苍山雪，洱海月

“风花雪月”原是曲牌名称，但把它用在大理的生态环境上，是再合适不过了。风即下关风，花即上关花，雪即苍山雪，月即洱海月。当地民谣这样唱道：“身披下关风，脚踏苍山雪，早看上关花，晚观洱海月。”

下关风猛如虎，从苍山与哀牢山之间呼啸而来，到了下关天生桥峡谷口，风势便由下往上蹿，出现了一些奇异的自然景象。下关一年四季风吹不断，因此有“风城”之名。

上关花是指上关有一株奇花——十里香树，花大如莲，果实黑而坚硬，可以用来制作朝珠，因此又名朝珠树。志载：“花树高六丈，其质似桂，其花白，每朵十二瓣，应十二月，逢闰辄多一瓣，俗以神仙遗种。”如今，这株神奇的花树已经看不到了，但“上关花”的传说却一直流传下来。

苍山，即点苍山，苍山雪是指苍山顶上一年四季不化的积雪。点苍山，白语叫“极操色”，意为“老熊出没的地方”。百里点苍，北起洱源县邓川云弄峰，止于下关的斜阳峰。苍山十九峰，两峰夹一溪，由北向南依次有十八溪。十八溪终年不竭，将苍山雪水由西向东注入碧波荡漾的洱海。

洱海位于苍山东麓，又名昆明池，古称叶榆泽，白语叫“唉稿”，意为“下面的海”。其汉译名称的由来，一说是因为湖形如耳，浪大如海，故而得名。其实，它更像是一弯新月，环抱着美丽的大理坝子。洱海西面有点苍山横列如屏，东面有玉案山环绕衬托，空间环境极为优美，素有“银苍玉洱”“高原明珠”之美誉。

巡游洱海，岛屿、岩穴、湖沼、沙洲、林木、村舍，各具风采，令人赏心悦目。每逢农历十五之夜，泛舟洱海，可以见到天上的月亮仿佛掉进了海中，这就是有名的“洱海月”。

苍洱风光，千变万化，构成了下关风大、上关花艳、苍山雪莹、洱

洱海鱼鹰（图/杨婷）

海月明的四大奇景。著名作家曹靖华赋诗：“下关风、上关花，下关风吹上关花；苍山雪、洱海月，洱海月照苍山雪。”风趣生动，令人玩味。千百年来，当地人用一首谜语诗“虫入凤窝不见鸟（风），七人头上长青草（花），细雨下在横山上（雪），半个朋友不见了（月）”来暗喻风花雪月，从而使风花雪月成为妇孺皆知的大理四景。

如今，由于全球气候变暖，原本终年积雪的苍山在夏季已经看不到雪了。下关鳞次栉比的高楼大厦也让下关风渐渐失去了往日的威风。但苍山依旧绿，洱海依旧清，皓月依旧明，金花更艳丽。明代诗人高昌雅咏诗盛赞的“水绕青山山绕城，由来人杰地应灵。水光万顷开天镜，山色四时环翠屏”的景致依旧。风花雪月所寓意的苍山、洱海、古城依旧让人流连忘返。

苍山十九峰、十八溪

人人都说“大理苍山十九峰”，如果问起来，能够说出十九峰的峰名，并按顺序排列的人却不会很多。

苍山十九峰的峰名，最早出现在大理国时期的《白古通》一书中，南诏劝丰祐乙丑年（845）定名。当时所列峰名与元、明时期地理、方志所载峰名并不一致。《白古通》没有记载中和、莲花两峰，却又比别的文献多出花山、豹罗两峰。到了明朝嘉靖年间李元阳纂辑《大理府志》，除中和峰称中峰，其他峰名大体趋于稳定。

苍山十九峰从北向南的峰名和海拔依次为：云弄峰3600米、沧浪峰3546米、五台峰3755米、莲花峰3958米、白云峰3790米、鹤云峰3920米、三阳峰4034米、兰峰3955米、雪人峰3944米、应乐峰4011米、小岑峰4092米、中和峰4092米、龙泉峰4088米、玉局峰4097米、马龙峰4122米、圣应峰3666米、佛顶峰3615米、马耳峰3285米、斜阳峰3074米。

为了便于记忆这十九峰峰名，前人曾按从北向南的顺序，编了一首七言诗：

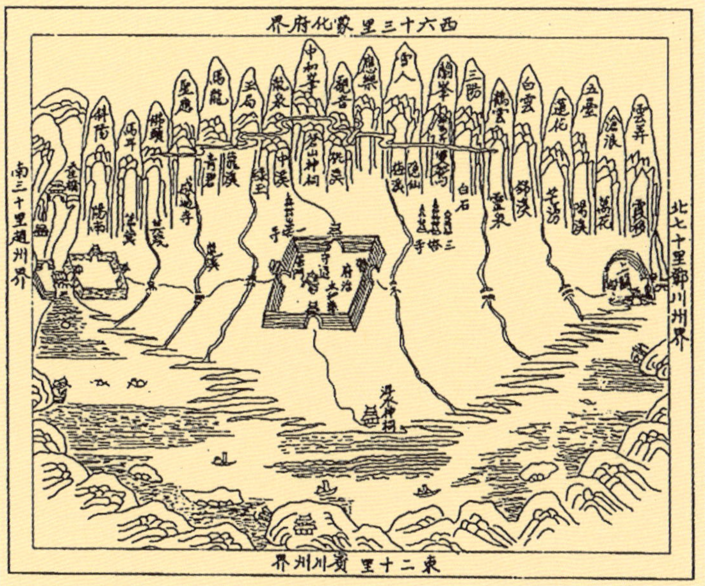

明代《大理府志》中的太和县城形势图，图中标注苍山十九峰、十八溪名称

云弄沧浪接五台，莲花白云鹤云排；
三阳兰峰雪人古，应乐小岑中和开；
龙泉玉局马龙续，圣应先从佛顶来；
马耳斜阳光返照，雄关百二古今推。

苍山峰与峰之间有溪相隔，从北向南共十八溪，分别为霞移溪、万花溪、阳溪、茫涌溪、锦溪、灵泉溪、白石溪、双鸳溪、隐仙溪、梅溪、桃溪、中溪、绿玉溪、龙溪、青碧溪、莫残溪、葶蓂溪、阳南溪。也有一诗：

霞移万花接上阳，茫涌锦溪灵泉长；
白石双鸳隐仙住，梅桃中溪绿玉良；
龙溪青碧莫残续，葶蓂南阳灌南乡；
十八溪流归洱海，合于漾濞汇澜沧。

三塔是大理的名片。春暖花开之时，金黄色的油菜花、云雾缭绕的苍山十九峰，将三塔映衬得尤为灵秀和神秘（图/杨士斌）

喜洲桃源村

中国第一大白族自然村——周城

从苍山俯瞰大理喜洲坝子，远处为洱海（图/杨士斌）

山水之间的大理古城

大理古城，好就好在她山水相依。在我国所有的高原城市中，恐怕也没有能与大理相比的风光。在这里，山和水都凸现了它们的极致，互相依偎，互相衬托。苍山挺拔而秀雅，蕴涵无限的灵气；洱海恬静而妩媚，焕发着勃勃生机。

可以这么设想，如果大理只有山而没有水，那么无论苍山怎么高峻，他也如同一位单身的俊男，虽俊但未免感到寂寞；如果大理只有水而没有山，那么尽管洱海多么清蓝，她也只像一位单身的美女，虽美但毕竟感觉孤单。大理真是天作之合，有山有水，山水相依，阴阳调和，刚柔并济。正如冯骥才先生所言，只要天空是蔚蓝的，空气是洁净的，洱海是清澈的，大理就是最美的。

大理古城坐落在如此优美的山水之间，山、水、城浑然一体，构成了一幅美妙而又和谐的人居图景。在古

背倚苍山的大理古城（图/杨士斌）

代，大理古城西枕苍山，东临洱海，左右又有龙尾、龙首二关扼守交通要道，空间格局与传统的风水思想十分契合。

大理古城的街道布局为棋盘式，南北城门相对，东西城门相错，南北三条街，东西六条街。一条南北大街（复兴路）和两条东西大街（玉洱路、人民路）构成古城主街道的“双十字形”结构。现存南北城门是在原址上重建的，城墙也只有部分土夯墙保留下来。

大理南城门（双鹤门）（图/杨士斌）

大理古城民居主要有两种形式。一是合院式民居，其平面布局形式是白族民居典型的“三坊一照壁”“四合五天井”样式，成为大理民居中数量较多的主要布局形式。另一种是带店铺的沿街民居。

在中原地区或传统的汉文化地区，南北方向为城市主轴线，即坐北面南。而大理坝子是东低西高，“坐北面南”不符合地形地势。明初筑大理府城时，虽然利用了阳苴咩城的一部分，但照搬了中原“坐北面南”的城市营建方式。当时城中的主要公共建筑如府衙、府学、县衙、县学、府县城隍庙等，都是坐北面南。明代中期以后，地方官员认识到这样的城市格局与大理坝子的地理环境不符，于是逐渐将主要建筑改为“坐西面东”。明代隆庆年间，府治改为朝东向；清代康熙年间改建提督署，为东向；同治十年以后，府县学宫、试院、城隍庙等，都改为“坐西面东”。

如今大理古城的格局，主体上为明代“府城每方三里，周围十二里”的棋盘式布局，但也根据地形地势对城市格局作了一些调整。明代府城的特点一是城市布局西重东轻，明初筑大理府城，南北城门相望，但南北轴线并未居中，而是偏西，相当于城东西宽度的三分之一处，城内的衙署、祀殿等官方建筑、商业店铺主要沿南北大街两侧分布，城东部主要是菜地、农田和林地。这可能由于明初筑城时，沿用了元代阳苴咩城东部的一条老街。二是东西城门相错，这是大理古城的一个特点，说明在总体上不违背明代建城规制的前提下，采取了白族民居建筑中常采用的“东西南北不取中正”的原则，作为主城门的东门偏离主轴线一条街。南北主街也在玉洱路处相错1.5米。三是不设中心鼓楼，这可能是因为已建了五华楼作为城中高建筑，而不再建另外的高建筑。

极具白族风格的大理天主教堂。白族文化的包容性由此可见一斑（图/杨士斌）

从“大厘城”到“大理府城”——大理坝子政治中心的变迁

根据考古发掘，大约五千多年前，大理坝子已有原始居民生活。西汉元封二年（公元前109），汉武帝设立叶榆县(辖今大理、洱源、鹤庆一带)，置县治于大厘城(今喜洲一带)。

唐初，洱海地区由许多部族和部落割据，其中较大的有“六诏”。开元二十六年(738)，南诏王皮罗阁兼并各诏，初步统一了洱海地区，迁居太和城(今大理市太和村)，形成了洱海地区统一的政治经济文化中心。太和城西靠苍山，东临洱海，南北两城墙从马耳峰、佛顶峰起依山就势而筑，至今尚存北城墙400多米。

太和城为王都历时四十余年，直至皮罗阁之孙异牟寻迁都阳苴咩城。阳苴咩城位于点苍山中和峰与龙泉峰下，今只存北城墙残垣一段，西起中和峰北麓，向东延伸约1000米，城墙高出地面6—7米。

从南诏国到大理国的五百多年间，大理坝子一直是云南的政治、经济、文化中心和王都所在地。元朝平定大理国后，建立云南行省，设治中庆(今昆明)，云南的政治文化中心东移昆明。明洪武十五年(1382)筑大理府城后，阳苴咩城逐渐废弃。

大理府城就是现今的大理古城。1956年11月22日，大理白族自治州成立，州府设在下关市，大理古城为大理县政府所在地。之后区划几经调整，1983年大理县与下关市合并成大理市，市府设在下关。如今，大理古城是大理市大理镇政府驻地。

雄魁六诏的巍山古城

巍山古城地处哀牢山和无量山交汇处，距大理白族自治州首府大理65千米，是一座具有浓郁地方历史文化特色的城市，1994年被列为国家级历史文化名城。

巍山是云南省最早设置郡县的地区之一，也是南诏的发祥地，蒙舍诏、蒙巂诏同在蒙舍川。元代段氏土总管开始在这里筑土城据守。明洪武二十三年（1390）扩建土城为砖城，成为今天古城的雏形。明清两代古城均是蒙化府的所在地。清咸丰同治年间，巍山古城是杜文秀回民起义军抗清的根据地。解放后至今，一直是巍山县政府所在地。

巍山古城花封瑞凤石牌坊（图/杨士斌）

巍山古城内城方正，街巷分明。城市按传统的方格网构成，但由于受堪舆学说影响，街道选线有折有直，互有退让。整个城包括内城、月城和外廓，护城河经月城环绕内城。内城在东西南北各有谯楼一座，北谯楼即是最为著名的拱辰楼，可惜在2015年1月3日，其楼阁部分失火烧毁，现正在其砖石门洞基础上恢复重建。巍山古城完整保留了明代的城市道路网格和布局，街巷空间宜人，建筑布局灵活多变，历史风貌保留完整，人居环境营造得朴质、自然、和谐。

现存巍山古城文物古迹和建筑众多，主要有位于县城中心的星拱楼、文庙、等觉寺、西寺、玉皇阁、东岳庙、西竺庵、萧公祠、文昌书院、文华书院、南社学、北社学等一大批古建筑。这些古建筑错落有致，分布在古城中，建筑造型美观，民族风格特色突出，充分反映了古代各族人民高超的建筑艺术。古城内民居基本保留了明、清风貌的中式结构。巍山古城保存之好，不仅在西南，乃至全国都是不多见的。

撰稿专家

赵寅松，白族，大理州白族文化研究所原所长，研究员，大理州白族学会常务副会长。长期从事白族文化研究。主要著作有《茶马古道上的世外桃源——凤羽》《和谐的社会——中国白族本主文化》《守望精神家园——中国白族节日文化》等。

《白族形成纵横谈》

扫描二维码，
阅读专家代表著作的
电子版

大理海西村落（图/乔琦）

第2章

美丽田园的诗意栖居

民居建筑

本章主撰稿人：大理州规划局高级工程师　张崇礼

白族民居建筑具有悠久的历史和辉煌的成就，其演化历史就是一部白族社会的发展史。白族民居是一步一个脚印地从远古走到现在的，经历了穴居（巢居）——半穴居——红烧房——土库房——白族民居这样一个发展演变过程。白族民居在发展中不断吸收包括汉族在内的其他民族的优秀建筑技术和建筑文化，最终形成了特色鲜明、功能完善、造型朴实、装修雅致、环境优美的白族民居建筑风格。

与游牧民族不同，白族自古以来从事以水稻为主的农业生产。定居是农耕民族最主要的特征，注重居住条件就成了白族最传统的生活方式。在白族人和外来居民杂居的地方，过去曾有这样的俗语流行：说白族人是“大瓦房，空腔腔”，外来居民则是“茅草房，油香香”，意思是白族人节衣缩食、倾其所有也要建造结实舒适的住宅，而外来居民即便是住在简陋的茅草房里，吃食却毫不马虎，茅草房里经常油味飘香。建造一所像样一点的住房，往往成了白族人花费毕生精力的大事。

白族民居建筑集北方民居建筑的深沉厚重和南方民居的洒脱秀丽于一身，无处不体现出天人合一、以人为本的思想。白族民居多负阴抱阳，藏风聚气，把自然界的崇山、秀水、树木、小溪、湖泊与建筑、路、桥融合成为一个整体，使民居建筑与大自然融为一体。白族民居建筑无论在平面格局、空间运用、立面造型方面，还是在材料的运用和建构方面，都贴切地结合当地的自然地理、气候特点及生活习俗，因地制宜，就地取材，最大限度地利用自然来服务自己。

白族民居有着浓厚的乡土气息，充分表露着白族人对乡土的热爱和对大自然的有情观念。白族民居浓厚的生活气息、动人的民族风情和亲切宜人的空间尺度，是理性与浪漫的结合。白族人民追求的就是一种人境交融、与物同化的豁达而意味深远的建筑美。

居耕结合、山水相融的白族村落

深受传统风水思想影响，营造完美和谐的人居环境

白族传统村落寻求天人之间和谐相融，追求人与自然、人与人、个人与社会和谐的居住环境，也是白族独特朴实的乡土文化空间。传统村落多选址于山水之间，构建居耕结合、山水相融的居家环境。既有新鲜的空气，充足的阳光，更有多彩的美景和自然山水之灵气培育人的胸怀气质。白族民居受传统风水思想的影响，在选址上充满了生态精神，既讲究风水，又考虑居住生存条件。

古代白族“喜居陂陀”（陂陀是指从高山到平地的过渡地带），在原始社会人们建盖居所的选址，往往是趋利避害，于山则依山建屋，于坝则逐水而居。这种朴素的择地思想，形成了最原始的风水观。这种择地思想在苍山洱海地区最为突出，民居建筑选址西靠苍山，东面洱海，视野开朗辽阔。苍山脚下缓坡是一片洪积扇群，青石、麻石等建材资源丰富。建筑于苍山脚的白族民居自然就地取材，以石头为主要材料，房屋与山岭融为一体，别具自然之野趣。

到了南诏时期，大理地区大量吸收了中原汉文化，也包括了汉族建筑文化。在此影响下，中原的风水堪舆术在大理地区建房选址上产生了极大的影响，强调建房要背风向阳，后有依托，前有对景，水路环抱，干湿适宜。元、明、清三代，汉族地区的风水堪舆术在大理白族民居建筑选址中被广泛运用。

一般而言，白族民居在村落选址中以负阴抱阳、背山面水为最佳选择，能够“藏风聚气”，即“山环水抱必有气”。背山既可生气、纳气、藏气，又可接纳阳光，阻挡寒流，而面水可使气“界水而止”。村落环境这种自然环境和相对封闭的空间，有利于形成良好的生态循环的小气候。背山屏挡了寒风侵袭，面水有开阔的视野和湿润的空气，朝阳具有良好的日照，缓坡利于排水避免淹涝之灾和保持水土，并易养鸭、鹅、鱼，在农副业上多种经营形成良好的生态循环。

喜洲（1899年）
（供图/杨士斌）

喜洲与诺邓：平坝与山地白族聚落的杰出代表

白族分布的地区物华天宝，人杰地灵，仅国家级、省级的历史文化名城、名镇、名村就达20多处。其中，喜洲与诺邓，可以说分别是平坝白族聚落和山地白族聚落的杰出代表。

喜洲镇位于大理市北部，距州、市首府下关32千米，背靠苍山五台、沧浪、云弄三峰，东濒洱海。古镇坐落在阡陌田野之间，与自然环境紧密协调，有很好的共生关系。镇内道路自然，街巷蜿蜒错落，空间变化丰富。古镇的布局以四方街为中心，市上街、市坪街、市户街、富春里路等主要街巷呈自然散射状向外延伸。四方街区域作为古镇的文化、经济和日常生活活动中心。喜洲镇是电影《五朵金花》的故乡，云南省著名的历史文化名镇和重点侨乡之一，也是白族文化的主要发祥地之一。

喜洲是一个白族传统民居建筑集中的历史文化古镇。喜洲历史文化街区的白族传统民居建筑是大理白族民居建筑的缩影和精粹，是白族民居建筑的集大成和典型代表，是建筑文化的珍品和建筑艺术的杰作，以古朴典雅、大方实用、坚固经久著称于世。这些规整、严谨的民居建筑，正向坐西朝东，背靠苍山、面向洱海，平面布置形式与地方生产、生活方式相适应。现保存完好的传统民居有111个院子，集中了白族民居建筑的精华，堪称“白族民居建筑博物馆”。

诺邓村棂星门（供图/杨国才）

云龙县诺邓镇诺邓村，位于县城北部的山谷中。该村矿藏丰富，历史上盛产食盐。“诺邓”是云南历久未变的最古老的村名，被称为千年白族村，蕴含着极其丰富的历史文化内涵。

诺邓村四周山峦叠翠、古木参天，村内高阁耸立、气势雄伟。村中遍布的古树名木，奇花异草，古庙、牌坊、古井、古街、古道等使古老的山村更加秀美。由于四面环山，村子最低处海拔为1900米，而最高处诺邓玉皇阁海拔已是2100多米，高差较大。除了东面山麓“龙王庙”后有一小块稍为平坦的台地外，所有的民居几乎都建筑在山坡上，有些地势非常陡，因而古建筑的墙基石脚就得垒起高大的石台。特别是北山坡上的民居，由于山势较陡，民居建筑群显得层层叠叠、密密麻麻。村中道路街巷，都依山就势，纵横交错，都是清一色的石板铺就，且三步一阶、五步一台，谁也数不清全村总共有多少级石台阶。

诺邓村目前保留着60多座明清时期的民居建筑、40多座民国时期的民居建筑和20多座古庙宇，5000多米的街巷村道。此外，全村还有百年以上的古木200余株，村民家中还保留有上万件的古董文物。

自汉代盐井开发以来，历两千余年，诺邓古村风貌基本未变，特别是明清以来形成的山村建筑景观依旧，原生态保存完好，是目前滇西地区保留得最完整的古代建筑群落，堪称山地白族聚落的最杰出代表。

山、水、道：白族村落环境的基本元素

一个村落的形成，需要几百年的时间。而长期的历史积淀，才能形成一种特有的历史环境以及村落文化。白族村落中各种不同时期和不同类型的传统建筑、村道、大青树、古井、寺庙、溪流、小桥以及中心广场（四方街）等等，构成了白族村落所特有景观，正是它们的存在，还有蕴涵在这些有形建筑背后的那种无形的文化取向、追求和固有观念，才使白族这个民族得到凝聚，民族的精神得到陶冶，民族的文化得以培养形成。

风水理论认为，最好的村落环境应该是：左有流水（青龙），右有长道（白虎），前有池塘、小湖、远有案山（朱雀），后有靠山（玄武）。

“水”象征着财源和吉利。白族村落或院落的水系往往从暗沟中引入水源，进水后为明沟，出水则为暗沟，取“只见财流进，不见财流出”的敛财蓄金之理，同时也有“开天门（天门指水来之处），闭地户（地户指水去之处）”的理水思想。按照风水学的观点，天门开，象征财源不断；地户闭，象征财用之不竭。因此，引水，从生活上来说可供淘米、洗菜、洗衣物，方便生活；从建筑方面来说，水沟也是雨天天井的雨水排泄系统；从消防方面而言，保证了消防的水源；从精神方面讲，引水就是引入生气，引入财源。

“长道”象征白虎守护。如果某户人家对着村落中的街巷，这是不吉利的，为了辟邪，必须在对着街巷的墙壁上镶一块“石敢当”，雕一虎头，取虎之凶猛以驱邪避凶之意。因此，白族村落中一般都不采取笔直街巷，而是稍有弯曲，这样使街道都不直对哪家的房屋，同时也体现了“曲屈有情”“曲则生吉”“吉气走曲，煞

大理的每个白族村庄中都有一株到数株古老而高大的榕树，它们被白族人称作“大青树”“万年青”或“风水树”，是白族村庄的标志之一。白族人认为，大青树是一个村庄兴旺的象征，是村寨的守护神，能保佑村子平安、富足。图为大理古生村的大青树（图/张崇礼）

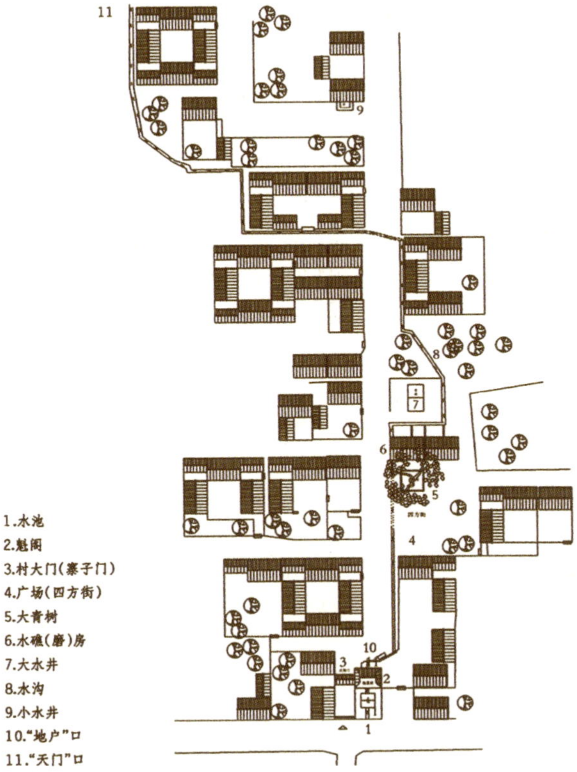

下关龙泉村平面图

气走直”等古代风水观。

“湖塘”象征聚气，即“池塘之蓄水，足以荫地脉，养其气”。除却风水之功用外，湖塘还有洗涤、消防、灌溉的实际功用。

“山”象征着依靠和守吉。山可使建筑物获得依靠，可避洪灾，阻挡风寒。

大理地区是一个多山的地区，群山之中嵌有大小不同的盆地（当地称为坝子），气候湿润，雨量充沛，有山就有水，山有多高水就有多高，在这样的环境条件下，青龙、白虎、玄武都易解决，而难的是朱雀。有些村落离湖、河较远，所以就得考虑挖建水池，通过人工措施来形成朱雀之势，从而完善村落的风水，以求在心灵上增加信心和安慰。

大理市下关龙泉村，建于苍山斜阳峰脚的缓坡地，从西边引山水入村为“开天门”，利用坡度下流到磨房，利用水能磨面、舂米（所以此村又称水碓村），并在沿沟边设几个小台阶，用于洗菜、洗衣物。在村口建一座魁星阁拦住沟口，水流只能通过暗沟从魁星阁的后墙水洞流出，起到蓄财和“关锁内气”的作用，为“闭地户”。流出的水进入修建的大水池，使大水池兼具了“朱雀”功能，又是村民们洗菜、洗衣物的场所。村子的路也并不直通大路，而是在魁星阁处往南拐个弯，再往东出村门，这也是一种蓄气聚财风水观的体现。该村的水系、水井、水碓房、大青树（风水树）、石条凳、魁星阁、村门、水池构成白族村落最典型的序列空间。

白族村落的三种形态

大理地区的白族村落，大致可分为三种形态：

第一种是“坝区村落”，分布于山间的大小坝子（小平原）中，村落形态紧凑，主道路规整通直，民居院落体量宽大规整，有明显的村落入口和宽敞的村落中心广场（四方街）。

第二种是“山地村落”，分布于山坡地上，村落形态由于受地形限制而疏散。道路曲折，民居院落依山就势窄小而不规整，村落入口和中心不明显，但村落层次丰富，富有韵律感。

第三种是“滨水村落”，又称“渔村”，分布于高原湖泊边。村落滨临湖泊，形态狭长，依湖岸曲线而延伸，民居多临水而建，院场开敞，道路格局为“鱼骨”状，即一条主道路贯穿整个村落，沿主道路两侧有多条与主道路垂直的小巷通湖边码头和村后，有明显的村落人口。主道路中段是村落的中心。

中国历史文化名镇名村中的白族村镇：

剑川县沙溪镇

云龙县诺邓镇诺邓村

宾川县州城镇

洱源县凤羽镇

祥云县云南驿镇云南驿村

喜洲古镇(图/视觉中国)

走进白族人家

欣赏白族民居的优雅明丽，感悟深蕴其中的文化内涵

坐西向东
——白族民居的基本朝向

与传统汉式民居院落坐北朝南的传统朝向不同，大理的白族民居院落，绝大多数的正房朝向是坐西向东。大理的山系大多属横断山脉，其走势为南北向，山与坝相间、山与水相间。建房从建筑和施工的角度考虑，背靠高山，面向江湖，坐西面东能背挡寒冷的西风，东迎和煦的阳光最为有利，由于南北向高山的遮挡，炎夏也没有太阳西晒之虑。

白族人相信“正房要有靠山，才坐得起人家”，即正房后端要正对附近一座吉利的山峦，忌背向山沟或空旷地。正房朝东，或稍偏南偏北，随所靠山冈的位置而定。这也体现出白族古老的择地思想——安全。人出于安全需要，建院盖房自然就有选择背靠安全地带的倾向。因此，从大的环境看，西枕高山、东面江湖或平坝具有安全感，其选址也非常符合中国传统的风水理论。

大理白族民居院落朝东的另一个重要原因是大理地区的主风向是南风或西南风，四季风向基本不变，风沿着山谷从南向北吹。这种特殊的气候特征正是民居选择背西朝东的主要原因，所以大理民间流传歌谣说：

喜洲白族古建筑群俯瞰（图/杨士斌）

“石头砌墙墙不倒”——白族土库房

土库房(图/张崇礼)

土库房又称“闷楼”，是石木结构的二层三开间建筑，是大理白族又一种风格的民居建筑。其特点是：中间用作堂屋，接待宾客和作为起居室，两边次间通常一间作卧室，一间作厨房。二层层高较低矮，一般不分隔，作粮食和杂物的储藏间。整幢房屋稳重，窗口开口小，重心低，具有一定的抗震性。大理民间俗语有“大理有三宝……石头砌墙墙不倒”之说。

建造年代较早的建筑，次间的房门一般开向堂屋，而建造年代晚的建筑则一般向外开一单扇门，使单间功能更加独立，减少相互影响。房屋的其余三面皆为墙体封闭。建造年代较早的建筑，房顶多为茅草顶。为防风和防火，两端山墙高出茅草屋面形成“风火墙”，墙顶用薄石板叠铺或用瓦铺盖，便于雨水排放而不至于淋毁墙身。而建造年代晚的建筑则多为瓦顶，山墙通过封檐而起到防火、防风效果。二层楼由于层高低而称为“闷楼”，中间对应楼下的门廊开设一内缩的横木格窗，形成一小“厦台”，用于晾晒食物（玉米、辣椒、豆、谷等），外设一矮木栅栏，防止食物外溢。

大理苍山山脚一带的土库房全用一色青灰、平整划一的石块、石条砌筑而成，尤其是在底层廊檐上的一条跨度与明间宽度相等的整条石过梁，称为“过江石”，这一构件名称是白族土库房建筑最独特的建构语词，过江石古朴庄重，别有风采。

“大理有三宝，风吹不进屋是第一宝”。可见，白族民居院落朝向的大格局显现了顺应自然的思想。

“三坊一照壁”“四合五天井”：白族民居的基本布局

元代以前，白族民居建筑崇尚自然，不设院落，或只筑矮墙分隔空间，注重与自然的融合。这一传统风格，在现在的许多白族村落中还能见到。明、清、民国时期，由于受审美情趣和风水思想的影响，白族民居院落大都采用较规整的平面组合，即使在不规则地形也力求内院规整。中轴上建筑前低后高和左右翼建筑呈环抱状的布局，模拟了负阴抱阳的自然环境，形成了以院落为中心和单元的基本平面格局，即屋宇为阳（实），而院落为阴（虚）。这种阴阳相成、虚实相间的院落序列空间，在密集的居住状态下较好地协调了人与自然的关系，较好地解决了日照、通风、保温、隔热、反光和防噪等问题。院落承接阳光雨露、日月精华，纳气通风，因具有“藏风纳气，通天接地”的功能，成为气流集散的交汇处。

多数组合式的白族民居为内向院落式的封闭型建筑组合，对外封闭，避免外部人群活动的干扰，防风沙，保安全，防噪声，使内部有安静、自由与独立的生活空间。对内开敞，可使大自然同人密切联系。院落天井比较宽大开朗，阳光充足，地面多以石板或卵石铺砌而成，是居住者日常生活、生产、红白喜事和交际的活动场所，也是庭院绿化的场地。

白族传统民居的平面布局十分灵活、适用，主次分明，简洁大方。单坊房屋又称“一楼一底”，是白族传统民居建筑的基本单元，即通常称的“一坊”。院落都是由“坊”与围墙围合而形成的。常见的组合式白族民居平面布局有几种形式：“一坊一耳（耳房，指正房附属的小房）”“一坊两耳”“三坊一照壁”“四合五天井”等。而“三坊一照壁”“四合五天井”这两种形式是白族民居院落基本的组合形式。由这两种基本组合形式，通过不同组合，可派生出“六合同春”（“三坊一照壁”和“四合五天井”组合），“一进三院”（“三坊一照壁”和两组“四合五天井”的组合），“一进四院”（四组“四合五天井”组合）等多样的形式。

白族民居院落最讲究的是“步步高升”，即从入口进到主房要依次抬升。因此在选址和基础处理上就开始有所考虑，如在坡地上建房，则容易解决，可以利用自然坡度，形成前低后高“步步高升”的效果。而在平地上建房，就必须进行竖向的处理，三坊一照壁和四合五天井院落，可将主房（正坊房屋）地基抬高和建筑层高加高而形成院落的“步步高升”效果。一进多院院落，则通过门厅、前厅、中（过）厅、正厅台基逐级升高达到“步步高升”效果，这种效果白族人民又给取一个吉祥的名称叫“连升三级（脊）”，反映出过去白族望子登科、连中三元的社会观念。

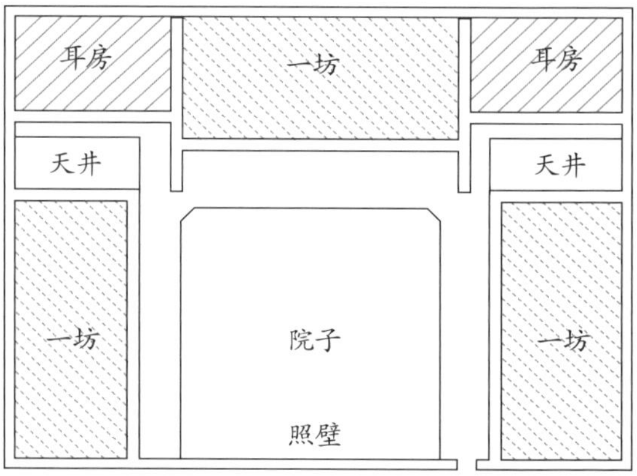

白族民居三坊一照壁房屋组合

“三坊一照壁”的建筑布局是白族民居的传统布局，由一坊正房，两坊厢房、一座照壁和中间的天井组成的方形院落。有的在正房的两侧设两坊耳房和小天井。一般正房较高，两侧厢房略低，主次分明，布局协调。正房的室内水平比厢房的室内水平一般都要高出15厘米（绘图/费红莲）

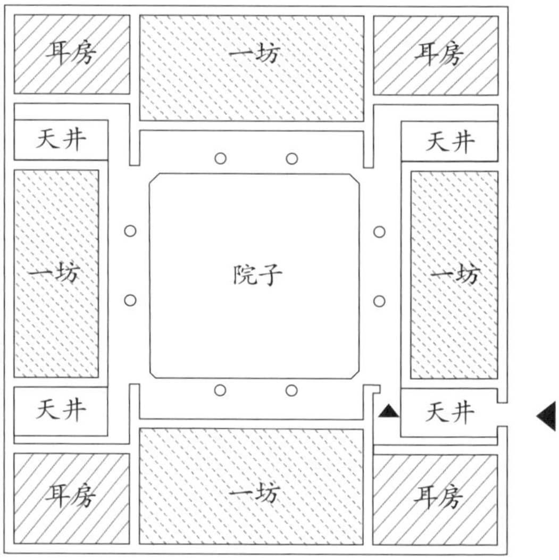

白族民居四合五天井房屋组合

“四合五天井”建筑布局是由四坊房屋围合而成的方形院落，院落四角有四坊耳房（又称“漏阁”）和四个小天井，中间为大天井。“四合五天井”的布局实质上是“三坊一照壁”的改进，即在其照壁的位置是一坊两耳，并形成两处漏阁天井，使全局左右前后形成对称之势。内院为四周房屋所围合，四角共四个漏阁加上内院（因其较北方四合院之内院为小，在南方通称为天井）正好是四合五天井。大门一般设于与正房相对的其中一个小天井处。各坊依西、北、南、东顺序区分主次；同坊之中，左侧为上。这种中轴对称、相对低矮开放的四合院民居布局形式，一直沿用到今天，可见白族建筑文化在白族民众中是根深蒂固的（绘图/费红莲）

一颗印：山地白族民居的典型形制

生活在山岳巍峨、谷壑纵横的群山环境中的山区白族人民，多因地设村，民居皆依地随势而就，不占好地良田，建筑体量明显小于坝区，多采取“一颗印”建筑形式或小尺度的“三坊一照壁”，鲜有“四合五天井”院落。由于受坡地条件的限制，白族山地民居建筑院落一般采用“一颗印”建筑形式。这种形式的主要特点是只有正房、厢房、大门和天井。大门正对主房，厢房列两侧，山墙与土房的厦廊交接处设楼梯，为主房和厢房共用，没有马头墙。由于楼梯间的遮挡，正房的两次间成为“暗间”，为解决两次间采光，明间（即堂屋）一般不设门窗，通过堂屋侧向采光，而且，堂屋与厦廊连为一片，增大了堂屋的活动空间，也解决了建筑体量小，公共活动空间窄的问题，可谓一举两得。“一颗印”建筑因地制宜，构筑成前低后高的台阶式错层建筑，使空间产生高低错落、层次分明，既均衡对称又富于变化的外观效果，这种错落的妙处首先是解决了房屋的通风、采光问题，还便于排水，减少了修筑时挖石填土之工，其次是满足了房主人“步步登高”的祈望。

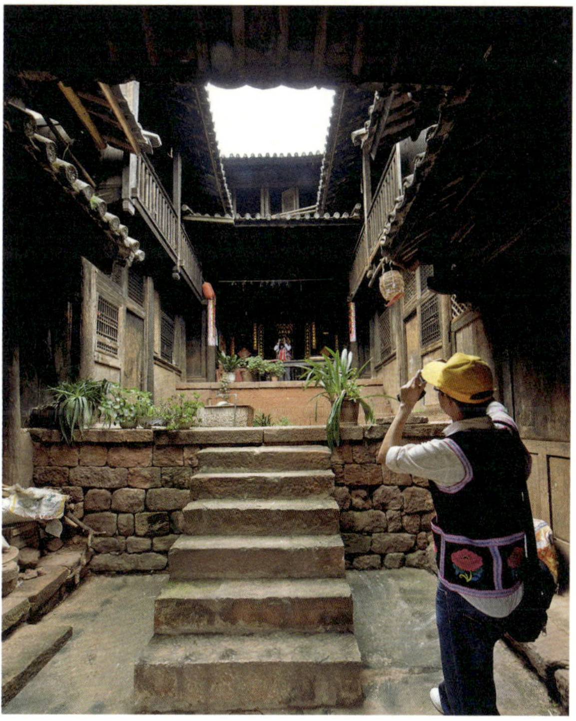

上图：古院流芳（喜洲古镇富春里中典型的白族民居合院与天井）（图/杨继远）

下图：诺邓村中的“一颗印”民居建筑（图/杨士斌）

解剖白族民居建筑

天井

天井是白族民居院落内部的主要室外活动空间。白族传统民居的天井，有大天井和小天井（漏阁天井）两种。天井能纳阳、通风、采光，使得相对封闭的、围合的建筑没有完全与自然隔绝，而是与外面的自然息息相通，从一方小小的天井仰望出去，是四季流转与时光的变迁。落进天井的阳光、细雨和落叶、飞雪，在白色墙壁上移动的光影和屋檐上泛起的青苔。人们在天井中就能感受到阳光雨露、风花雪月、雷鸣电闪、干湿冷暖等自然变化。

白族是一个好客、大方、热情的民族，婚丧嫁娶、寿辰、生小孩、孩子满月等都要宴请宾客，小的村落甚至整村老小全部都请，天井就成为了宴请宾客的“大宴会厅”，热热闹闹。天井还常用作演奏“洞经音乐”“打霸王鞭”“耍龙耍狮”等民间文艺活动的场所，四周的檐廊则成为了观众看台。

天井大的室外空间，也成为了白族农户生产活动的场地，在庄稼收割季节，往往用于晾晒谷子、麦子、豆子，有的还用作临时碾打场地。平时则常在此编制草编、竹编，修理农具等。因此，地坪都用砖石铺成，铺设光滑平整而且透水。

理水汇水是白族民居建筑很重要的部分，天井是四周房屋的雨水汇集空间。一方面，天井满足了人们“四水归堂”“肥水不外流”“敛收财源”的心理；另一方面，天井也要利于迅速排水，因此，天井的地面平整时都要主房一方向照壁一方倾斜，在下方（照壁一方）两个角设置排水口。同时，天井铺装上用卵石和砂作垫层，上铺石板或青砖，不填缝，能使雨水迅速渗透。

马头墙

马头墙（又称麻雀台）可以说是白族民居的又一建筑特色，它除了使房屋平衡、对称、协调、美观，起到很好的装饰作用外，更重要的是起到侧面防风防火的挡墙作用。白族民居的马头墙不同于江南和徽州民居的高于屋面的马头墙（风火墙），而是处于山墙的交接处，防风防火。这种低矮的马头墙也是对多地震地区的一种适应。

在合院式民居中，因为主房与侧房有一个高度差，所以在主房与侧房山墙的交接处，连接主房马头墙有一个转角台，使主、侧房很协调地连接过渡。而且，马头墙和转角台还是建筑装饰的重点，使整个院落平衡、对称、协调、美观。同时，马头墙还具有改善风水的功能，两侧马头墙成为房屋两翼，起到“左青龙、右白虎”的效果，满足房主人对风水的要求。

(图/张崇礼)

房子有价门无价
——富丽堂皇的白族门楼

白族民居十分重视门楼建筑，有房子有价门无价的说法。门楼是白族民居建筑的重要部分和建筑精华之一，它是院落整体建筑空间的主入口，门的朝向、尺寸从风水学上对整座院落都非常重要。然而，大门在白族民居中不仅仅只是院落入口，它还是白族建筑中充分体现民族文化的物质载体，其形制、规模代表着整组建筑的等级，代表着房主人的门第，显示房主人的社会地位，是房主人的物质和精神方面的直接表现。白族人民总是用门楼建筑水平来彰显主人的门第、社会地位和经济地位。因此，白族工匠总是把他们高超的建筑技艺，倾注于门楼的装饰之中。俗有“穷院子，富门楼”之说，即使家里吃穿不富裕，也非把门楼盖好不可。

白族人对美的追求似乎都集中在了门楼上。宏伟的门楼，富于装饰的门楼，可以说是白族建筑艺术的综合体现。门楼一般都采用殿阁造型，飞檐串角，再以斗拱（纯属装饰）、泥塑、木雕、彩画、石刻、大理石屏、花砖、青砖等组合成丰富多彩的立体图案装饰，显得富丽堂皇，又不失古朴大方。整个门楼的屋脊、墙脊、屋檐、斗拱、挂枋、墙柱无一不是精心雕塑刻画的杰作。他们用大理石、花砖、青砖、木雕等共同组成斗拱重檐，精心制作的屋脊、墙脊也做成翘角，远远看去，整个门楼似振翅欲飞，在动感中体现出宏伟壮观的气势。在整个门楼的装饰中最让人惊叹的是那些出自民间艺人之手的雕刻和绘画。它们的题材无论是历史人物还是花鸟虫鱼，都极具当地特色。在门头上装饰着鱼的形状，要的是“鲤鱼跳龙门”的吉祥之意，在门口的石础上雕龙刻虎，有镇宅保平安之寓意。通过工匠的精雕细刻，每一座门楼都成了民族风格浓郁的艺术珍品。

白族民居的门楼常采用斗拱构件。这些斗拱都已弱化了结构功能．而突出了装饰效果。白族民居中除大门装饰外，一般都不使用斗拱，是受儒家含蓄、恭谦、不张扬思想影响：二是认为斗拱是等级、地位的象征，斗拱是皇宫和寺庙建筑使用的，一般百姓“八字”难克，反而会“冲克”。

三叠水门楼是白族民居门楼建筑中的精品。一高两低的斗拱翘角，飞檐起翘，檐下有斗拱装饰，其形式最为华丽多彩。有的人家将斗拱做得密密层层，在不到两米的大门上，下面是重重镂空的花枋。大门两边有大理石的“八字墙”，配以彩塑诗词，把一座小小的门楼装饰得美不胜收。这种形式复杂、装饰华丽的门楼，过去限于仕宦人家用，后来富家大户也常使用。图为喜洲严家大院三叠水门楼（图/陈丹正）

吐水”，图防火灾保平安；鹤与桃组合图案，寓意“团鹤仙寿”；车、斗等组合图案，寓意“才高八斗”“学富五车”；还常用变体寿字、卷草、莲花、蟠龙等作题材。

檐廊

白族传统民居（除土库房外）最显著的一个特点，是围绕内院各坊前设檐廊（又称厦子）。檐廊是一个半开敞性的空间，主要有两大功能。

一是遮风挡雨。大理风雨大，特别是来自洱海东岸的风雨称“过海雨”，吹进房屋的深度更大。如果没有檐廊遮护前门、窗、板壁，则极易腐损。雨天时，各坊房屋之间交通联系，也淋不到雨。特别是“四合五天井”院落，即使下雨时人由一坊房子到其他坊也淋不到雨。

二是提供户外活动的空间。檐廊不仅利于遮风挡雨，而且常用来作家务活动、休息的场所。檐廊的廊道很深，可以摆得下一桌酒席，是白族民居最重要的组成部分之一。这与大理四季如春的宜人气候是分不开的，冬天可以“烤太阳”，夏天则用来“躲荫凉”。檐廊是主人做家务、邻居扯家常、孩子做作业的休闲场所，甚至吃饭、会客、聚会等有时都会搬到廊子里。

围屏

围屏是檐廊两端的墙面。白族人对檐廊两端的墙面装饰十分重视，一般用青砖、花边砖砌出八角形、圆形、方形、扇形等不同形状的框档，然后在框内或用六角砖拼图案，或镶圆形高级大理石，或泥塑动物花鸟，或题写诗词，或丹青绘画。也有用板壁作围屏的，主要设在大门入口的檐廊一侧，一面作大门的“屏壁”，一面作檐廊的“围屏”。墙面被装饰得如同屏风一般，所以称之为“围屏”。

格子门

格子门主要用于各坊房屋的堂屋。因此，白族人民又称格子门为“堂屋门”。格子门一般六扇，每扇有五块木板，两大三小，上雕图案。格子门木雕精美，高大庄严，富丽堂皇，体现了堂屋在房子中的地位。同时，格子门也很容易拆卸，遇有家中办婚丧大事，可拆卸下来，使堂屋与檐廊成为一体。格子门平时只打开中间两扇，而遇到家中的红白喜事时，六扇门全部拆除。

台阶

白族民居院落的台阶一般有三组。一组正中直对主房堂屋。有三级，取“连升三级”“平步青云”之意，同时使主房抬升而显得气派。两厢房檐下各设一组台阶，方便主房与厢房之间的联系，雨天不淋雨。台阶材料大都采用青石或麻石条石。主房的沿阶石条必须是奇数（三条、五条、七条），从房屋中间往两边铺砌，不使条石之间的接缝对着中间堂屋，取家庭和睦（无裂缝）之意。

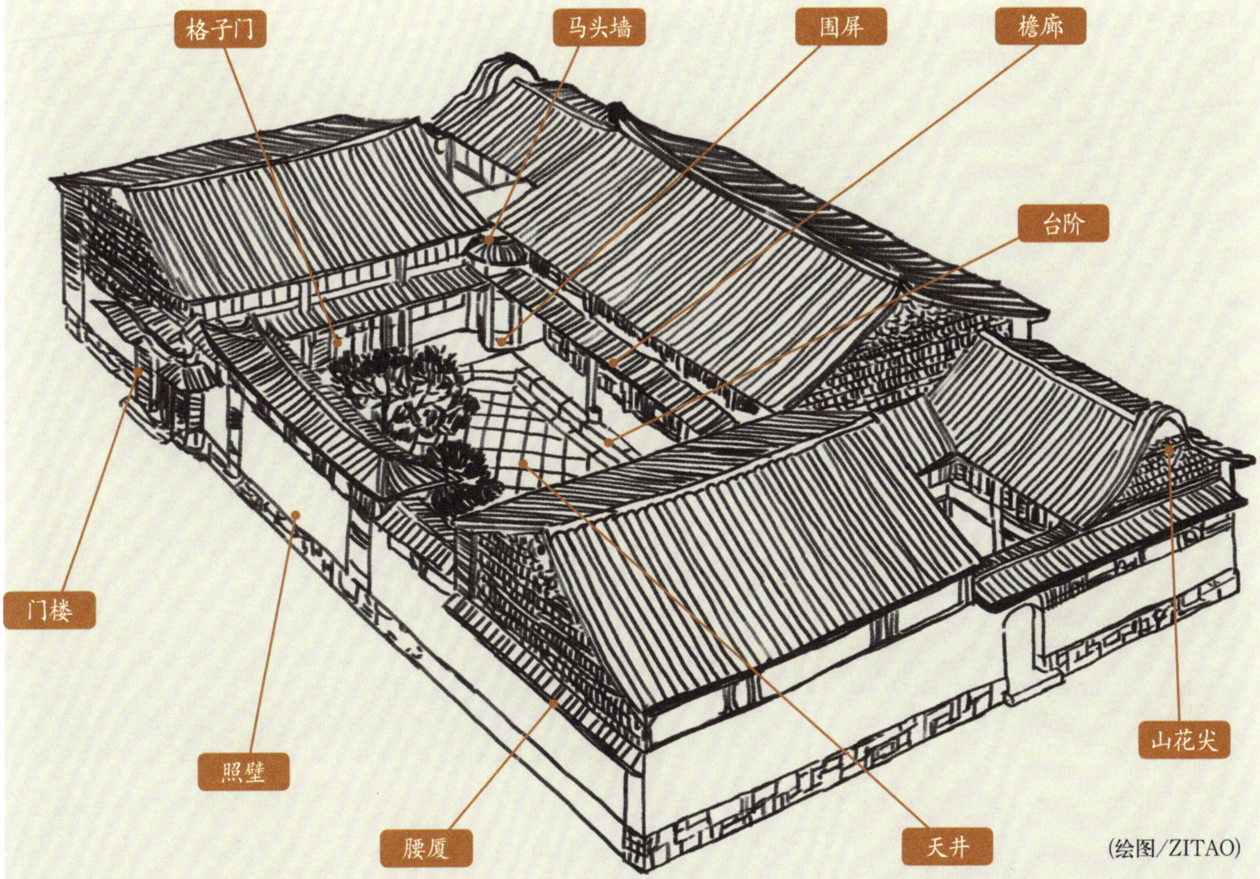

(绘图/ZITAO)

腰厦

白族民居山墙腰部都有一横檐，称“腰厦”。腰厦的设置，一是承接山墙上漂雨顺墙体而淋下的雨水，避免山墙下部土墙被冲刷；二是丰富了山墙的层次变化，改善了山墙的单调外观。

山花尖

民居建筑的山墙就是房屋两侧的墙体，墙体上部呈三角形，像山一样，故名“山墙”。腰厦以上的山墙，白族工匠又称其为“山花尖”。因为白族民居山墙上部较高，又是建筑外观最突出、最抢眼的部位，也是组成民居建筑外轮廓和村落风貌的重要部位，所以历来是民居外观装饰的重点部位。山墙尖部采用黑白绘画或浮雕泥塑构出各种图案，所以被称为“山花尖”。

上部为山花尖，下部为腰厦（图/张崇礼）

山花尖形式常见的有尖形、半圆形、马鞍形、半六边形。一个院落中各坊房屋的山花尖多有变化，一般主房山花尖用尖形，则漏角房和侧坊房屋的山花尖就用半圆形、马鞍形或半六边形，以区别主次，同时也使建筑外轮廓富于变化。

山花尖多采用绘画或泥塑装饰，内容多寓意吉祥幸福，有莲花、升斗、戟组合图案，寓意“连升三级”；蝙蝠、太阳组合图案，寓意“福自天来”；云、水、龙组合图案，寓意“大龙

喜洲杨品相宅中的照壁，为典型的三叠水照壁。三叠水照壁是白族民居建筑中比较成熟、典型和常用的一种照壁形式，它是将横长平直的壁面纵向分为三段，中间高两边低，中段较为高宽，两端稍为矮窄，总的轮廓形似四柱牌坊，其墙面依据分段做相应的装饰划分（图/杨士斌）

照壁：白族民居的眼睛

照壁是白族民居院落中与正房相对的一面围墙，就民居院落而言，有如眼睛立于人的面目。它是白族民居建筑中一个极为重要的建筑形象，是民居的精气神所在，也是其灵性所在。它比例适度，形式优美，堪称艺术佳作，令人百看不厌，是白族民居除了门楼外的又一装饰重点。

一般白族人家建房，多喜欢三坊一照壁的布局形式，因为这种形式比四合院清新、开阔，主房视野开朗，地位突显。而正对主房的围墙，又往往是院落的正面和门面，一般普通的、平直的围墙，显得平淡呆板。因此，白族工匠巧动心思，将围墙做成一面中间高两边低的照壁，其效果就大不一样了，建筑整体空间的层次感一下子就增强和丰富起来。照壁有着良好的视觉效果，具有轻快挺拔、十分完美的形式，成为民居院落中一个独立的部分。它与相对应的院子和主房衬托辉映，使得民居院落的主体性、整体性更加突出，给人的感觉也更加开敞大方。

照壁的另一个主要的功能是反射阳光以增加天井和正房的光线。白族民居的朝向坐西朝东、房屋进深深、后墙不开窗的特点，是在各方面自然因素影响下形成的。它有很多实用的功能，但也存在一个缺陷，那就是正房在正午后相当长的一段时间内没有日照，加之廊道的存在，一层部分采光较差。白族匠人解决这一问题的方法是将院落东围墙做成照壁，成为一块光反射板，当太阳偏西的时候，借助它将东射的阳光反射投入正房室内，改善正房的光线。这就是对于照壁装饰有很强烈欲望的白族人民，会将照壁的绝大部分做成光洁的素面，而只在檐口部位做重点装饰的缘由。在白族民居中，不论照壁朝向如何改变，装饰如何华丽，照壁的这个基本功能始终被传统地保留着。在这里，物质与精神、形式与功能达到了高度的和谐。

优美的照壁是白族民居院落中百看不厌的地方，它之所以百看不厌，就在于它的装饰和所包含的文化内涵。照壁就其工艺而言，是石、砖、瓦、泥的结合，若采用一般院墙瓦顶形式会显得简单，不能适应照壁作为里外都显眼的院落正立面装饰主角的要求，因此白族人往往把它作为院落的装饰重点，飞檐翘角，题词绘画。照壁正中用薄砖（花边砖）分出框档，圆形框寓意“天圆地方”。框中饰泥塑人物山水花鸟，或镶一块特选的苍山天然大理石，如山水画一般，再围以泥塑花饰边框。方形框则直排四块方（或圆）形大理石，题词刻字“旭日东升”“风花雪月”“礼仪传家”“明道家声”等，喜庆吉祥，彰显家声。

照壁通过那些突出于壁面、视觉效果较强的线条和彩画突出了“壁”的框景装饰效果，而弱化了照壁作为“墙”的感觉。可以说，照壁装饰在有限面积运用的工艺之杂，材料之多，图案之众，聚集了白族民居装饰体系中除木作以外的所有工艺，而且每一部分的装饰都做得细致入微，这在一般建筑装饰中并不多见。照壁创作能使这些东西协调在一起，不能不说也是一种技巧。这种不遗余力的装饰，正显示着院落对于家宅的重要，以及照壁对于院落的重要。更为精妙的是，为了反光，在重色浓妆之间的大部分壁面，是绝对纯洁的素面。而这种素面与不遗余力进行装饰的边缘和檐下形成了极强烈的对比，这对比使得素白不空，重彩不滥，彼此衬托，相得益彰，极好地反映出了白族民居的创造者所具有的不俗的美学造诣。

另外，白族村落的村头正对主要道路的路口处，都要设一堵大照壁，这类照壁的功能已不再是采光和装饰，而是出于风水的考虑，利于村落蓄气聚财，大照壁避免了道路直冲村外，也挡住对面山尖的直刺。大照壁下大都设一排石条凳，也成为人们在村口等候、聊天的休息场所。

诺邓村村口的照壁（图／陈丹正）

昭示主人姓氏的照壁题词

剑川县沙溪镇欧阳大院照壁（图/张崇礼）

题词是白族民居特有的文化现象。在白族村落中，常常看到许多民居的照壁正中有“某某遗风”“某某世家”“某某传家”之类的题词，这种题词在汉族民居中主要是刻于木匾，悬挂在大门的门楣上方，而在白族民居中却是写在照壁上或刻在大理石板上再嵌在照壁上，斗大的字在白底衬托下，非常显眼，可见房屋主人对题词的重视。这些题词，除去少数如“勤俭持家”“积善积德”之外，绝大多数都有特殊的含义。它是姓氏的标识，一看题词就知道房子的主人姓什么。它反映了该姓氏煌煌的家世、赫赫的勋业，或祖上崇高的道德文章风范，折射出中华民族传统美德之光，有着丰富的文化内涵。许多题词不仅典雅富丽、文采斐然，还蕴含着发人深省的故事，这些故事今天仍能给人以启迪或者警策，有着积极的现实意义。

例如，有“清白传家”“四知家风”“关西世第”题词的，为杨姓家族。“清白传家”“四知家风”“关西世第”这三种题词均典出杨震的故事。杨震，字伯起，东汉弘农华阴人，官至太尉。杨震是东汉著名学者，明经博学，从游者数千人，诸儒称“关西夫子”。他在任东莱太守时曾路过昌邑县，县令半夜求见，带着十斤金子想送给杨震，说晚上没有人知道这件事。杨震回答道：“天知、神知、我知、子知。何谓无知？”县令非常惭愧。杨震自觉抵制贿赂，堪称廉政模范，被后人称赞为“清白家风”。白族的杨姓人家也就采用“清白传家”“四知家风”“关西世第”等题词来昭显家风。

照壁题词对应的姓氏

题 词	对应姓氏
清白传家、四知家风、关西世第	杨
名高天水、琴鹤家声	赵
百忍家风	张
陇西世第	李
江左风流	王
工部家声	杜
六一家声	欧阳
淮西世第	段
石渠世泽	施
太岳家声	许
富春流芳	严

题 词	对应姓氏
赤壁家声	苏
扶风世泽	马
南诏宰辅	董
宝树流芳	谢
绿阁流芳	刘
梅鹤风标	林
细柳家声	周
义门传家	陈
江夏世泽	黄
考亭家声	朱
三省传家	曾
南中世第	寸

白族民居照壁上的彩绘（图/杨士斌）

严家大院：最杰出的白族民居院落之一

严家大院，位于喜洲镇四方街富春里1号，为喜洲著名的民族资本家严子珍于1919年建造。它是最杰出的白族民居院落之一，集白族民居建筑艺术之大成，汇集了白族民居除土库房外的所有民居建筑元素，可以说是一座白族民居建筑博物馆。它还是传统与现代，东方与西方建筑文化有机融合的典范。平面布局上为一进四院（取“一门四进士”之寓意），由一个临街小院、一个“三坊一照壁”、两个“四合五天井”由南向北排列组合而形成。同时又利用东南角凸出的地块，规划为带一座“洋楼”的后花园。单体建筑形式上有带铺面的临街建筑，有单层、二层、三层建筑，有巴洛克式的“洋楼”。院落形式有最传统的带檐廊院落，有“走马转角”式院落。有传统的水墨画装饰，有矿物颜料彩绘装饰，也有西方油画形式的壁画装饰。有传统的雕花格子门和窗，也有带玻璃的门窗。

严家大院一角（图/杨士斌）

白族地区列为全国重点文物保护单位的民居建筑

名称	所在地	列入批次及时间
喜洲白族古建筑群	大理市喜洲镇	第五批（2001年）
西门街古建筑群	剑川县	第六批（2006年）
诺邓白族乡土建筑群	云龙县诺邓村	第七批（2013年）
云南驿古建筑群	祥云县云南驿村	第七批（2013年）

清新、质朴、明快的白族民居装饰

木雕、石雕、绘画、大理石，无一不为建筑增添光彩和韵味

在白族民居建筑中，装饰是至关重要的，可以说没有装饰，就没有白族民居建筑。白族传统民居建筑装饰集中体现在木雕、石雕、绘画艺术和砖瓦拼饰上，它不仅仅是匠师的创作，而且有文人士大夫、民间画师、风水审美师的指导和参与，因此，它是审美、实用、寓意结合的典范。装饰艺术主要体现在石雕、木雕、彩绘上，技艺精湛，体裁多样，内容丰富，高雅优美，是白族民族文化心态的一种直观反映，体现了美观含蓄，假物寄情的艺术境界，体现了白族的秀逸内涵。

白族人民热情、好客、淳朴、勇敢、开朗的性格特点，使他们倾向于喜爱自然界的雪、花、水、石等鲜艳明快的自然色彩，经常直接使用原色和纯度较大的色彩对住屋进行装饰，较少使用复色和纯度低的色彩，以取

清新淡雅的白族民居装饰（图/杨士斌）

得强烈、单纯、明快的视觉效果。青瓦白墙水墨彩绘的白族民居建筑，使视觉感受和心理要求取得和谐一致。在现代文明纷繁迷离的色彩文化中，白族传统民居的这种纯朴、明快的建筑色彩风格更显得清新、质朴和热烈，具有很强的表现力。

趋吉，是白族民居装饰艺术的重要特点。装饰表达的思想主题可根据屋主的爱好而有多方面的选择。

清末民初大理画工张友相画作“海宴河清”（图/杨士斌）

例如凤戏牡丹、喜鹊登梅、文人四艺、一品清廉、修竹劲松、杏林春燕、玉兰锦鸡组成的木雕窗户，分别寓意荣华富贵、喜上眉梢、儒雅秀美、清高廉洁、一举及第、玉树临风、锦绣前程、渔樵耕读等等，都显示出了主人的志趣；岁寒三友、琴棋书画、博古文玩等图样，表现了一定的文化气息，多为文人墨客或附庸风雅人士所选用；山水林木、花鸟虫鱼、奇岩怪石等具有隐逸之风的图样，多为愤世嫉俗、失意政客所用；神仙怪异、文武戏曲、出将入相等题材，多为富庶阶层人士所选用。大部分人家在民居建筑中所选用的装饰主题多为希望家宅平安、健康长寿、人丁兴旺、财源茂盛等“趋吉避凶”的题材，即传统民间人士所企望的人生美妙的吉祥前景“三多”——多福、多寿、多子。

传统白族民居建筑与其他类型的建筑相比较，虽不能以体形、体量的较大变化取胜，但其形式美及装饰美的丰富变幻，却为它赢得了无数赞誉。

精工细刻的白族木雕

木雕是白族民居建筑装饰的重要手段，在白族传统民居中使用范围相当广泛，主要用于建筑物结构构件、门、窗、家具等部分。木雕工艺分为镂雕、透雕、浮雕、线雕、圆雕等。白族木雕门窗以清新淡雅为美，少有彩绘，而往往以本色示人。白族木雕巧匠们特别擅长作玲珑剔透的三至五层“透漏雕”，多层次的山水人物、花鸟虫鱼都表现得栩栩如生。

白族民居的传统木雕内容大部分是以象征如意、吉祥、平安、福寿为题材。这些内容中，有如意、万字、柿、莲花、牡丹、蝙蝠、龙、凤、狮、象等等，其中有些内容形象很优美。如花卉、动物，通过艺术的概括和适当的抽象，而图案化；有些形象属于寓意性图案，如蝙蝠等一类因内容需要也要安排在画面当中。白族工匠能通过构思和组织，把一些互不相关或形象并不好看的内容，合理地组织到画面当中，组成一幅优美的图案，如“万福万寿”就是将万字、蝙蝠、寿桃这几种互不关联的物体安排在一起，“吉庆有余”是将磬和鱼组织在一起，使图案活泼、和谐，寓意深远。

龙凤图案木雕窗（图/杨士斌）

格子门：白族木雕艺术的精华

格子门是安装在正屋（又称堂屋）上的一道门。正房中间的门，是白族木雕艺术最精彩之处。在大理，不论大小民居都有雕花的格子门。特别是大户人家的格子门，都是精工细作，用三五厘米厚的“磕松”（华山松）、楸木、楠木或青皮树板材，分二、三、四层甚至五层透雕，仅雕刀就有40多种。

格子门通常六扇一堂（寓意禄福），每扇格子门由天头、上福、玉腰、下裙、地脚五个部分组成（寓意五福齐全）。白族格子门上各部分雕刻图案沿袭传统的模式。主要有借喻型、拟物型两种。

借喻型图案常雕刻在玉腰板面和下裙板面的四角。如：在玉腰上雕刻一个变形的圆寿字，寿字中心再雕一只蝙蝠，称为“福寿双全”。如果再在同一扇门的下裙四角雕四只蝙蝠，就统称“五福庆寿”。同样，在玉腰上雕佛手柑，称“福满华庭”。佛手柑、桃子、石榴同在一块玉腰板上称“三多世家”，即多福、多寿、多子孙……这些吉祥图案，多数是实物的艺术造型，借喻的实质是调动人的联想，以物喻意，以浅喻深，使人的思想深化，感情升华，使普通事物体现出回味不尽的韵味。

拟物型图案主要雕刻在天头和地脚部位上。具体表现形式又分为：

（1）同局：所有天头或地脚用同一种画面。“同局”多雕刻松、竹、梅、兰、菊、桃、牡丹、荷花、萱草和白鹤、鸿雁、喜鹊、雄鸡、鱼、麒麟、鹿、狮、龙等吉祥物，因为这些吉祥物实际上是白族人追求吉利、平安、美满、幸福的心理折射。

（2）组局：天头、地脚分别用两个画面组合。“组局”画就像对联。分别由两个画面组合成意思相关的一组吉祥画。例如：天头雕的是竹，地脚就雕一只花瓶，所组成的画面就叫“竹报平安”。

（3）复合局：天头或地脚每个板面采用不同却又相互关联的画面，组成一个画组。

素雅清丽的白族建筑彩绘

白族民居山花尖彩绘香草纹（图/杨士斌）

行走在白族乡村，在青瓦白墙之间，一幅幅水墨的、彩色的花鸟鱼虫、诗词名句、书法作品，使民居显得神韵倍增，书香气十足。这些具有浓厚的民族色彩的白族建筑彩绘，不仅应用于神祠、庙宇和大型古建筑群体，还广泛使用于白族民居建筑，绽放出浓郁的民族风采。

白族建筑多为土木结构，大多是青砖、白墙、灰瓦，因而建筑彩绘也与此相互协调，彩绘以“黑、白、灰”为主，着重突出和体现“白色”这一白族建筑的主体色调。白族建筑彩绘多在大门、照壁、山墙、腰线等部位，使这些建筑部位“屋不显材、墙不露形”，并显得富有诗情画意。大门彩绘中部色调为红黄等暖色，两侧为蓝绿等冷色；照壁用色淡雅，以蓝绿白为主调；山墙山花较大，多画白色卷草纹，但也有于白粉墙上画墨色山花的。山花外画六角形面砖，灰砖白缝特别突出。在与围墙同高处有腰厦与围墙相连，下有彩画腰带一条，保护和美化了山墙。

白族建筑彩绘的图案也独具特色，主要使用的有三种：丰富多变的香草纹（如草龙、草凤、缠卷草纹等）、如意云纹以及回纹（又称万字）。这三种图案在白族建筑彩绘中大量使用，并且图形有别于中原地区，图案是白族彩绘所特有的内容。

白族建筑彩绘的另一个显著特点是雕画结合。白族建筑多在大门、屋檐部制作丰富的木雕装饰。照壁制作泥做斗拱和部分泥做浮雕。白族彩绘与这些木雕作品有机结合，相辅相成，统一协调，构成了白族建筑中的一大特色。

白族建筑彩绘的制作工艺也有自身独有的特色。它最讲究颜料的打底工序。这是保证彩绘不褪色的基本条件。一般木结构上多用猪血灰打底，即用猪血、桐油和石灰做成坯料披灰打底。而泥结构则更为讲究，通常是先选用发好的纯质石灰膏，将白绵纸一张张地掇在灰膏里，制成“纸筋灰”。彩绘时，将“纸筋灰”抿在需要彩绘的部位。等石灰半干时，开始做彩绘。通常如果当天抿好的石灰彩绘不完时，收工前要将其铲掉，第二天彩绘时需重做。也就是说，彩绘必须保证在石灰半干的状态下完成，这样就能保证永不褪色。

浑然天成的天然大理石画

大理苍山盛产大理石，全世界的碳酸盐岩石都以“大理石”称谓。苍山产的大理石不但质地细腻，而且天然花纹优美，解磨出的大理石片，就是一幅天然大理石画，有的似山水画，有的似花鸟画，有的似人物画。明代旅行家、地理学家徐霞客见了都赞叹道：“故知造物之愈出愈奇，从此丹青一家，皆为俗笔，而画苑可废矣。”因此大理石装饰民居建筑一般都作为大理石天然画艺术品来装饰。花纹、质地好的一般作为艺术品嵌在照壁、围屏上。绿花大理石则配装木框架，成为案几上摆设的大理石插屏。花纹、质地差的用于做窗框、栏杆、柱础和地面铺装或做墙的勒脚。

天然大理石画《溪山云初起》（图/杨士斌）

吉祥喜庆
——白族民居装饰图案的文化内涵

在白族民居建筑中，处处都体现出乡土文化的气息，这些乡土文化有的有形，有的无形，有的直白，有的含蓄，有的彰显，有的隐晦。

在彩绘、木雕、泥塑、对联、匾额、题刻等方面，白族民居都可通过一些图案，来体现出丰富的、寓意深刻的文化内涵。这些图案的表现方式大致有隐喻、直观、谐音、组配等若干种。

1.隐喻，即借用具有吉祥含义的动物、植物、器物作为装饰母题，暗示吉意。隐喻与民族文化及历史积淀有关，每个民族皆有不同的隐喻图案与标号，不同的隐喻理解。如：

图案	寓意
龟	长寿
龟背	长寿
鹤	长寿
松	长生
牡丹	富贵
石榴	多子
葡萄	多子
萱草	忘忧
云朵	祥瑞
荷花	高洁
水纹	不断
灵芝	吉祥如意
鸳鸯	相爱偕老
梅花	冰清玉洁
回文	不断延续
金钱元宝	财富
竹	君子虚心尽节
桃	仙人所食，长寿
蝉纹	居高饮清、高洁之意
佛手	握财富之手，有福禄之意
五蝠捧寿	寓意“福”
鹿噙梅花	寓意“禄”
八仙上寿	寓意“寿”
喜鹊双栖	寓意“喜”
尧王访舜或姜尚遇文王	寓意“才”
空城计	寓意“谋”
桃园结义	寓意“义”
二十四孝	寓意“孝”
竹林茅棚	寓意“节”
岳母刺字	寓意“忠”

竹寓意气节，是白族民居装饰中常见的图案（图/杨士斌）

2. 直观

直观就是直接表露出福禄寿喜的主题，如

三星图（福星、财神、老寿星三个具有明显的约定俗成特征的神）

百子图（一百个或较众多的小孩在嬉戏）

百寿图（一百个不同字体的寿字）

天官赐福（一个官员手捧“福”字展示于众人）

六合吉利 八方逢源 安居乐业 福寿三多 花开富贵 福寿绵长 福在眼前 万代如意 八仙祝寿 和合二仙 天马行空 繁花似锦 节节高升 西厢听琴 船舟借伞 卧冰求鲤 地龙戏珠 双凤朝阳 松鹤延年 青云接武 丹桂传芳 犀牛望月 鹿衔灵芝 凤栖梧桐 四季花卉 岁寒三友 二十四孝 一路连科 一品当朝 二品连仲 三朝元老 四品联第 喜鹊登梅 文人四艺 一品清廉 修竹劲松 杏林春宴 玉兰锦鸡 荣华富贵 喜上眉梢 儒雅秀美 清高廉洁 一举及第 玉树临风 鹤指迷津 凤戏牡丹

百寿图

刘海戏金蟾 凤凰戏牡丹 如意六神狮 福气不到头 麒麟望芭蕉

狮子滚绣球 老鼠拉葡萄 仙鹤指迷津

人因竹静 风为兰和

3. 谐音

谐音即借用动植物、器物的音韵与文字音韵相谐和，以表吉意。这也是汉字的同音异字现象在装饰图案中的应用。例如：

图案	谐音
羊	吉祥
鲤	利
屏	平安
磬	庆
竹	祝福
鹿	禄
喜鹊	喜
葫芦	福禄
绶带	寿、代
盘肠	长
金鱼	金、玉
芙蓉	富
水仙	仙
大橘	大吉
寿石	寿
桂花	贵
蝙蝠	福
爬蔓植物	万代
盘肠八结	八吉

4. 组配

组配即是将各种直观、隐喻、谐音手法综合应用在一个装饰主题中，音、意、形并用，组合搭配成一幅图案，表示出准确的吉祥用语。这种装饰手法因约定俗成的原因，大多数人都能够熟知其中的含义。例如：

图案	寓意
松、竹、梅	岁寒三友
蝙蝠、磬	福庆
金鱼、牡丹	金玉富贵
大象、宝瓶	太平有象
铜钱、蝙蝠	全福
云纹、蝙蝠	天降鸿福
莲花、桂枝	连生贵子
慈姑、祥云	慈祥
牡丹、海棠	富贵满堂
喜鹊、梅花	喜上眉梢
牡丹、白头翁	富贵白头
松、鹤、灵芝	松鹤遐龄
字幅、桃、飘带	福寿绵长
万字、柿、如意	万事如意
灵芝、竹、寿桃	灵芝祝寿
佛手、桃、石榴	多福、多寿、多子
百合、柿子、如意	百事如意
鹌鹑、菊花、枫叶	安居乐业
桂圆、荔枝、核桃	连中三元
字幅、寿桃、方眼金钱	福寿眼前
芙蓉、桂花、万年青	荣贵万年
莲花、升斗、三根方天戟	连升三级
五只蝙蝠展翅	万年连举
宝瓶中立三戟	平升三级
宝瓶上加如意头	平安如意
五个蝙蝠环抱“寿”字	五福捧寿
花瓶插四枝月季花	四季平安
中间为“祥”字周围五“福”字	五福吉祥
一根绳子串三枚铜钱	连中三元
老猴托小猴树上偷蜜蜂	辈辈封侯

木雕窗上有鹤、鹿、松、菊，寓意延年益寿（图/杨士斌）

撰稿专家

张崇礼，白族，教授级高级工程师，大理白族自治州规划局总工程师。曾从事过科研、城市园林、旅游规划、风景名胜、遗产保护、城市建设和城乡规划等工作。著有《白族传统民居建筑》《大理古桥梁》《大理民族文化遗产》《大理风景名胜大全》等著作。

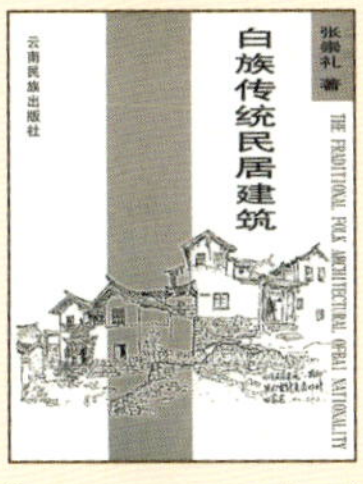

《白族传统民居建筑》

扫描二维码，
阅读专家代表著作的电子版

《张胜温画卷》中的“利贞皇帝礼佛图”。“利贞皇帝”即大理国第18代国王段智兴，“利贞”是其第一个年号。段智兴在位29年，极其崇信佛法

第3章

文明古族的流风遗韵

历史

本章主撰稿人：云南大学教授　李东红

白族是西南地区最古老的土著民族之一，大理是白族的发源地和世居家园。白族先民最早就居住在洱海之滨。剑川象鼻洞遗址的旧石器文化，洱海地区的新石器文化，是云南地区最早出现的文明曙光之一。

云南青铜文化的源头也在洱海地区。大约在商朝末年至西周初期，今天大理剑川一带率先进入青铜时代，开启了云南青铜文化的大门。洱海地区的青铜文化由西向东发展，到达滇池周围，发展成为“滇文化”。

以滇文化为代表的云南青铜文化，与中原商周青铜文化、四川广汉三星堆为代表的巴蜀青铜文化，同为中国古代青铜文化的重要类型。晋宁石寨山、江川李家山、昆明羊甫头等重要遗址为人们所熟知。

云南青铜文化是一种定居的农业文明，它是由当地新石器文化发展而来、具有浓郁地方民族特色的青铜文化类型。这种文化的最大特点，就是把青铜大量地用于制造农业生产工具，学术界因此把云南青铜文化称为“锄耕文明”——在中原地区的青铜文化中，青铜是十分珍贵的原料，一般只用于礼器、兵器的制造，即用在“国之大事”上，而没有广泛应用到生产活动之中。

一定的文化，必定与一定的族群相联系。创造云南青铜文化的主人，是秦汉时期文献记载中的“魋结、耕田、有邑聚”的定居农业民族。

东汉以后，爨氏兴起。“西爨”继承了滇文化，大量吸收了先进的中原文化。以滇池和洱海为中心的西爨地区的经济生活，到了隋唐之际“户口殷众”“邑落相望，牛马被野”，出现了以白子国为代表的“西爨白蛮”部落。“西爨白蛮”文化发展成为南诏文化，南诏文化又为大理国文化所继承和发展。

考古发现证实了“滇文化”“西爨白蛮文化”“南诏文化”“大理国文化”之间的继承与发展

巍山是南诏的发祥地，图为巍山坝子（图/杨士斌）

关系。可以说，这几种文化是云南先进文化的代表和构成云南历史的主流，其间又有一脉相承的联系。

唐宋时代，从唐朝开元二十六年（738）至南宋宝祐元年（1253）的515年间，在洱海、滇池两大区域为核心的广大区域，出现了南诏国与大理国。南诏统治的疆域，包括以今云南省为中心，四川南部、贵州西部、中南半岛北部在内的广大区域。大理国历时316年，继承了南诏王朝的统治地域，把南诏文化发扬光大，创造了高度的文明。

南诏大理国是中国西南边疆局部统一与中国统一多民族国家形成与发展的重要环节。南诏大理国的建立、繁荣与发展，为中国西南边疆的开拓与巩固奠定了坚实的基础，对中国统一多民族国家的稳定与繁荣产生了积极的、重大的影响。

南诏大理国文化，是当时世界上先进的文化之一。由于实现了长期的局部统一，政治稳定，经济繁荣，国力强盛，对外交往频繁，南诏以主体民族白蛮的土著文化为基础，主动汲取外来文化，形成独具地方民族特色的南诏文化。南诏文化具有汉文化、佛教文化和南亚、东南亚文化色彩，具有“兼容并蓄”与多元文化的特点。

大理国的文化，是南诏文化的继承和发展。不同的是，大理国文化的地域性、民族性更加

突出，释儒相融，僧俗一体，佛教影响到大理国社会生活的各个方面。大理国文化是南诏文化的提升与发展，是多元性的南诏文化一体化的产物，大理国文化可用“释儒文化”来概括。

南诏大理国文明所达到的高度，是云南历史上前所未有的。它创造的许多文明成就，并不逊于中原文化。可以说，南诏大理国是百业兴盛、全面发展的文明社会，是唐宋时期中国西南地区产生重大影响的地方王朝。

南诏大理国文化是云南历史文化中最闪光的亮点。古往今来，它吸引了无数文人墨客的目光，使多少名流学者流连忘返。正因为如此，有关南诏大理国的探索与研究，就成为认识云南历史文化的“必备知识”，著名学者李霖灿曾预言：“南诏大理之学，他日必将继敦煌学之后成为一门世界性的学问。”

忽必烈征服大理之后，白族地区纳入大一统王朝版图。元明清时期，是白族文化发生重大转型的关键时期。由于大规模汉族移民的进入及汉文化的全方位输入，白族作为区域范围内主体民族的地位开始丧失，白族文化在当地的主导地位也被汉、白文化的交映和协奏所代替。这一时期白族文化的转型在民族成分、文化、政治、宗教、艺术等各个方面均有表现，奠定了此后白族文化发展的基调。

探寻白族的源流

至少一万年前，大理地区就有人类活动

洱海地区灿烂的史前文明

20世纪30年代末，原国立中央博物院的吴金鼎等三位考古学家在大理苍洱地区进行了8个多月的田野考古调查和发掘工作，发掘了苍山马龙峰等4处新石器遗址，完成了我国现代考古学史上里程碑式的考古报告——《云南苍洱境考古报告》，开创了云南现代考古学的先河。

2008年，考古学家在剑川县象鼻洞发现了一处旧石器遗址，这是大理州境内首次发现和确认的旧石器时代中晚期遗址，也是云南省境内较为少见的既有洞穴堆积又有露天堆积的旧石器时代文化遗址。它的发现填补了大理地区旧石器时代遗址的空白，并将大理地区有人类活动的历史上推到了至少一万年以前。

半个多世纪来，继苍山新石器文化遗址后，大理地区先后发现了“宾川白羊村遗址”“永平新光遗址”和“银梭岛贝丘遗址”等数个大型的新石器聚落遗址。大理新石器遗址的相继发掘，不仅揭开了大理史前文化的神秘面纱，并为研究白族的起源问题提供了大量的考古学材料。

根据考古发现，很多学者认为白族先民最早是起源于生活在洱海地区的新石器时代的史前族群，并将

银梭岛贝丘遗址（图/杨士斌）

剑川海门口白族聚落考古遗址（供图/李东红）

这些族群命名为“湖滨人”。这些创造了新石器文化的“湖滨人”在后来的发展过程中不断地融合了其他民族，到了唐宋时期形成了民族共同体，组成了今天的白族，并创造了大理早期的文化。

在大理州，除了以上的4处大遗址外，已发现的新石器遗址多达80余处，主要分布在大理、剑川、洱源、宾川、祥云、巍山、弥渡、永平、云龙等市县，这些遗址大多数都分布在湖滨、河畔和坝子边缘的山坡台地上。这些遗址以银梭岛遗址为中心，共同组成云南考古学文化中的“洱海新石器文化区”。其主要的文化特征是：大聚落，滨水而居，以农耕为主，种稻并兼事捕捞。“洱海新石器文化区”是云南史前文化中的重要文化板块，它不仅孕育了云南的远古文明，同时也对云南古代文明的发端和社会进步起到了巨大的推动作用。洱海地区不仅是云南文明的源头之一，同时也是白族族源的圣地，是白族文化的摇篮。

大理地区约在商代晚期开始进入青铜时代，其代表就是剑川海门口遗址。遗址位于剑川县甸南镇海门口村西剑湖畔，是目前发现的中国最大的湖滨“干栏式”建筑聚落遗址，其规模和震撼力在世界上也甚为罕见，为研究中国史前的聚落类型提供了宝贵的实例。同时，海门口遗址也是云贵高原最早的青铜时代遗址，证明了滇西地区是云贵高原青铜文化和青铜冶炼技术的重要起源地之一。剑川海门口开启了云贵高原青铜文明的大门。海门口青铜文化从洱海地区发端，从洱海一路东进，直至滇池地区，对西汉时期的晋宁石寨山、江川李家山青铜文化产生了深远的影响。

大理是云南省境内最早种植水稻的地区，早在新石器时期生活在这里的史前民族就开始种植水稻，发展了原始的稻作农业。出土的大量与稻作有关的生产工具和生活用具表明，到了青铜器时代，稻作农耕已是洱海地区民族主要的生产方式。剑川海门口遗址中发现的大量稻、麦等农作物共存的情况，证明了远在商周时期白族先民就已掌握了稻、麦复种技术。这些鲜活的考古材料进一步证明，始于新石器时期，经商周、历战

云南的青铜文化灿烂辉煌，图为战争场面叠鼓贮贝器。古代云南先民使用海贝作为货币，贮贝器即是盛装货贝的器物。此器用两件铜鼓叠摞而成，盖面上雕铸缩小比例的人物、战马等，生动地反映了战争的场面（供图/李东红）

国至秦汉，生活在大理洱海区域的民族创造了灿烂的稻作文化，而这一文化的创造者就是生活于洱海区域的白族先民。白族自古就是一个以种植水稻为主的稻作民族，他们在创造了洱海新石器文化、青铜器文化的同时也创造了洱海的稻作文化。

白族源于僰人，形成于南诏

总体而言，白族是以僰人为主体，不断融合了包括汉人在内的周边部族，聚居在交通较为便利的平坝地区，逐渐融合而形成的。

《史记·西南夷列传》记载，秦汉时期“西南夷”大致分为“魋结、耕田、有邑聚”及“随畜迁徙、毋常处、毋君长”两大族群。前者以僰人群体为主，居住在洱海、滇池为代表的山间平坝中，从事农业生产。后者统称为“昆明”，大多居住在同区域的半山区和山区。

上图：大理东汉时期陶水田模型，大理市大展屯东汉墓出土。用1—2厘米的堤隔成两半，一半代表农田，分割成规整的十一块，另一半为灌溉水池，中间内置泥塑成形的莲花、田螺、贝、泥鳅、青蛙、水鸭等十二种动植物。陶水田模型是研究东汉时期洱海区域水利灌溉及农业生产的珍贵标本（图/杨士斌）
下图：剑川海门口遗址（图/杨士斌）

从考古发现与文献记载来分析，我们认为创造云南青铜文化的古代族群，应该是《史记·西南夷列传》记载的“耕田，有邑聚”的魋结民族。通过考古学文化与族群的相关性比较，只有僰人在活动时间与空间、文化面貌等方面，与云南青铜文化区、系表现出一致性。因此，僰人是云南青铜文化的创造者。“僰”字最早出现于甲骨文中。秦汉时期，记载更为明确。《史记·货殖列传》说，“南御滇僰、僰僮”。《水经注·江水》引《地理风俗记》称僰人是“夷中最仁”。

西汉武帝时期，中央王朝的势力正式进入云南地区。汉族移民、商人开始迁入云南，汉文化随之向云南传播。从西汉至初唐，由于社会政治的不稳定，秦汉以来迁入云南各地的汉族移民与蜀地、中原的汉族失去了联系，这部分汉族移民为了在当地生存下去，不得不“变服从其俗”，走上了“夷化”的道路。原来主要从事农业生产的部族僰人与汉族移民融合的结果，是产生了被称为“白蛮”的部落群体。而以游牧为主的部族，较少受到汉文化的影响，较多地保留了自己的文化特征，被称为“乌蛮”。

白蛮是云南历史上最早出现的、具有明晰的族际边界、认同意识的族群。白蛮及其文化，是云南青铜文化与南诏大理国文化之间的过渡文化。从地望来看，这部分由汉族移民与云南文化的创造者僰人融合而产生的白蛮，主要分布在洱海以南的地区。这些部族原有的水稻农耕文化，获得了飞跃性的发展，各部落已出现了城郭。

居住在今天洱源、剑川、鹤庆、兰坪、巍山、漾濞、永平、宾川、永胜等地的许多部族，其社会经济较少受到汉文化的冲击。他们以畜牧经济为主，兼营农业，过着“夏处高山，冬入深谷”的生活，被称为乌蛮。史籍记载，乌蛮“尚战死，恶病亡”，“胜兵数万”。乌蛮包括蒙舍诏、蒙巂诏、邓赕诏、浪穹诏、施浪诏、越析诏“六诏”及“长裈蛮”“施蛮”“顺蛮”等部族。

乌蛮与白蛮的地域分布并不是互相隔绝的，在同一地域之内，乌蛮与白蛮往往兼而有之，生活在不同的地理环境之中。六诏的地域之内，亦有白蛮分布。

需要说明的是，乌蛮与白蛮的称谓，并不等同于族称。在汉文史籍中，常以“黑”与“白”，“生”与“熟”，“文”与“野”对举，表示同一族群不同部分在经济与社会发展上的差别。因此，洱海区域的乌蛮与白蛮之区别，是社会经济不平衡发展的结果，同时也是同一族群在地理上垂直分布的结果，正因为这样，《华阳国志·南中志》就不以乌蛮及白蛮来称洱海区域之民族群体，而用“上方夷”与“下方夷”来指代这两部分在经济生活上存在差异的族群。上方夷主要生活在海拔较高的山区，即乌蛮；下方夷主要生活在海拔较低的坪坝地区，即白蛮。

南诏统一政权的出现，特别是其核心区——“十睑”区的形成，使乌蛮与白蛮之间的联络得以加强。大批西爨白蛮和汉族人口进入洱海区域，与原乌蛮及白蛮杂居。白蛮成为南诏的主体民族。以南诏王室为代表的乌蛮在重用白蛮大姓的同时，努力推进乌蛮与白蛮的一体化。南诏统一政权“十睑区”内多元部族的一体化过程，使各部族之间的经济文化差异逐步缩小，并最终聚合为新的民族共同体——白族。

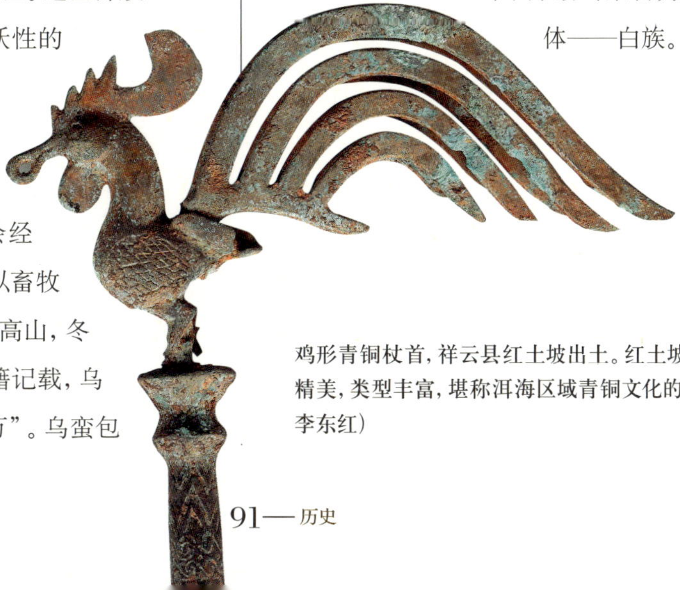

鸡形青铜杖首，祥云县红土坡出土。红土坡出土的铜器制作精美，类型丰富，堪称洱海区域青铜文化的典型代表（供图/李东红）

白子国：衔接青铜文化与南诏大理国文化

以乌蛮和白蛮为主的诸多部落，是云南青铜文化向南诏大理国文化过渡的重要的中间环节。不少学者认为，这些“西爨白蛮”部落，是一个强大的部落联盟，而以白崖为中心的“白子国”，即是部落联盟的盟主。然而，也有许多学者认为，白子国是子虚乌有的“理想国”。所谓世上本无白子国，有的只是白族的“心史”，因为尽管云南的许多地方文献如《云南志略》《白古通纪浅述》《纪古滇说集》《滇载记》《滇考》《滇云历年传》《滇系》等，都有白子国的记载，在白族口承历史之中，关于白子国的传说比比皆是，可谓妇孺皆知，但所有有关白子国的记载，出现得都非常晚，所以云南地方历史文献对白子国的追述，完全是南诏大理国以来白族上层集团和知识分子的虚构。

云南历史上是否存在白子国？人们争论着，谁也说服不了谁。这种状况直到20世纪40年代《南诏国史图传》发现后才有所改观。1944年，美国学者海伦·查平（Helen. B. Chapin）博士在《哈佛亚洲研究杂志》上，发表了《云南的观音像》一文，随文刊登了《南诏国史图传》的照片及部分“阿嵯耶观音像”。人们首次目睹了《南诏国史图传》的真容。20世纪60年代，李霖灿发表《南诏大理国新资料的综合研究》，完整地公布了《南诏图传》《张胜温画梵像卷》《维摩诘经》等南诏大理国文物资料。

依据该《图传》卷末的题记，我们知道《图传》是按《巍山起因》《铁柱记》《西洱河记》《国史》等典籍制作的。前三种显然是关于南诏建国的史书。值得考究的是所谓《国史》，画卷题字又称《张氏国史》。南诏为蒙氏所建，可见《张氏国史》不是关于南诏史事的书。画卷题记说“云南国诏（王）为张乐进求”，可知云南国不是南诏国，而是张氏国。今天所见到的《白古通》一系的云南地方史料所载的史事与《南诏图传》所绘的图画及题记大体相符。据此画卷，可确知有《张氏国史》一书，它是《白古通》等地方史书的蓝本之一，至迟在南诏晚期已流行于世。这就证明，南诏立国以前，洱海地区确有白子国，亦即“云南国”的存在。而关于白子国的历史主要记录于《张氏国史》之中，后来被《白古通》系地方史料翻录，屡经修改，已非原书模样，只保存其大概，仍可看出其发展线索。

另一方面，白子国的传说至今仍在白族民间广泛流传。传说白子国王张乐进求的三公主名叫金姑，张乐进求让位给蒙细奴逻时，同时把三公主嫁给细奴逻为妻。如今，白族、彝族民间仍然延续着“接金姑”这个传统的民俗节日。

所以，白子国并非纯粹虚构的神话王国，而是不可否认的历史存在。

《南诏图传》中的张乐进求像

祥云大波那铜棺墓

1964年，云南省博物馆考古队在祥云县大波那村附近清理了一座古墓。根据碳14年代测定，古墓的年代距今2400年左右，相当于战国初期。

铜棺是用6支脚架支撑，用7块铜板组合起来的。这件铜棺长2米，总高1.2米，宽0.62米，重257.1千克。铜棺就像是一座现实生活中的“干栏式”房子。大波那铜棺墓之中，还出土了大量文物：权杖、铜鼓、编钟、房屋模型、铜箸（铜筷子）。

根据铜棺和随葬品如豹头权杖、铜鼓、编钟、铜筷子、房屋模型等推测，铜棺的主人，应该是一位社会地位极高的部族首领，古代的王者。“大波那”坐落在祥云县中部，古时称为“大勃弄”。“大波那”“大勃弄”就是对白族语“祖先居住的地方”的记音。大波那的土著白族，现在还保留着记录从战国时期，经汉代、唐代，直至当代张姓的家谱、古碑刻。

胡蔚本《南诏野史》说：“汉诸葛武侯南征，至白崖，杀雍闿，擒孟获，乃封白子国王仁果十七世孙龙佑那为酋长，赐姓张氏，传三十二世至张乐进求，唐太宗己酉贞观二十三年封为首领大将军，后见蒙舍川蒙细奴逻有奇相，遂妻以女，逊国与之。”张氏世系是：仁果（战国）——龙佑那（汉代）——张乐进求（唐代），张氏从仁果至张乐进求共延续三十三代。

白王仁果生活的时代是战国时期。由此可以认为，大波那铜棺的主人，应为古白子国中的重要人物，并且极有可能就是白子国国王中的一位。因此，祥云大波那铜棺墓的重要性在于，它把大理地区的史前历史、传说时代、历史时期三个发展阶段联系起来，成为古代洱海文明与白族历史文化之间的联结点。

大波那铜棺上精美的水鸟纹、燕纹、虎纹等纹样（供图/李东红）

祥云大波那铜棺。中国青铜时代完整的铜棺，目前仅发现此一具（供图/李东红）

首次统一云南的南诏国

白族形成于南诏

南诏的建立、佛教的传入与流行、白族形成与发展，是唐代中国西南边疆历史发展进程中相辅相成、互为依托的三件大事。

南诏是以洱海、滇池两大区域为中心的政治实体。南诏境内有众多的部族，白蛮是它的主体部族。南诏王室蒙氏，是唐代初年以来洱海区域的大姓之一，蒙氏与其他名家大姓联合起来，建立了南诏政权。南诏统一洱海区域之后，名家大姓以婚姻、政治关系为纽带，进行族群凝聚。同时，南诏在洱海周围设立“十睑”作为“首邑之地”，并采用“拓东、开南、镇西、宁北”的军事战略，向四方开疆拓土，抚宁边陲，统一了整个云南地区。

南诏中期以来，佛教密宗广泛传播，是南诏境内盛行的主要宗教。南诏王室“谕民虔敬三宝，恭诵三皈”，“劝民每家供奉佛像一堂，诵念经典，手拈素珠，口念佛号”，十睑区及滇池区域的主体居民，普遍信仰佛教。“妙香国”“乾陀罗”等南诏的别称，大多与佛教有关。

南诏国的发祥地——巄㞣图山

巍山巄㞣图城遗址位于巍山县大仓镇巄㞣图山顶，遗址现存面积约40000平方米，存有大量的碎石瓦砾、柱础、瓦当、滴水、铺地砖和有字瓦。1958年11月，云南省博物馆考古队对遗址进行了第一次调查和试掘，出土南诏有字瓦、柱础、铺地花砖等遗物；1991—1993年，云南省博物馆对遗址进行了两次发掘，在遗址东南部发现有宫室、寺院等建筑遗迹和塔基，出土大批南诏时期的石刻佛像及残躯。2006年5月，巄㞣图城遗址被国务院公布为第六批全国重点文物保护单位。

巄㞣图山是南诏国的发祥地，巄㞣图城是蒙舍诏城邑及南诏国早期都城所在地。在《南诏国史图传》中，讲述了南诏如何兴起的故事。相传南诏始祖细奴逻与儿子躬耕于巄㞣图山，有一天细奴逻的妻子寻弥脚与儿媳给耕地的父子俩送午饭，在路上遇到一位印度僧人向她们化斋，她们就把饭给僧人吃了。她们回家重新做饭，路上又遇到僧人化缘，如此往返三次，第四次才将饭送到细奴逻和儿子手中。细奴逻听后觉得十分奇异，就前去拜会僧人，高僧看了细奴逻后就对他说：“你很有慧根，家人也十分向善，只要你皈依佛门，你将会有大的成就。”并对他说了一段偈语：“鸟飞三月之限，树叶如针之峰，奕叶相承，为汝臣属。”说完就用化缘的钵在细奴逻耕地的犁头上轻轻地敲了十三下，暗示南诏将传国十三代。僧人点化细奴逻后，升起一朵五彩云霞，在云中化现出一尊阿嵯耶观音，原来是观音变化为僧人来点化细奴逻。在观音点化下，经过几代人的艰苦奋斗，细奴逻的曾孙皮逻阁统一了六诏，建立了南诏国。

巄㞣图山城城墙遗存（图/杨士斌）

《南诏图传》第7段“祭铁柱”

因为有了“十睑”这一中心区域的存在，各部族之间联系日益加强，白蛮语成为南诏的通行语言，加之南诏自王室至民间，普遍信仰佛教密宗阿吒力教派，使原来的乌蛮与白蛮之间的经济、文化差异日渐消失，联系日益加强，在共同的地域、通行的语言的基础上，有了各族群之间广泛的联姻、全社会共同的宗教信仰，南诏中后期，“十睑区”内的多元部族之间的界线完全消失，逐渐融合成为一个新的民族——白族。

“张蒙禅让”——蒙舍诏的兴起

《南诏国史图传》一开始就绘有一幅“铁柱”图，中间立有一根铁柱，柱顶有一只神鸟，柱前放置供桌，桌上设祭品，有九个人席地坐于柱前。从图旁文字说明可以知道，这是云南大将军、白子国王张乐进求，西洱河右将军杨农栋、左将军张矣牟栋，巍峰刺史蒙逻盛，勋功大部落主段宇栋、赵览宇、施栋望、李史顶、王青细莫等九人在祭天盟誓。它表现的是云南历史上一个十分重大的事件——张蒙禅让。

据《南诏野史》等史籍记载，张乐进（尽）求因为诸葛武侯所立的白崖铁柱岁久剥蚀，决定重铸铁柱。铁柱铸树竣工时，张乐进求举行祭柱盛典，细奴逻也前往参加。典礼过程中，柱顶上的金镂鸟突然飞歇于细奴逻的左肩上，众人十分惊奇，张乐进求也认为这是“天意有属”，于是逊位给细奴逻，并把三女儿嫁给细奴逻为妻。细奴逻建号大蒙国，自称奇嘉王。这一事件发生在唐太宗贞观二十二年（649），当年细奴逻32岁。

张乐进求嫁女逊国、蒙舍诏兴起的历史进程，被文献及相关传说描绘成兵不血刃的“和平过渡”，甚至可与“尧舜禅让”相媲美。事实果真如此吗？

不少学者认为，张乐进求嫁女逊国，是对细奴逻兼并张乐进求部落这一残酷过程的美化。从历史进程来分析，蒙舍诏占领白子国的领地，细奴逻取代张乐进求成为大盟主，一定经历了激烈的斗争。

张蒙兴替的主要原因，从内部来说，来自于各部族（各诏）的兼并战争，外部的力量来自于唐王朝、吐蕃两大势力在洱海地区的争夺。

公元7世纪70年代之后，吐蕃势力开始南下，与唐王朝争夺洱海地区。从唐高宗咸亨年间到唐玄宗开元年间70余年，唐与吐蕃在洱海地区争战不断。蒙舍诏位于洱海最南端，始终未受到唐王朝、吐蕃任何一方的打击，受到唐王朝的大力扶持，得以保全和壮大实力。正是在唐王朝势力的长期打击之下，白子国势力被削弱，蒙舍诏兼并了邻近的蒙巂诏之后，取代了白子国张氏的盟主地位，把富饶的白子国之地，纳入自己的势力范围，经济实力不断壮大。但由于白蛮在联盟中人多势众，经济文化水平很高，其势力不可轻视，被推为盟主的南诏蒙氏，也不得不依靠和重用白蛮大姓，结成了乌蛮蒙氏王室与白蛮贵族的联盟。白子国王室张氏退为地方性的首领，一直到13世纪，都称自己为“国舅”。即便蒙氏南诏国已经消失，这个“国舅”仍有特定的历史意义，同时也是有历史感的家族性标示。

张蒙禅让传说的出现，与南诏和白蛮之间这种复杂的关系有关。先是南诏征服白蛮，成为替代白子国的盟主；后来南诏统一洱海地区，威镇四方，白蛮是起了主要作用的。因此，后人就美化历史过程，说白蛮不是被征服，而是禅让；战争的事迹也没有记录下来。所谓“祭铁柱”会盟，也极可能是战败后受降的仪式。

延续至今的“接金姑”习俗

张乐进求嫁女于蒙氏，至今仍可从流行于白族当中的“接金姑”传统民俗活动中得到反映。

传说，白子国主张乐进求的三公主名叫金姑。张乐进求让位给蒙氏家族细奴逻时，同时把三公主嫁给细奴逻为妻。金姑生得聪明美丽，她与细奴逻婚配后，与细奴逻住在南诏的都城巍山𡶴屽图城里。金姑到巍山以后，对洱海边的家乡怀有深厚的感情，每年都回大理喜洲一次，和家乡的姐妹相聚。三公主逝世后，蒙舍诏的民众在𡶴屽图山建起“三公主殿”，为她建庙塑像。而远在大理一带的白族妇女，也按照金姑生前一年一度回乡省亲的习惯，在每年春节过后，都要来到巍山接金姑回家乡，以示对她的怀念。这个活动每年从农历二月十一日开始，届时大理地区的白族群众身着盛装，先到𡶴屽图山举行念经和朝拜三公主的纪念活动，十三日凌晨用白马驮着从三公主身上换下来的白族服装，接三公主回大理参加“绕三灵”等节日活动。他们打着红旗，吹着唢呐，敲锣打鼓，边走边唱白族调子，“踏着歌”返回大理。“绕三灵”之后，他们又将三公主送回巍山。这个传统的民俗节日，代代相传，年年如此，至今不衰。

剑川石窟中的细奴逻像（供图/李东红）

皮逻阁统一六诏

皮逻阁是南诏历史上最重要的一位国王。在他继承王位之前，蒙舍诏只是“六诏”之一，经过他的经营与拓展，蒙舍诏统一洱海地区，进兵爨地，并吞滇池地区，把蒙舍诏发展为“南国大诏”，使“南诏”之名由一诏而为洱海地区之统称，继而将南诏发展为统治整个云南及其周边广阔区域的西南地方政权。这样的丰功伟业，与皮逻阁的雄才大略密不可分。

唐开元十六年（728），皮逻阁继位。面对复杂的政治形势，皮逻阁审时度势，充分利用婚姻和亲与唐王朝支持这两把利剑，在保存实力的同时，发展与壮大自己。继位当年，皮逻阁即远赴成都会见唐剑南西川节度使王昱，请求唐王朝支持他统一六诏。他的请求获得唐朝廷的同意。另一方面，皮逻阁又通过娶邓赕诏主丰咩的妹妹、施浪诏主施望欠的女儿遗南等政治联姻手段，与浪穹诏、施浪诏、白崖城三个部落结成联盟。

从唐开元二十年（732）开始，皮逻阁率数万骁勇，经过5年的南征北战，渐次灭掉其他五诏，并击退了吐蕃的势力，摆脱了吐蕃的控制和压迫。皮逻阁又在今上关、下关筑龙首关、龙尾关，在今喜洲筑大厘城，并派兵驻守，严防北部吐蕃的入侵和干扰。

皮逻阁军事征服五诏、统一洱海地区的过程被后人描绘成“火烧松明楼”的故事，有人甚至说：“松明楼上一把火，赢来南诏千秋业。”传说皮逻阁为了攻灭其他五诏，设宴松明楼，请五诏诏主前来祭祖，想乘机将他们一网打尽。邓赕诏主的妻子白洁夫人机

南诏铁柱号“天尊”

南诏铁柱又称“天尊柱”，位于弥渡县太花乡铁柱邑村铁柱庙内。柱高3.3米，直径0.32米，重约2069千克，用合范铸造法分5节浇铸而成。柱体上铸有阳文“维建极十三年岁次壬辰四月庚子朔十四日癸丑建立”题款。“建极”是南诏王蒙世隆的年号，建极十三年为公元872年。（这一铁柱并非《南诏图传》中“祭铁柱”图中的铁柱。）

南诏铁柱原有三叉口柱顶，雕龙头，上面倒扣着一口铁锅，锅上铸有与大理崇圣寺千寻塔中相同的“大鹏金翅鸟”。元朝初年，郭松年游历大理时亲睹了铁柱的风采，他在《大理行记》中这样写道：“甸西南有古庙，中有铁柱，高七尺五寸，径二尺八寸，乃昔时蒙氏第十一主景庄王所造……号‘天尊柱’，四时享祀，有祷必应。”

南诏铁柱（图/杨士斌）

祭柱或祭天，是云南青铜文化中流行的习俗。历史文献中也多有隋唐时期在洱海地区立柱标功，或立柱祭天的记载。对“柱”的崇拜，或通过“柱”这一媒介进行祭天的活动，源远流长，它是南诏大理国文化根植于云南青铜文化的重要证据之一。

如今，每年的正月十五日是铁柱庙会，各地的彝族都聚集到庙中举行祭祖打歌活动，往往通宵达旦，热闹非凡。1988年，南诏铁柱被国务院公布为第三批全国重点文物保护单位。

敏聪慧，预感到这是一个阴谋，劝说其丈夫不要去参加。当劝说无效时，只好将自己的铁手镯戴在丈夫的手上。后来，皮逻阁将五诏诏主烧死在松明楼。白洁夫人惊闻夫君罹难，急切地带上兵马，持火把星夜赶到蒙舍。她用双手掏火灰，直至鲜血直流，才找到铁手镯，辨认出丈夫的尸体。皮逻阁见白洁夫人如此美貌、机智，就企图纳她为妃。白洁夫人将自己的丈夫安葬之后，跳入洱海，保全了名节。火烧松明楼这一天，就成为富有纪念意义的“火把节”，时在每年农历的六月二十五。

皮逻阁在统一六诏的过程中，始终得到唐王朝的有力支持，并得到唐王朝的赞赏和嘉奖。唐开元二十六年（738），皮逻阁入朝，受封越国公，后被册为云南王、开府仪同三司，并得赐名“归义”。皮逻阁迁都太和城，建立南诏国。

皮逻阁统一六诏，只是其创立千秋基业的第一步，之后，他又把目光投向更广的云南东部的爨地。爨氏自东汉时期开始，逐渐控制了滇池及以东地区。皮逻阁利用爨氏集团内部的矛盾，逐步控制了滇东地区，爨地基本上成为南诏的势力范围。

唐天宝七年（748），皮逻阁谢世，在位20年，终年51岁。通过十多年的开拓，此时的南诏，已不是蒙舍川的那个小部落。一个雄踞西南的强大地方政权已呼之欲出，唐王朝对控制这一政权已显得力不从心。

龙首关（上关）敌楼遗址（图/杨士斌）

开疆拓土，仿效唐制

南诏统一洱海地区后，在洱海周围的中心地区以“睑”为单位设立直辖区，称“首邑之地”。前期设置“六睑”，后来发展为“十睑”。“睑”，就是“州”。

南诏以洱海地区为基础，实行“拓东、镇西、开南、宁北”的军事战略，向四方开疆拓土。通过东并爨区（滇池地区）、西开寻传、北定越裼、南通骠国（今缅甸）等

六诏

一般来说，“六诏”是指蒙嶲诏、越析诏、浪穹诏、邓赕诏、施浪诏、蒙舍诏。从分布范围说，蒙嶲、蒙舍二诏“同在一川”，分布于今天巍山县及其周边的漾濞、永平、南涧一带，蒙嶲诏在北，蒙舍诏居南（故又称南诏）；越析诏在今宾川县境内；浪穹诏、邓赕诏、施浪诏三诏合称“三浪”，其分布地域同在今天的洱源县境内。

六诏并存的时期为唐朝武则天初年到开元末，历时约50年。唐王朝对六诏采取羁縻制度，封各诏首领为各羁縻州的“刺史”，实行名义上的管控。

“诏”字与“赕”“睑”等一样，在白族语言中至今仍在使用。“诏”字在白族语之中，原意为“一片地方”。“六诏”就是统辖不同地方的六个部落，这里的“诏”字含有“部落”“邦国”的意义。“赕”与“诏”的含义比较接近，意思也是“一片地方”，如六诏之一的“邓川”古称“邓赕”，邓赕即是种植蚕豆的一个坝子。

一系列军事行动，在东南西北四方建立了一大批重要的城镇和军事要塞，统治区域大为扩展：东与爨区相连，东南达越南北部，西与印度接壤，西北部和吐蕃接界，南面抵老挝，西南包括缅甸的一部分，北抵大渡河，东北与贵州、两湖连接，地域范围号称“东西三千里，南北四千六百里”。

南诏开疆拓土的军事行动，以及对其辖境的有效统治，使中国西南边疆地区出现了有史以来第一次空前的统一局面，奠定了中国西南边疆的蓝图。南诏的疆域被大理国，特别是元代云南行省继承之后，这一广阔的地域就成为中国统一多民族国家不可或缺的组成部分。

为在幅员辽阔的疆域内实行有效的统治，南诏实行了一系列政治举措。首先是仿效唐制，建立了一套行政体制。

南诏王之下，设“清平官”与“大军将”。清平官相当于唐朝的宰相，共六人，每天与南诏王一起共同处理国家大事。六人之中，推选一人为内算官，代南诏王处理公文，有两名副手协助内算官处理公务。大军将十二人，与清平官同列，属武官，出则为统领一方的节度、都督，在朝则协助南诏王处理军机事务。

清平官之下设置“六曹”，即兵曹、户曹、客曹、刑曹、士曹、仓曹。六曹为南诏最高行政执行机构，设曹长。南诏后期，六曹改制为幕、琮、慈、罚、劝、厥、万、引、禾等“九爽”。

南诏对兵士的选拔、训练均有一套制度；行军打

南诏故都太和城（图/杨士斌）
太和城遗址位于大理市苍山佛顶峰麓太和村，面积3.5平方千米，分为内城、外城两部分。内城“金刚城”位于山顶，城墙依山顶而筑，设有东、南两道城门，内城东下为遗址的宫殿区。外城范围从宫殿区起向东一直延伸到洱海边，筑有南北两道夯土城墙，南城墙全长3350米，北城墙全长3225米，在外城遗址中保存有史称云南第一大唐碑的“南诏德化碑”。
太和城亦称“大和城”，在唐初为西洱河蛮的城邑。从唐朝开元二十六年（738）蒙舍诏在唐王朝支持下兼并五诏建立南诏国定都太和城起，至唐代宗大历十四年（779）南诏王异牟寻将都城迁到阳苴咩城止，太和城作为南诏国的都城存在了40年时间。1961年，太和城遗址（包括南诏德化碑）被国务院公布为第一批全国重点文物保护单位

仗、攻城掠地时，更有独特的监察制度。每次战斗，都派清平官或心腹一人在军前监视，是否奋力杀敌以及军功大小，都记录在册，以定赏罚。这种制度，是南诏军队作战勇猛的重要原因之一。

扭转乾坤的天宝战争

在南诏、唐王朝、吐蕃的三角关系中，任何一方的改变，都会促使另外两方产生相应的变化。正如南诏与唐王朝的关系是一波三折那样，南诏与吐蕃的关系也是时好时坏。终唐之世，南诏与唐、吐蕃的战和关系，演绎过多少扭转乾坤的大事。

大理市下关城区，邻近西洱河方向，有一条古老的街巷"天宝街"。"天宝"的名称，来自唐玄宗天宝年号。街边公园内，那圆丘形的墓冢特别引人注目，它就是当地人称的"万人冢"。"唐将南师以捷闻，孰怜战骨卧蒙昏。唯有苍山公道雪，年年披白吊征魂"，"万人冢"永远向人们诉说着发生在天宝年间的那场战争。

唐朝初年，有关云南地区的事务，由剑南节度使统管。天宝年间，权倾朝野的"天宝宰相"杨国忠，任命鲜于仲通为剑南节度使，越嶲都督张虔陀改任姚州都督，负责监视与控制南诏。这些封疆大吏大多数是心术不正之徒，

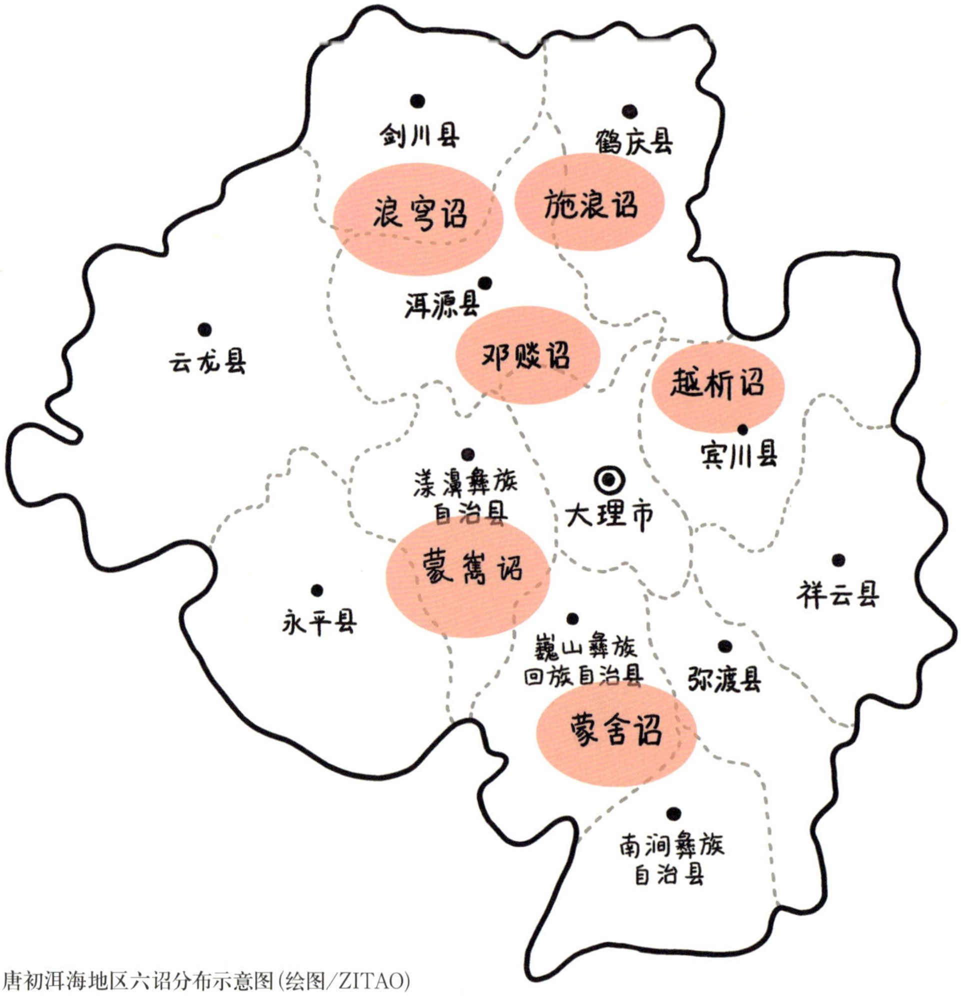

唐初洱海地区六诏分布示意图(绘图/ZITAO)

他们肆意干涉南诏的事务，有心挑起事端。天宝九年（750），当第五代南诏王阁罗凤带着妻小赴姚州拜会张虔陀时，张虔陀竟然当面污辱南诏王阁罗凤的妻子，惹怒了阁罗凤。事后，阁罗凤派军将杨罗颠为专使，远赴长安向唐玄宗控诉张虔陀的罪行。唐玄宗听信杨国忠的谗言，对此事不予理会。阁罗凤大怒之余，亲率大军攻打姚州，破唐姚州都督府，诛杀张虔陀，并举兵北上，占据了越巂都督府管辖下的三十余个州县，南诏在此区域设置"弄栋节度"，成为南诏"六节度"之一。

天宝十年（751），唐玄宗命剑南节度使鲜于仲通，率大军8万进攻南诏。唐军兵分三路，从不同的方向直奔南诏腹地。

面对严峻的形势，阁罗凤派出特使杨子芬、姜如之到曲靖鲜于仲通军中，向他陈述"姚州之役"及张虔陀被诛的事实经过，说明事情的起因与过错在张虔陀而不在南诏，南诏愿谢罪请和。特使对鲜于仲通说，虽然吐蕃早已对南诏威逼利诱，但南诏不为所动，仍然一心向唐。吐蕃已是虎视眈眈，依据情势，如果唐军执意要进攻南诏，双方交战，吐蕃将坐收渔翁之利。鲜于仲通不为阁罗凤的真诚求和与谢罪姿态所动，继续率大军向洱海地区进发。当鲜于仲通兵行至白崖时，阁罗凤再遣使者请和，

剑川石窟中的阁罗凤像（供图/李东红）

鲜于仲通不仅不允和，反而扣留了南诏的使臣。大战一触即发。

南诏向唐王朝请和无望，只好向吐蕃求援。当时吐蕃御史论若赞正率领大军驻守在洱海北部浪穹（今洱源）一带，即命军队从浪穹急驰洱海之滨。南诏与吐

祭祀唐军主帅的"将军庙"

传说天宝战争结束后，西洱河两岸，每当天阴下雨的时候，战死的唐军将士的鬼魂，就会哭泣不断。真是"新鬼烦冤旧鬼哭，天阴雨湿声啾啾"。当地老百姓为了安抚这些冤魂，就在苍山麓斜阳峰下，立"将军庙"祭祀唐军主帅李宓，超度所有唐军将士亡魂。说来奇怪，将军庙一立，西洱河边再也听不到鬼哭狼嚎之声了。

将军庙又称"将军洞"，建筑规模宏大，现存山门、过厅、大殿、观音殿、财神殿、子孙娘娘殿等。如今将军洞附近的白族村寨，都以李宓为本主，常年到庙内祭祀。在"天宝之战"中阵亡的李宓的若干亲属和部将，都分别被洱海周围的相关村庄奉为自己的本主。

每年中秋节是将军洞举办庙会的日子，这一天，附近的村民要在庙内举行隆重的娱神、酬神活动。祭祀战争之中阵亡的唐军将士，表现了白族宽容、豁达的胸怀，以及对民族友好团结的珍视。

唐李公之庙（下关将军庙）（图/杨士斌）

蕃军队联合，全歼唐军于洱海两岸，唐军主帅鲜于仲通“逃师夜遁”，只身逃离。第一次天宝战争，以唐军失败而告终。

然而，唐军惨败的消息，却被唐朝宰相杨国忠谎报为空前的军事胜利。南诏被逼应战的事实，被歪曲为南诏勾结吐蕃，联合反抗唐王朝的谋反行为。唐玄宗一方面为鲜于仲通设宴庆功，擢升他为都城长安的最高长官“京兆尹”，一方面命令杨国忠积极备战，征集士卒，调集军队，再征云南。

天宝十三年（754），唐玄宗任命前云南都督兼侍御史李宓为主帅，率领战卒10万，负责粮草辎重运送的兵士10万，共20万大军进攻南诏。杜甫目睹当时远征云南的唐军，写下了《兵车行》这首千古传诵的诗作：“车辚辚，马萧萧，行人弓箭各在腰。爷娘妻子走相送，尘埃不见咸阳桥……信知生男恶，反是生女好。生女犹得嫁比邻，生男埋没随百草。”

这一战，南诏与吐蕃联合，大获全胜。唐朝20万军士，全军覆没，主帅李宓战死。史书上称“二十万军，弃之死地，只轮不返”。

唐朝诗人刘湾作《云南曲》，描绘战争的残酷景象：“白门太和城，来往一万里。去者全无生，十人九人死。岱马卧阳山，燕兵哭泸水。妻行求死夫，父行求死子。苍天满愁云，白骨积空垒。哀哀云南行，十万同已矣。”

战事结束后，阁罗凤认为，“生虽祸之始，死乃怨之终”，下令各地收拾唐朝将士的死尸，就地祭祀埋葬。据民间传说与考古勘察，当年南诏收葬唐朝将士尸骨的墓冢，有的地方称为“万人冢”，有的称“万人堆”“千人堆”，洱海周围的龙尾关、地石曲，苍山西坡丘迁和，洱源江尾大墓坪，洱海东岸的双廊、挖色、海东等地，都有分布，至今遗迹尚存。

天宝战争期间，阁罗凤向吐蕃称臣，吐蕃封阁罗凤为“赞普”，南诏改国号为“赞普钟蒙国大诏”，阁罗凤建元“赞普钟”。“赞普”为吐蕃语，意为“君长”，南诏与吐蕃从此结为兄弟之国。天宝战争胜利，南诏乘势占据了大渡河以南的土地，同时与吐蕃一道，协力侵扰唐朝。南诏、吐蕃结盟的约50年的时间里，战事频起，成为唐王朝的心腹大患。

唐朝方面，天宝战争使举国骚动，朝廷内外，甚至是普通百姓，对杨国忠等执意发动天宝战争，深为不

凤仪镇地石曲千人冢（图/杨士斌）

满。大规模的战争，使武将势力增强，藩镇割据情势加剧，地方势力恶性膨胀。唐王朝深陷危机之中。

平卢、范阳、河东三镇节度使安禄山，以讨伐杨国忠为名，乘机于天宝十四年（755）起兵，发动了长达8年之久的“安史之乱”。安禄山、史思明发动的叛乱，使强盛的唐王朝竟无力平乱，最后只有求助于回纥兵，才解了长安之危。盛唐气象，由此式微。

天宝战争的硝烟早已散尽，留给后人的是一段难以忘怀的历史。

苍山为证，洱海为凭：“苍山会盟”与“贞元册南诏”

唐代宗大历十四年（779），阁罗凤卒，其孙异牟寻继位，为南诏第六代国王。异牟寻当政的时期（779—808），是南诏与唐王朝关系由战争走向友好的时期。

天宝战争之后，南诏依附吐蕃。吐蕃对南诏征召无度，每有战事，都以南诏军队为先锋。吐蕃在南诏北部战略要地设城立堡，驻扎军队，庇护“三浪”诏的残余势力，阻碍南诏向北拓展；吐蕃还向南诏征收非常重的赋税。天宝战争以后的半个世纪中，南诏深受吐蕃驱策、盘剥之苦。

异牟寻不愧为有远见卓识的政治家，他继承王位之后，内政方面，将都城从太和城迁至阳苴咩城（今大理古城以西），并仿效唐王朝的体制，完善了中枢机构的设置，以清平官与大军将协助南诏王处理军国大事；清平官与大军将之下，设置相当于唐朝六部的六曹和九爽，各司其职，负责各种行政事务的管理。对外政策方面，他致力于改变处处受制于吐蕃的局面，希望修复与唐王朝的友好关系，积极谋划“弃蕃归唐”。

与此同时，唐王朝由于不堪吐蕃的袭扰，贞元初年，唐德宗接受宰相李泌的建议，实行“北和回纥、南通云南、西结大食与天竺”的策略，采取积极姿态，防御吐蕃的侵袭。主动出击，拆散南诏与吐蕃联盟，改善与南诏的关系，成为当时唐王朝政治策略的重要内容之一。

贞元九年（793）五月，异牟寻决意归唐，他派遣赵莫罗眉、杨大和坚、杨传盛三位特使，各率使团，三路出发，拜见剑南西川节度使韦皋，在韦皋周密安排下，三路使团都由西川顺利抵达成都，再转赴长安，晋见唐德宗。使团携带的礼物很有意思，有“生金”和“丹砂”：生金坚硬，象征南诏归唐的坚定意志；丹砂朱红，表示南诏归唐的赤诚之心。唐德宗非常高兴，以隆重的礼节接待南诏使团，专门赐诏书给异牟寻，同时命韦皋派使臣赴云南抚慰南诏。

贞元十年（794）正月，韦皋派遣节度巡官崔佐时携诏书赴云南。崔佐时一行星夜兼程，当抵达南诏都城阳苴咩城时，吐蕃数百人组成的庞大使团，已先期

阳苴咩城遗址（图/杨士斌）

到达南诏，形势紧迫，气氛紧张。异牟寻不想让吐蕃使者知晓唐朝使团到来的消息，以免发生冲突，便要求唐朝使臣崔佐时换下唐朝官服，改穿东蛮衣装，秘密入城，但崔佐时拒绝了这一请求。异牟寻只好将迎接唐朝使者的活动安排在夜间举行，尽量不兴师动众。此时，清平官郑回将实情秘密通报了崔佐时，崔佐时对异牟寻当时的心思十分清楚，他要逼一逼异牟寻，好让他义无反顾地断绝与吐蕃的关系，一心归唐。所以唐朝使团入城之时，崔佐时故意大张旗鼓，喧哗而过；宣读诏书时，更是高声大语，弄得异牟寻欲止不能，只好环顾左右，诚心接受诏书。

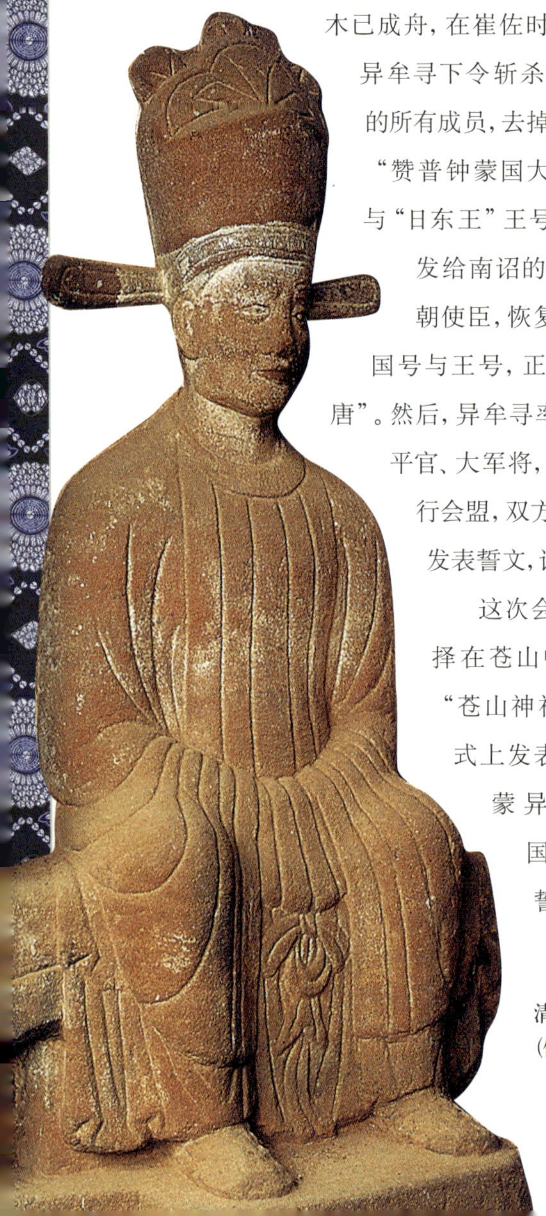

清平官郑回像
(供图/李东红)

木已成舟，在崔佐时的劝说下，异牟寻下令斩杀了吐蕃使团的所有成员，去掉吐蕃封赐的“赞普钟蒙国大诏”的国号与“日东王”王号，把吐蕃颁发给南诏的金印交给唐朝使臣，恢复了“南诏”国号与王号，正式“弃蕃归唐”。然后，异牟寻率领王子、清平官、大军将，与崔佐时举行会盟，双方缔结盟约，发表誓文，诏告天下。

这次会盟，地点选择在苍山中和峰麓的“苍山神祠”，会盟仪式上发表了《云南诏蒙异牟寻与中国誓文》。在誓文中，南诏表示自愿臣属于唐王朝，永为唐王朝的西南藩屏；唐王朝则尊重南诏的自主权。双方承诺不侵扰对方的疆土，同心维护和平，合力打击吐蕃。誓文一式四份，一份由崔佐时进献唐廷，一份供奉在苍山神祠，一份沉入西洱河，另一份收藏在南诏宫廷文馆之内。

苍山会盟之后，会盟的誓文与异牟寻呈送唐德宗的奏表，很快就被韦皋送到长安。德宗非常满意，当即作出了派遣使团赴云南册封异牟寻的决定。贞元十年六月，御史中丞袁滋出任“册南诏使”，率领庞大的使团，按旧制册封异牟寻为“南诏王”。

南诏对此次册封非常重视，当袁滋一行到达阳苴咩时，南诏以盛大的仪仗，出城5里迎接唐使。贞元十年十月二十七日，册封仪式在阳苴咩城举行，隆重非常。在册封仪式上，异牟寻接受封赐诏书、贞元册南诏印和唐朝贞元十年年历。异牟寻接受“南诏印”与“贞元历”，是臣属于唐王朝，奉唐王朝正朔的象征。

册封仪式结束后，南诏在五华楼设盛大宴会，招待唐朝使团。宴会上的歌舞，是异牟寻特意安排的，乐师及表演用的乐器，都为唐玄宗赐给南诏的故人故物。

“苍山会盟”及“贞元册南诏”，结束了天宝战争以来南诏与唐王朝之间的不和谐关系，再度开启了唐王朝与南诏友好关系的大门，谱写了唐王朝与南诏关系史上的新篇章。

南诏归唐之后，南诏与吐蕃联盟瓦解了，失去了南诏支持的吐蕃，军事实力骤然减弱。唐王朝在西南地区军事上的不利局面，很快得到改观。南诏方面，则赢得了难得的发展机遇。唐王朝对臣服诸邦，都实行“质子”制度。当时的高丽、渤海等，都将王储及大臣之子送到长安，作为人质，在唐朝宫廷中学习、生活甚至为官。因此，异牟寻再三请求将南诏王子及大臣子弟送到成都剑南节度府为质。韦皋变“质子”制度为留学方式，在成都设立专门的学校，培养南诏王室及大臣子弟。此后50多年，从成都学成归来的南诏子弟，不

大理五华楼(1906年)(供图/杨士斌)

下千人。此举为汉文化在南诏的传播，特别是儒学的发展铺平了道路。

城市奇观：五华楼与“紫禁城”

南诏大理国时期洱海西岸的城市，西依苍山为屏障，东临洱海为大险，因此，所有城市都只有南北两道夯土城墙，这是中国城市发展史上的一道奇观。

在六诏并存的时期，白族先民之一的洱河蛮开始建造城邑，太和城、阳苴咩城、大厘城都是在这个时期建成的。南诏大理国时期，对这些城池进行了扩建与改建，建造了大量的大型建筑体，其中最著名的要数五华楼和南诏紫禁城。

五华楼是南诏大理国时期阳苴咩城内的大型建筑之一，是南诏官方聚会宴请贵宾的地方。据记载，五华楼平面呈方形，广五里，高百尺，楼上可容纳万人，是一座体量惊人的宏伟建筑。元世祖忽必烈征大理时曾驻兵楼前。明朝初年，五华楼毁于战火，后来，在大理城内修建了一座城楼，也称五华楼，但它的规制已无法与南诏大理国时期的五华楼相提并论。

阳苴咩城，被称为“南诏大衙”。城内主道为南北向的大通道，南北两端为两道城门。城中有南诏王宫，俗称“紫禁城”，为坐西向东的建筑群。大门立于两丈高的台基上，台基以青石为磴。门上建有两层高楼，雄视前方。大门前面，是宏大的广场。

进入紫禁城门楼，径直向西走大约三百步为第二重门。第二重门为五开间门楼，南、北两侧建有许多大型宅院，是清平官、大军将、六曹长们的住所。

过第二重门大约二百余步就到了第三重门，门上建双层城楼，女墙上列置兵器及仪仗。入门是屏墙，再行一百余步就到大厅。大厅宏伟异常，“重屋制如蛛网，架空无柱”，即重檐、斗拱架梁穿斗严密；厅内没有柱子，属无柱、架空式建筑。大厅两边有门楼，厅前有水池。大厅之后是南诏王的寝宫，称“小厅”。南诏招待宾客的“客馆”，在门楼外东南二里，馆前有亭，亭临方池，周回七里，水深数丈，多有鱼鳖。

由上可知，南诏时期已可以建造规模宏大、气势雄伟的大型建筑，使用“架空无柱”的建筑技术。在细部处理上，斗拱重檐、飞梁翘脊无不使用。更重要的是，建筑群的格局既注重各种形式的搭配，又重视总体环境的协调。

南诏的防御体系——“九重城”

从整体而论，南诏的城镇布局，具有明显的军事意义。为了保证都城及“十睑”这一南诏“首邑之地”的安全，南诏从定都太和城起就开始有计划地构筑城防体系，经过前后近半个世纪三个阶段的苦心经营，营建了被称为“九重城”的防御系统：以太和城为中心，北筑邓川城、龙口城、大厘城、三阳城、阳苴咩城六道防线，南筑龙尾城。太和城自身设南北两道城墙、内城、瓮城，形成多道防线。南诏政权在如此大的范围内分三个阶段构筑了平均每隔5千米就有一座城的独具边疆民族地域特色的都城防御体系，这在中国古代的军事防御史、城建史上都是极为罕见的。

南诏统一洱海地区后至公元794年间，为了对付来自北面吐蕃的威胁，先后新筑了龙口城、三阳城，对邓川城、大厘城等则填固增修扩建，在北面构筑了四重防线，以确保都城太和城、大厘城、阳苴咩城及洱海坝子的安全。

第二次天宝战争时，唐朝李宓军队深入至太和城，使南诏不得不重新考虑南面的防御问题，于是设置了龙尾城。龙尾城为阁罗凤所筑，借用西洱河的高差修筑

三阳城城墙遗址（图/杨士斌）

南诏王世系表

世序	姓名	统治时间
蒙舍诏		
1	细奴逻	649年—674年
2	逻盛	674年—712年
3	盛逻皮	712年—728年
南　诏		
4	皮逻阁	728年—748年
5	阁罗凤	748年—779年
6	异牟寻	779年—808年
7	寻阁劝	808年—809年
8	劝龙晟	809年—816年
9	劝利晟	816年—823年
10	劝丰祐	823年—859年
11	世隆	859年—877年
12	隆舜	877年—897年
13	舜化贞	897年—902年

城墙，临河一面高达10米左右。城墙东起大关邑村，西至天生桥，长4千米多，可惜今已所剩无几，仅存打渔村附近约250米一段。龙尾城亦为单城，即只有一道从苍山麓顺山而下然后沿西洱河北岸东去的城墙，其军事防御性质一目了然，而非为居民之城。

尽管南北两面已有了数道防线，但南诏统治者仍担心有朝一日敌人会兵临城下，因而对都城的修筑都是以假设敌人会攻至城下来考虑的，故其城墙均西起苍山之麓，东抵洱海之滨，东西长达三四千米，东西向的南北两道城墙把洱海坝子拦腰截断，不让敌人有从苍山上或洱海畔迂回攻入城内的可乘之机，对城墙的夯筑质量亦格外重视。此外，还在城西端地势陡峭的小山上修筑了内城，一旦外城被攻破还可上山退守内城。又因为内城东端地势稍缓，所以在内城的东端又再修筑圆形瓮城。

“九重”者，是实指确有“九层”“九道防线”“九座城”，还是虚指，即“九”乃“多”之意，“九重”意谓“多重”，我们至今还不能确认。因此，对南诏时期洱海地区城镇的功能研究，城址的勘探就成为十分重要的工作。所有这些，都有待于考古学的进展。

滇中第一大碑——南诏德化碑

南诏存留至今的金石文物不多，碑刻更是少之又少。今天我们能够确认的南诏石刻文字，仅南诏德化碑、袁滋石刻、剑川石窟天启十一年造像题记等少数几处。

南诏德化碑由南诏第五代王阁罗凤立，时间在唐代宗大历元年（766）。现立于大理市太和村西的南诏太和城遗址内，原上关至下关古道西侧。此碑青石质地，碑高3.02米，宽2.2米，厚0.58米。碑的正面刻有40行3800余字，碑阴题刻南诏文武官员的职衔与姓名约1000字，总计5000余汉字。碑文由南诏清平官郑回制文，唐流寓南诏的杜光庭书丹。

太和城毁圮后，南诏德化碑深埋于地下，从此不见天日。清代中期，王昶经多方探访，找到碑之所在。据当地民间传言，患眼病的人如能从碑上取少许石末，放入药内作为“药引”，就能药到病除。于是人们竞相从碑上挖取石末，碑上的文字就这样被一个一个地“吃”掉了。今天的南诏德化碑，存留的文字仅800多字。所幸碑文被历代地方志、金石文字著录，今天我们才得以读到这篇佳作。

南诏德化碑碑文主要颂扬阁罗凤的丰功伟绩，特别对南诏统一洱海地区的过程，以及唐王朝与南诏发生矛盾并演化成为天宝战争的经过有较为详细的叙述，表达了南诏与唐王朝友好的愿望。此碑是研究南诏史乃至唐史不可多得的重要文献资料。碑文文辞典雅，骈散相间，习用典故，儒书道经无不采用；书法遒劲，隽永洒脱，文辞、书法均称得上是唐碑中的上品。1961年，被公布为第一批国家重点文物保护单位。

中国史学著作之中，对南诏的记载，凤毛麟角。今天研究南诏历史文化的学者们只有根据少数的资料，来探求扑朔迷离的南诏历史。南诏德化碑与唐樊绰《蛮书》，并称为记载南诏社会的两大信史，历来为学术界所重视。

南诏德化碑（图/赵寅松）

承继南诏的大理国

白族文化在大理国时期大放异彩

南诏后期，权臣把握朝政，王权旁落。南诏中兴五年（902），南诏最后一位王帝舜化贞病逝，权臣郑买嗣杀其子自立，改国号为“大长和”，次年改元“安国”。从公元902年至937年短短的30余年间，郑买嗣“大长和国”、赵善政“大天兴国”、杨干贞“大义宁国”相继更替。云南及其邻近地区处在战乱不已的状态。一直到后晋天福二年（937），段思平建立大理国，建元文德，才使南诏后期以来动荡的政治局面得到扭转。段思平开创的大理国，从公元937年一直延续到公元1253年，历时316年，成为与两宋王朝相始终的政权。

左图：无为寺前的唐杉阅尽从南诏到大理的历史沧桑（图/杨士斌）

下图：始建于初唐的无为寺。大理国时期，这里成了国王听经闻法，剃度修行和王室子弟习文练武的圣地。史传大理国22位帝王有10位在此出家，其中包括了因《天龙八部》而广为人知的段誉（段正严）（图/杨士斌）

大理国基本继承了南诏的统治疆域，即以今云南省为中心、包括四川西南部、贵州西部、缅甸东北部、老挝北部和越南北部这一广阔的地域。大理国前期沿袭南诏后期以来的旧制，政区设置有内、外府之分。内府被称为“首邑”之地，保持了“赕”的设置，“外府”则有城、府、郡的设立。大理国后期，行政建置有所变化，设置五城、八府、四郡。五城八府四郡的设置，结束了南诏时期以节度、都督为主导的军事统治制度。

四神八卦葵花铜镜，大理弘圣寺塔出土。内区饰有飞舞的四神像，外区饰八卦（供图/李东红）

大理国的官制，实行的是层层分封的世官世袭制度。段氏国王是最高统治者，国王之下有布燮、久赞等辅政大臣。布燮、久赞下面，是相当于南诏时期“六曹”“九爽”的各部。与南诏时期不同的是，大理国时期各府、郡的长官，都是由段氏分封的白人大姓。这些统辖一方的封建领主各有领地，成为大理国统治的基础。大理国对主体民族白族之外的各部族，实行较宽松的治理政策。

开创大理国三百年基业的段思平

后晋天福二年（937），段思平率军攻克阳苴咩城，推翻了杨干贞的统治，建立大理国，建元文德。大理国是中国历史上延续时间最长的地方政权之一，但有关段思平的籍贯、生平、建国过程等，由于文献记载的缺乏，至今仍迷雾重重。

据资料记载，段思平的六世祖段俭魏，曾是南诏王阁罗凤的清平官。唐天宝年间，唐兵逼近西洱河，段俭魏当时任“神武王将”，率兵大败唐军，阁罗凤擢升段俭魏为清平官，赐名段忠国。如此看来，段思平的父亲，是南诏后期地位显赫的贵族。

关于段思平的出生，至少有两种传说。一种是，段思平的母亲阿垣，有一次涉水过江时，恰好碰到顺水而至的莲木，“感而有娠”，生下思平、思良。另一种是，今大理喜洲一带，有一位老者，因无子嗣，常向神明祷告，希望有子孙相继。有一天，他家菜园的梅子树上，忽然结出硕大非常的果子，后来果子坠地，化为一女子；老者喜不自禁，将女子抚养长大；女子后来在河中洗衣物，触木有感，孕而生子思平、思良。

段思平出生如此特别，他的成长也不一般。据记载，段思平长大后，所到之处，祥瑞之象随身出现，预示段思平将来要称王。剑川节度杨干贞之弟杨明，听到这个消息后，心怀忌惮，想方设法要除掉段思平；段思平逃避再三，先躲藏在大理城郊的崇恩寺中，追兵来到寺

“大理”之名的由来

“大理”之名，渊源于南诏。《新唐书·南诏传》说：“酋龙立……遂僭称皇帝，建元建极自号大礼国。”“大理”来自于南诏时期的“大礼”，这是没有问题的。需要解决的是“大理”一词之含义。不少学者认为，“大理”者，“大治”之谓也，“大理”具有“推进礼治，大治大理”的含义。但也有人因“大理”有时又写作“大厘”“大礼”“大利”，因此认为“厘”“礼”“利”应是汉字对少数民族语言的记音，不能按汉字的书面意义去解释。“大理”解释为“大治”，是望文生义。

“大理”名号的由来，还可能与段思平的籍贯有关。段思平生于喜洲，喜洲即“大厘”城。所以，大理政权的得名极有可能来源于“大厘”。变“厘”为“理”，具有长治久安之意。

今天的白族语，称喜洲为“亨睑”，称大理为“德厘”，“亨睑”即是“喜睑”，为南诏“十睑”（十赕）之一；“德厘”意思不明，从读音看，它接近于“大厘”，而与“喜睑”相去甚远。所以也可以认为“大厘”“德厘”“大礼”“大利”“大理”等等，都是白族语，为“繁华城邑”的意思，具有今天所称的“大都会”的含义。

金藤编圆形花卉纹耳饰，崇圣寺千寻塔出土。金丝粗如藤，编成连珠纹、辫纹、如意卷云纹围成圆盘（供图/李东红）

外，观音显灵，使寺门挂满蜘蛛网，追兵不能进门，段思平得以脱险。公元929年，杨干贞废赵善政，自立为王，建国号为“大义宁”，杨干贞一心想除掉已是通海都督的段思平，段思平藏身于舅舅爨判家中，杨干贞得知段思平的藏身之所，立即派兵追捕。段思平正走投无路之时，得到昔日好友高方相助，思平便带着弟弟思良，乔装为猎户，由通海赴善巨（今永胜），投奔高方。路途中，段思平在今祥云品甸用猎犬与村民交换，得到神奇的铁戟，又在叶镜湖边得到一匹神马，段思平饥取野核桃而食，核桃上竟然有字，预示起兵时间。段思平于是改变行程，转而赴滇东，向东方三十七部借兵，双方在石城（今曲靖）盟誓，共同举兵，讨伐杨氏。段思平率军攻城拔地，无坚不摧，大军进至洱海之滨。是夜，段思平宿军营，连得三个奇梦：夫无首、玉瓶无耳、镜破。军师董迦罗为段思平解梦，认为段思平为大丈夫，“夫”去首为“天”，玉瓶去耳为王，镜破说明无以匹敌。这三个梦预示着段思平将所向无敌，建国称王。第二天，观音化作一洗衣妇女，为段思平指路，“人从我江尾，马从三沙矣”，大军攻破龙尾关，过西洱河，攻入阳苴咩城，杨氏败走，段思平建立大理国。

文献记载中段思平从出生、成长到逃避追捕、起兵建国的过程，充满神秘色彩。当我们仔细分析此“传说”，就会发现它所揭示的历史脉络，是十分清晰可信的：段思平曾在南诏为幕僚，后来因军功被擢升为通海都督，成为南诏后期雄踞东方的封疆大吏。他一直为杨干贞、杨明兄弟所不容。段思平巧妙地利用各种关系、条件，积蓄力量，争取民心，建立联盟，最后起兵，灭大义宁，建立大理国。段思平与东方黑爨三十七部会盟之事，有今存于曲靖的“段氏与三十七部会盟碑”为证。而段思平一路有观音相助，得兵器、神马，实际上是起兵义举，得到社会各阶层的响应与拥护的反映。

段氏与三十七部会盟碑

段氏与三十七部会盟碑，又名“石城会盟碑”，保存在云南省曲靖市第一中学内。此碑立于大理国段素顺明政三年，即北宋开宝四年（971），于清康熙十八年（1679）在曲靖市北出土。今存曲靖一中碑亭内，与爨宝子碑并列，保存完好。

此碑碑面较小，碑高1.25米，宽0.58米，厚0.61米，分上下两段。碑上段为正文，11行，每行13字，左行，正书；碑下段是官衔题名，8行，皆人名，行书。此碑行款特殊，正文直行，从左至右，才能读通；上下题记、题名，又需从右至左，才合顺序。全碑共403字，书体行楷，书法敦厚遒劲，历代的书法家对之评价甚高。

碑文记述了大理国主段思平联合三十七部征战滇东一些部落后，于石城（今曲靖市）会盟立誓，并颁赐职赏的情况。此次会盟史籍中并没有记载，故而此碑是研究大理国境内少数民族历史及大理国职官制度的重要实物资料。1961年，国务院公布段氏与三十七部会盟碑为第一批全国重点文物保护单位。

段氏与三十七部会盟碑（图/杨士斌）

宫廷政治中的双簧：国王避位为僧与高氏专权

段思平建立大理国，在位八年后卒，时年51岁。段思平本人是位虔诚的佛教徒，岁岁建寺，铸佛万尊。他灭大义宁国，并没有诛杀杨干贞，而是“赦杨干贞罪，废为僧”。杨干贞是第一位“避位为僧”的国王。大理国段氏传22代，其中共有10位国王，先后走向神坛，避位为僧。

大理国国王避位为僧，有多种情形。一是世系转换，或非嫡系传承，引发王位之争，被迫退位；二是在位时间较长，自然禅位；三是高氏专权，频繁废立，被迫避位。一场政治斗争结束后，失利者皈依佛门，一心向佛，不事争斗；得势者或高居王位，或操纵政柄，但对失败者都保持风度，没有像郑买嗣杀绝蒙氏800人那样残酷和惨烈。大理国300余年，不仅对外亲和，没有向宋王朝发一枪一炮，一兵一卒；内部来说，虽然国王世系变幻，大姓专权，妄行废立，却不见血雨腥风，真有点“四方八表，佛力维持”的意味。

段思平死后，王位传于其子段思英。思英继位，改元文经，但仅在位一年，即被他的叔父段思良废黜。思良承袭王位，改元至治。思良承袭王位，使大理国王权由思平一系转到思良一系。据史书记载，思良废侄为王，并非“篡权”，而是遵从其皇兄段思平的遗命。大理国王位在思平、思良二系之间更迭，是和平过渡，还是充满刀光剑影，今天的人们已不得而知。历史的结局告诉我们，大理国内部王位之争，削弱了段氏自身的力量，导致了高氏的专权。尽管高昇泰篡权而建立的“大中”国仅存在两年，高氏即“还政”于段氏，出现“段氏复兴”，实际的情况是高氏专权，段氏徒拥虚位而已。

始建于元代的大理圣源寺观音阁（图/杨士斌）

錾花牡丹双鸟纹银盒，崇圣寺千寻塔出土（供图/李东红）

大理国国王频繁避位为僧，表面上是皈依三宝，人心向佛，深层的原因是王位在思平、思良两系之间转移争夺，兼之高氏专权，导致的宫廷斗争的结果。

国王避位为僧与高氏专权，是大理国宫廷政治中的双簧戏。高氏专权的表现，一是世袭相国，形成“高氏相国世系”，把持朝政；二是分封宗族子弟镇守八府、四郡、四镇，执掌大理国地方军事与行政大权。这样就形成了朝廷、地方相维系的权力网，使大理国的统治权完全掌控于高氏宗亲之手。“王系”与“相系”平行传承，是大理国宫廷政治的一大特色。

“宋挥玉斧”：大理国与宋王朝的和平关系

与唐王朝和南诏的关系相比，大理国与两宋王朝之间的关系要松散得多。后人常引“宋挥玉斧”的典故来说明这一状况。

“宋挥玉斧”的发生，源于南诏与唐王朝的关系。唐朝后期，南诏屡犯西川，唐王朝对南诏，沿大渡河设防，依河为界，阻击南诏攻掠各地。因此，大渡河成为唐与南诏之间事实上的边界。建隆元年（960），赵匡胤建立宋朝。五年之后，后蜀孟昶降宋，今四川、重庆一带统一于宋王朝，宋地与大理国辖境直接相连。大理国派建昌城的守将到成都祝贺，主动表达了与赵宋王朝通好的愿望。此时，宋将王全斌也向宋太祖赵匡胤进献地图，力主乘势进兵，攻取云南。但宋太祖赵匡胤认为唐朝的灭亡是由于南诏的原因，因而不想再与大理国发生关系，便用玉斧在地图上沿大渡河划了一条线，说：“此外非吾所有也。”与大理国划江而治。

“宋挥玉斧”的典故反映了宋王朝对大理国的基本策略，但是玉斧一挥，并未割断大理国与宋王朝之间的经济交往。有宋一代都将大理国视为异邦，政治上十分疏远，但经济上仍有较密切的联系，主要是进行“茶马互市”。为了与北方的辽、金、西夏作战，宋朝不得不在黎州等地设置“博易场”，向大理国及自杞国、罗氏鬼国等购买战马。宋廷南渡之后，来自北方的威胁与日俱增，宋王朝已不能再从北方获得战马，因此通过与大理国的马匹交易来获得战马至关重要。绍兴三年（1133），南宋朝廷在邕州设置买马提举司，成为专门负责向大理国买马的机构。此后50余年间，南宋与大理国在邕州横山寨以马匹为主的贸易十分繁盛，每年交易的马逾千匹。大理国与南宋以买卖马匹为主，开展多种贸易，以宋高宗建炎（1127—1130）至孝宗淳熙（1174—1189）的约50年间为最盛。每年以1500匹马为定额，每匹价银三四十两至六七十两，交易额约七万两。

宋乾道九年（1173），大理人李观音得、董六斤黑一行到邕州与南宋进行贸易，求购中原汉文图书，其中有《文选》《五经》《国语》《三史》《初学记》及佛典、医药书籍，说明在经济交往的同时，文化方面的交流也随之开展起来。

释儒治国——南诏大理国的文化特色

南诏大理国时期，以汉文为通行文字。文献记载说，唐朝廷曾向南诏颁赐诸子百家之书，南诏第五代王阁罗凤“不读非圣贤之书”，第六代王异牟寻“颇知书”。这里的“书”，指的是汉文文献。

唐天宝九年(750)，南诏在战争中俘获唐朝西泸县令郑回，命他为南诏子弟教授汉文化。南诏君臣，喜爱以诗词唱和。

唐朝僖宗时期，唐王朝与南诏之间出现了一次和亲。僖宗决定将安化长公主嫁给南诏王蒙隆舜。中和三年(883)，南诏清平官杨奇鲲奉命到成都晋见唐僖宗，并迎接安化长公主。由大理赴四川的途中，杨奇鲲有感于途中的自然风光，以及自己肩负的重任，触景生情，写下了一首《途中诗》：

风里浪花吹更白，雨中山色洗还清。
海鸥聚处窗前见，林狖啼时枕上听。
此际自然无限趣，王程不敢暂留停。

这首诗被收入《全唐诗》，成为传诵千年的上乘诗作。南诏诗人的作品可入《全唐诗》，这是南诏深受唐朝文化影响的例证。

大理国仍然以汉文作为通行文字。政和五年(1115)，大理国派遣李紫宗等人到开封向宋王朝进贡，途经鼎州时，曾拜孔子圣像，观御书阁。元朝初年，中原地区找不到唐太宗《帝范》十二篇，只好来大理地区寻找，正应了“中原礼失，求诸四夷”的说法。

有鉴于此，有的学者认为南诏文化具有“仿唐性”，有的则认为南诏文化就是唐文化的翻版。我们认为，南诏文化与大理国文化，是独具特色、一脉相承的文化体系。南诏大理国文化的特色，与它“释儒”阶层和教育制度有不可分割的关系。

南诏大理国时期，佛教等同于国教，知识阶层大多都是“读儒书，行孝悌忠信之事”的“释儒”。“释儒”是随着佛教密宗传入洱海地区，于南诏后期出现的一个社会阶层，他们广泛活跃于南诏、大理国乃至元、明时期云南社会生活的各个方面：宗教上是“功行艰苦，长于拓殖”的布道者，又是颇具号召力的领袖；文化上是上层知识分子，文化传播的使者；经济上又多属富甲一方之领主。更重要的是，他们在政治生活中雄踞要职，有的为一方之领主。

大理国时期彩绘木雕说法图。这是云南最早的木雕工艺品之一，由多组浅浮雕群像组成，雕有不同形态的佛像、人物23尊，造型风格与剑川石钟山石窟接近。木雕采用上下分列的构图，围绕主尊不动明王，将护法天神和供养人按上下的布局配置，形成众生礼佛的场面(供图/李东红)

琥珀塔，三塔出土。在佛经中，琥珀、金、银、琉璃、砗磲、珊瑚、珍珠等并列为七宝，被视为吉祥之物（供图/李东红）

更有趣的是，担任教师之职的人员，称为“师僧”，他们“教童子多读佛书，少知六经”。鉴于这种教育方式，南诏大理国选拔人才的标准也是“通释习儒”。郭松年《大理行记》说：“师僧有妻子，然往往读儒书，段氏而上有国家者，设科选士，皆出此辈。”南诏大理国时期，举行开科取士的“科举”制度。这种制度与同期产生、流行于隋、唐、宋三朝的科举制度有较大的差别。“开科取士”的标准就是“通释习儒”，那些既懂得佛教义理，又熟悉儒家典籍与理念的佛教徒，成为大理国科举考试录用的对象。“以僧道读儒书者应举”，是大理国科举制度的基本特征。

正是在释儒阶层的推动下，南诏、大理国时期才出现了政教相容、相融乃至合一的历史过程。释儒之中，大德高僧往往被奉为“国师”，他们受到南诏大理国历代国王的礼遇。南诏大理国上层统治集团皈依佛法，谕民虔敬三宝、恭诵三皈，以佛教治国，不能不说是释儒阶层的功劳。另一方面，南诏大理国人民都深知佛法，易于治理。南诏大理国社会生活的佛教化，与它实行的这种教育制度、人才选拔制度有莫大的关系。

大理国世系表

世序	庙号	谥号	姓名	统治时间
		前大理		
1	太祖	圣神文武皇帝	段思平	937年—944年
2		文经皇帝	段思英	944年—945年
3	太宗	圣慈文武皇帝	段思良	945年—951年
4		至道广慈皇帝	段思聪	951年—968年
5		应道皇帝	段素顺	968年—985年
6		昭明皇帝	段素英	985年—1009年
7		宣肃皇帝	段素廉	1009年—1022年
8		秉义皇帝	段素隆	1022年—1026年
9		圣德皇帝	段素真	1026年—1041年
10		天明皇帝	段素兴	1041年—1044年
11	兴宗	孝德皇帝	段思廉	1044年—1075年
12		上德皇帝	段廉义	1075年—1080年
		广安皇帝	杨义贞	1080年
13		上明皇帝	段寿辉	1080年—1081年
14		保定皇帝	段正明	1081年—1094年
		大　中		
追封	太祖	文戎天佑安邦皇帝	高智昇	追封
1		富有圣德表正皇帝	高昇泰	1094年—1096年
		后大理		
15	中宗	文安皇帝	段正淳	1096年—1108年
16	宪宗	宣仁皇帝	段正严	1108年—1147年
17	景宗	正康皇帝	段正兴	1147年—1172年
18	宣宗	功极皇帝	段智兴	1172年—1200年
19	英宗	享天皇帝	段智廉	1200年—1205年
20		神宗皇帝	段智祥	1205年—1238年
21		孝义皇帝	段祥兴	1238年—1251年
22			段兴智	1251年—1254年

大理国王陵之谜

从唐贞观二十三年(649)蒙氏崛起，直至蒙古宪宗三年(1253)忽必烈灭大理国为止，604年间先后共有38位“国王”“皇帝”登上历史舞台。而南诏大理国王陵，却至今仍不显山露水，令人无处寻觅。

南诏王死后，并不像中原王朝帝王那样，棺椁毕备，全身而葬，而是实行一种“金瓶葬耳”的独特葬俗。所谓“金瓶葬耳”，就是通过特殊的处理方法，把南诏王的双耳取下来，放进黄金做的瓶子内保存。“金瓶”之外，套上白银做的精美盒子，供奉在特别的房间内。这种供奉南诏王双耳的房间称为“别室”，非常地隐蔽。南诏王遗体的其他部分，则用火焚化，用土掩埋。一年之中，四时八节，都要把“金瓶”请出，举行隆重的祭典。这就是史籍中所记的“唯收两耳，深藏别室，四时将出祭之”。在这条重要的史料中，有一个关键词“别室”。“别室”是什么样的建筑，是类似于宗祠的神庙，或者就是史书记载的“南诏家庙”，还是南诏王的王陵，至今仍无法做出确切的解释。

大理国段氏时期，佛教盛行，佛教密宗阿吒力教派几乎成为国教。受佛教“戒火自焚”主张的影响，自寺僧至民间火葬十分盛行。20世纪70年代，大理五华楼遗迹内发现大批火葬墓碑，其中有一通高姬碑。高姬出身大理国权贵高氏，身为王姬，当然是王室成员。高姬碑的发现，说明大理国时期，王室成员也是实行火葬的。但大理国段氏22代国王的陵墓所在，目前也没有线索可寻。元代12代大理段氏总管，只有第9代总管段功的陵墓，位于大理崇圣寺西侧，其余11代总管的陵墓，既不见于文献记载，也没有发现遗迹所在。

不过，用考古学的行话来说，南诏大理国王陵没有被发现，并不等于它不存在。因为被人们揭露的历史秘密，与历史的真相相比，永远是沧海一粟。也许，在不经意的某一天，南诏大理国王陵会突然出现在人们面前。

元代第9代大理总管段功墓(图/杨士斌)

纳入大一统版图：元明清时代的白族

汉、白文化深度交融

蒙古宪宗三年（1253），忽必烈征服大理国。元至元十一年（1274）建立云南行省，并确立了行省、宗王和段氏总管共同掌控云南的制度。元代云南行省的建立，标志着白族地区正式纳入大一统王朝的版图，并且在文化方面开启了云南各民族国家认同建设的进程，引领了元明清三代数百年云南文化发展的方向。

蒙古平定大理国之后，对大理国旧主段氏十分倚重，封段氏为世袭总管。有元一代，段氏总管不仅拥有对滇西广大地区的统治权，还管辖着大理、善阐、威楚、统矢、会川、建昌、腾越等重要城镇。白族自南诏大理国以来形成的分布格局，基本没有改变。由大理国末代国王段兴智的叔父段福统帅的“爨僰军”，随兀良合台远征南宋之后，落籍湖南，成为今天湘西地区白族的祖先。这是白族分布格局的重大变化。

元代在洱海、滇池两大区域建立了11所学宫。学宫的普遍建立，使云南主流的教育制度和人才培养模式发生了深刻的变革，自南诏大理国形成的“释儒文化”开始向儒家文化转型。“重佛不重儒”的传统发生了根本性、整体性的变迁，白族历史文化的发展方向由此改变。

“元跨革囊”：大理国的平定

蒙古平定大理国，不仅是中国古代历史上，也是世界古代历史上很著名的一个战例。昆明大观楼长联以“元跨革囊”四个字，概括了这一千里奔袭、出奇制胜的军事奇迹。

大理国300余年的历史中，从未对外用兵。当时面对宋、辽或金、西夏与蒙古之间的争斗，大理国一直置身事外，不予理会。然而，蒙古的战略——“斡腹之举”，却将大理国牵入了战争之中。

所谓“斡腹之举”，就是先出奇兵攻下大理，然后再从大理派一支军队，对南宋腹地发动攻击，南北夹击，一举灭亡南宋。这个策略看起来简单，其实实行起来颇费

元世祖平云南碑（图/杨士斌）

直到20世纪30年代，革囊渡江仍然是当地居民的一种渡河方式，图为美籍奥地利探险家洛克拍摄的革囊渡江场景（供图/和为剑）

周折。蒙古对大理国用兵，前后三次，方才取得胜利。

最早是在成吉思汗时。据文献资料记载，成吉思汗确曾派遣过一支部队进攻大理，军队到达金沙江边的铁桥城而还。

第二次是在1244年，蒙古大军由川西过大渡河，越金沙江，直奔大理。大理国王段祥兴命军将高禾率部迎敌，在今丽江玉龙县九河乡一带，与蒙古军展开激战。九禾战役中大理国与蒙古军都损失惨重，随后蒙古军北还。

最后一次是蒙古宪宗三年（1253）九月，忽必烈奉命率军10万，由蒙古高原起程远征大理国。蒙古军队进至大渡河边后，忽必烈将大军分为三路：兀良合台率西路，抄合、也只烈率东路，忽必烈亲率中路，分别进攻大理国。

忽必烈率领的中路军，先到达满陀城（今四川泸定），由于行军不便，蒙古军丢下粮草辎重，轻装渡过大渡河，在高山峡谷无人区之中，急行军二千余里，到达金沙江畔。蒙古军队虽来自大漠，不习水性，但出师之前，他们对大理国的山川地势有详细的了解，知道这里有大渡河、金沙江、洱海等河流湖泊，为渡河作好了准备。来到金沙江边，面对汹涌的江水，蒙古军士不用船只，使用北方人渡河惯用的“革囊”渡过了金沙江天险。

“革囊”，顾名思义就是皮子做的气囊。中国北方，特别是黄河两岸，普通百姓过河，都是乘革囊而过。革囊一般用羊皮做成，船工向皮囊中吹气，羊皮就膨胀为鼓鼓囊囊的革囊。这种革囊，人们可以藉之只身渡河，也可以用它承载木筏，同时让许多人飘浮过河。大致说来，大凡水流湍急、不易舟楫的河流，都可采用这种

“革囊渡江”的方式。

渡过金沙江之后，忽必烈所率的中路军沿途招降纳叛，把大渡河以南直到云南西北部的大理国辖地，都收归到自己的帐下。大理国西北的军事防御体系，大渡河、金沙江两道天险，以及无数的“蛮夷”部族所形成的缓冲区域，霎时间被“天兵”所破。段氏、高氏万万没有想到，蒙古军有如天降，一下子就出现在苍山洱海之间。

紧接着，忽必烈率领的中路军与兀良合台所率的西路军合兵一处，攻破龙首关，大理国“首邑之地”的北大门洞开。蒙古大军占领大厘之后，沿苍山山麓小道，很快直抵阳苴咩城下。

经南诏大理国近500年经营的阳苴咩城，可以说是固若金汤。从战略上说，蒙古军并无十分把握攻占

忽必烈率领的中路军与兀良合台所率的西路军合兵一处，攻破龙首关。图为龙首关城墙遗址（图/杨士斌）

此城。回想唐朝天宝年间，唐军就曾攻至城下，最后却落得全军覆没的下场。所以，蒙古军虽有兵临城下之优势，但忽必烈并不急于攻城，他认为如果能兵不血刃，订立城下之盟，那才是上善之策。于是忽必烈再次派遣特使招大理国段氏出降，但大理国段氏、高氏君臣却颇为自信，丝毫不加理会。蒙古军前后劝降三次，大理国都断然拒绝投降。

忽必烈不愧为成吉思汗的孙子，他命令蒙古勇士组成一支特别队伍，绕道苍山西坡，由西向东翻越苍山。这支登山部队，十之八九死在苍山之上，但最终完成使命，存活下来的军士，在苍山上组成一支奇兵，军旗招展，鼓号齐鸣，由山顶直冲而下，突入城中。大理国君臣被这种惊人的气势所逼，弃城而逃。此次军事行动，是自南诏统一洱海地区以来，外部军事力量第一次攻入阳苴咩城，南诏大理国城防体系被蒙古铁骑踏破。大理国末代国王段兴智出奔至昆泽（阳宗海）被擒，后投降蒙古，被封为世袭大理总管，段氏大理国至此灭亡。

蒙古军队虽获得大胜，但损失也是空前的。当年出师奔袭大理国的10万铁骑，仅存2万，损失了五分之四。

蒙古灭大理国之后，对云南实行了20年的军事管制。1274年，忽必烈在云南设立行省，任命赛典赤为平章政事，云南从军事管制时期进入正常的行政管理阶段。云南行省建立时，将首府由大理迁至中庆（今昆明），结束了大理作为云南首府536年的历史。

元王朝虽然在云南建立行省，但为了限制行省的权力，又分封蒙古亲王镇守云南，划给他们管辖范围和领地，不受行省约束。大理国段氏则“世袭大理总管”，管辖大理、善阐、威楚、统矢、会川、建昌、腾越等城，并划定滇西为其辖地。云南形成了蒙古亲王、行省及段氏总管三家统治的格局。段氏总管时期，洱海地区仍较多地保留着大理国时期的传统。

从“汉僰同风”到“汉僰一家”
——明清时期的白族

明代的白人，被视为南诏大理国及元代段氏总管时期的“遗民”。明王朝在云南推行的政策，就是在洱海、滇池两大区域，实行大规模的汉化举措。明代白人文化与汉文化的交流，是白族历史上空前的文化接触事件，使地方传统中的白人文化，转型为王朝政治下的国家文化，形成了影响至今的文化发展模式。

明代汉文化与白人文化的接触，是通过战争、屯兵、移民、兴学、科举等途径实现的。以汉人移民的文化习惯，改造白人文化传统。景泰《云南图经志书》记载：云南、曲靖、澄江、临安、楚雄、姚安、澜沧、大理、鹤庆、蒙化、永昌诸府及所属州县，渐被华风、尚诗书、登科第，接受汉文化。这些地区的白人，服饰言语都接受汉人的习惯；岁时风俗，宗族和宗法制度，父母之命、媒妁之言的婚嫁习俗，土葬和祭祀祖先方式等汉人的礼俗逐渐为白人所吸纳，变成白人文化的重要因素，形成“汉僰同风”的风气。白人学习儒学、参加科举蔚然成风。南诏大理国以来以“释儒”出仕的传统路径，已经完全被明经取士所替代。

“汉僰同风”成为明代以来云南文献中出现频率最多的“关键词”之一。两百多年以后，滇东地区的曲靖府、云南府、澄江府、晋宁州、寻甸府、广西府，滇西地区的楚雄府、姚安府、永昌府等地区，由“土著者多，寄籍者少”，变为“寄籍者多，土著者少”。“土著者”从明朝中期的“汉僰同风”，逐渐融入到汉人移民之中，变为汉人。而在洱海区域，一方面白人外迁，一方面汉人移民进入，汉人“白化”与白人“汉化”同时发生，导致白人文化发生很多变迁，汉人祖源说开始在白人社会中出现。

明代，白人的称谓演变为“民家”，这是汉、白文化接触的结果。“民家”其实就是“明家”，通俗地讲，就是大明王朝的子民。“民家”成为白人的通称，说明白人已经完成了由民族认同向国家认同的转变。南诏大理国以来形成的“青山蒙氏赕，绿树僰人家”的地方传统，发生了彻底改变：云南成为大明王朝管辖的十三省之一，“白人”从云南的主体民族，转变为具有大明王朝国家臣民身份的“少数民族”。

清代延续了这一趋势。清代主政云南的官员，一直把地方传统纳入内地的文化体系之中作为执政的首要目标。国家政治不仅通过儒学教育，同时还利用道教组织“同善堂”、宣扬帝王思想的“圣谕堂”等“坛”与“社”，对白族乡民社会进行政治控制，国家政治深入到白族乡间。白族民间流传的“汉人祖源”说，与其说是血缘上、体质上的，不如说是文化上的，即从“汉僰同风”到“汉僰一家”，认同以儒学为主流的国家臣民文化。

明代日本四僧塔（图/杨士斌）

文人墨客的天堂

文/赵敏

杨升庵像(图/杨士斌)

谁也说不清楚，是大理的秀美山水和敦厚淳朴民风酿就了千古文章，还是文人墨客将大理的美名远扬四海。

也许山水有灵，这方古代的“蛮夷”之地却成了士子学人向往的天堂。大理总是以宽阔的胸怀来拥抱钟爱她的文人墨客，毫不吝惜地将文思妙想赐予他们。外乡人来了，爱上了大理，大理一样将之视为苍洱之子。对于先进于自己的汉文化，大理又总是真诚地吸纳。是大理海纳百川的气度，成就了“文献名邦”的美誉。

明代著名诗人、学者杨升庵因敢言直谏，涉“议大礼”案违背世宗意愿获罪受廷杖，被谪戍永昌卫。他一定不曾料想，他待罪的后半生里会与大理这块土地结缘，在大理度过了一段美好的时光。大理的文人十分钦敬杨升庵的为人及文章，纷纷热忱接纳。白族著名文学家李元阳、杨士云等与杨升庵往来酬唱。李元阳自幼善学能文，任江阴县令时，力拒“海寇”犯扰，政绩卓著。他离任时，老百姓专为他立生祠纪念。调任户部主事时，慧眼识珠，拔张居正于童试800人之冠。张居正任宰相后，还执弟子礼与李元阳通信，探讨治国修身的方法。李元阳因不愿阿事权贵，隐居乡里，自己出资修葺了鸡足山及苍山的大量寺观。此外，他还精研性理之学，著《心性图说》，与杨士云同修《大理府志》，修纂《云南通志》。

杨升庵的另一位文友，白族著名文学家杨士云，为明弘治年间解元，正德丁丑科进士，选翰林庶吉士，后转给事中。他为人刚直，关心人民疾苦，在京任职时，听到河北等省发生灾情，奋笔书成《赈济饥民议》，上书明朝皇帝。他不畏权贵，不满仕途恶习，看到朝廷日趋腐败，便假病弃官回乡，靠种田维持生活，甘贫自乐。杨士云在自己的“乾乾斋”小屋里潜心钻研经史，著述诗文，并研究天文地理。

杨升庵与李元阳相识相知，二人结成了挚友。李元阳曾陪他同游感通寺，住宿在寺中的班山楼。杨升庵在游山观海之余，曾在楼上注六书，写千字韵，著《转注古音略》。李元阳为此楼题名为“写韵楼”，以表达对杨升庵的敬爱和怀念之情。生活在杨升庵后100多年，世称“诗书画独树一帜”的担当和尚，晚年常住感通寺。他仰慕杨升庵和李元阳的品学，重修了“写韵楼”作为自己的住所。“名士高僧共一楼”的佳话，历来被后世的骚人墨客称道不已。

有一天，李元阳的女婿吴懋对杨升庵说：在云南，张含、杨士云、李元阳、王廷表、胡廷禄、唐锜六公可称为杨门六学士，就像秦观等人是苏门学士一样。杨升庵微笑着说：加上你不就是七个了？这样就是“杨门七子”了。于是就有了“杨门七子”的佳话。

六子与杨升庵年龄相近，杨士云比杨升庵还大。他们的诗歌及文章都各有特点，又是很要好的诗朋文友。六子在当时的云南都很有名，他们与杨升庵相互诗文酬唱，形成了一种习诗作文的风气，推动了明代云南诗文的繁盛。这些白族作家与杨升庵一同用尽心力传播文化，培植人才，开启一代学风。他们的流风遗教，世代受人景仰。

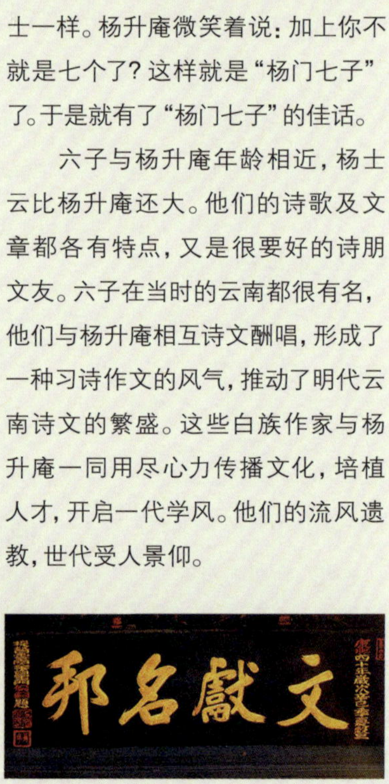

云南提督偏图题写的“文献名邦”匾(题于清康熙四十年，即公元1701年)(供图/杨士斌)

贡献卓著的近现代白族

风云际会，英杰辈出

白族商帮：物资交流的主力军

喜洲商帮四大家之首、著名商号“永昌祥”创始人严子珍（图/杨士斌）

随着商品交换规模的不断壮大，商品贸易交往的日益频繁，云南白族的商业贸易得到了进一步的发展，促进了白族农业和手工业的分离，加快了白族特有的企业组织——商帮的形成。同时，以家族企业为核心的商帮的出现，推动了白族地区商业资本的繁荣和市场营销中企业文化和贸易道德的发展。从明清时期到20世纪50年代，是白族地区商贸经济不断发展和面向国内及东南亚地区开放的繁荣时期，形成以白族为中心的企业贸易中心区。白族在长期的集市贸易交往中，形成了文明经商、公平交易、信誉第一、视招牌如生命、童叟无欺等内容丰富、形式多样的企业传统道德文化，并具体表现在商帮传统贸易习俗、行规行话、商幌商联、商谚中，具有鲜明的民族道德文化的特点。

洱海区域集市贸易的发展，促进了白族农业和手工业的分离；手工业的发展，又促进了商品贸易和商业资本的发展。从明清以来到20世纪50年代，是白族地区从自然经济向商品经济不断发展的时代，也是白族社会从封闭日益走向开放，面向国内及东南亚地区的时代。在这一变化发展过程中，洱海区域商业的繁荣，导致了经济贸易中心的形成。各地商人纷纷在下关开设堆店和商号，从事转手贸易。1723—1850年，下关已有堆店七八家，商号三四十家，成为滇西北的贸易中心。也就在这一时期，专门从事商品贸易交换的白族商帮应运而生。据历史记载，下关先后有鹤庆、腾冲、喜洲、四川、临安等五大帮。其中四川、腾冲、临安三大商帮都是外来汉商，唯有鹤庆、喜洲两大帮是洱海区域白族商帮。

鹤庆帮是白族地区最早形成的一个商帮。在清代以后，人们将鹤庆帮与腾冲帮合称迤西帮。此后商号增多，才细分鹤庆、喜洲、腾冲三帮。可各帮的发展与经营状况亦不同，各自成体系。鹤庆帮在1875年以后得到发展，新的商号不断出现，仅1875—1908年间，新起的大商号就有月心德、鸿兴昌、宝兴祥、宝天元、文华号、德兴隆、怡和兴、义盛公、德庆兴、盖通祥等十余家；中等商号发展到二十余家，在清末成为下关第一大商帮。到1921—1931年间由于负债，有所衰落。1945年以后，仅鹤庆帮就有“恒盛会”等四五十家大商号。

喜洲帮发展最快，这个商帮起于鹤庆商帮，约在光绪末年形成。第一次世界大战期间，该帮虽有发展，但不

白族商号牌匾（图/杨士斌）

如鹤庆和腾冲帮。1921—1929年间，这两帮许多商号因负债而垮台后，特别是第一次世界大战以来，喜洲帮得到迅速发展，帮内形成了严、董、杨、尹四大家；1937年前后又出现了“八中家”和“十二小家”，共二十四家，其中以“四大家”为首，而“四大家”中又是严、董两家最大。

喜洲商帮的兴起，是白族商品贸易兴盛的反映，他们的商品贸易活动，促使洱海区域白族社会发生了根本性变化。这一时期，由于商业贸易的高速发展，产业资本也得到长足发展。洱海区域三大商帮中的大、中商号都开办了企业，仅喜洲商帮就在四川、昆明、个旧、下关、喜洲等地创办工矿企业和加工业。可以说喜洲商帮是云南企业的前身之一。

除开办企业以外，各商帮还投资于金融业，或开办银行，或向金融企业投资。洱海区域三大帮中的大、中商号都与金融业有联系，改变了过去单一的经营方式，产销有机地结合，即商业的繁荣促成了产业资本的诞生，而产业资本的发展，又需要商业贸易流通来完成。喜洲商帮的兴起正是以满足市场需求为宗旨，“工厂生产，商号销售”，又由商号购进原料、工厂加工生产，然后再由商号在市场上销售。形成对“原料——生产——销售”三大环节的垄断。因此，白族商帮在促进白族商品贸易发展中起了积极的作用。与此同时也形成了守信用、重承诺、视品牌如命根子的商业贸易道德，并且有自己的企业文化特征。

此外，白族商人靠经商致富后，还将盈利中的一部分用于公益事业，如修桥、修路、兴修水利，创办学校、医院，开办工厂等，造福于人民。如大理白族人严子珍在经商致富后，在喜洲捐款办中学，建图书馆、教育馆，开办贫民工厂、染织厂，在大理创办医院、助产学校等等。

（文/杨国才）

严子珍捐建的喜洲苍逸图书馆（图/杨士斌）

抗战时期的大理五华楼（供图/杨士斌）

杨杰故居。杨杰，白族，1889年生于大理，国民革命委员会创建者之一，是中国近代著名的战略家、军事理论家（图/杨士斌）

为革命事业做出重要贡献

从鸦片战争到中华人民共和国成立，白族人民和全国各族人民一道，对帝国主义、封建主义进行了不屈不挠的英勇斗争，在近现代史上写下了光辉的一页。

1905年，孙中山先生领导的中国同盟会在东京成立，受到革命思想影响的在日本留学的白族知识分子和青年学生张耀曾、杨杰和张子贞等先后加入同盟会，积极向家乡传播革命思想。

1911年的辛亥革命推翻了清朝的统治，昆明同盟会成员和新军，响应武昌起义而举行的“重九”起义成功，宣告“云南光复”的消息传到大理地区后，立即得到白族人民的热烈响应。1911年11月3日，大理“官绅军民一体反正”，立即成立了“迤西自治机关部”，推举素有声望、思想进步的四川按察使赵藩为总理，“拟定简明告示，遍贴城内通衢及各乡村，说明光复大义及现定要略，以辑众心”。接着，全城铺户居民，悬旗庆贺，在演武场举行了庆祝大会。

1915年，袁世凯倒行逆施，公然宣布称帝。大理地区各族人民热烈响应护国战争，不少白族青年参加了讨袁部队，白族人周钟岳任护国联军总司令部秘书长。

“五四”运动、中国共产党的诞生和全国轰轰烈烈的反帝反封建斗争，对白族地区产生了巨大影响，民主主义的新思想、新风气迅速传播开来。知识青年怀着如饥似渴的心情吸取新文化、新知识，并传播到白族人民之中。在这种新思想的影响下，白族地区许多青年到内地各大城市和国外求学。一些优秀儿女先后加入中国共产党，积极参加了党领导下的早期革命斗争。其中著名的有：李大钊领导的“马克思学说研究会”发起人之一的王复生，同周恩来一起在法国建立“旅欧中国少年共产党”的张伯简（白族），“五四”运动时期清华大学学生领袖施滉（白族），第一次国内革命战争时期中共云南地下省委书记王德三，云南妇女运动先驱赵琴仙（白族），曾任东北抗日民主联军第二路军总指挥的周保中（白族）等。

在抗日战争期间，有数万白族子弟参加了抗日军队，其中有很多都为祖国独立、民族解放献出了宝贵的生命。周保中同志远赴东北，和汉族、朝鲜族人民一道，组织抗日民主联军，坚持敌后抗日斗争达10余年之久。

国之栋梁——近现代白族英杰

文/杨国才

著名诗人、书法家赵藩

赵藩（1851—1927），字樾村，别号蟠仙，晚年号石禅老人，世谥“文懿先生”，大理剑川人。清末著名诗人、书法家。入仕，历任易门训导，四川盐茶道、永宁道、按察使等职。清末民初，参加辛亥革命和护国、护法运动。曾任广州军政府交通部长。晚年著书立说，为整理云南历史文献做出重大贡献。

赵藩题撰的成都武侯祠“攻心联”（供图/杨士斌）

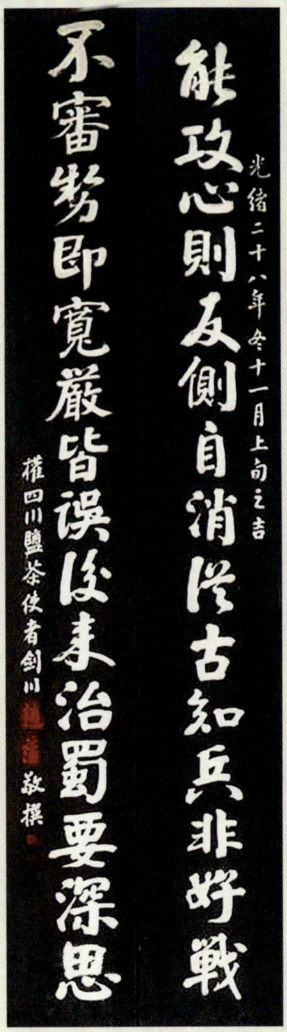

赵藩生当动乱，但致力于学，凡经史传记、百氏杂家之书，以及古今文章，金石文字，无不广泛涉猎，详加考校。赵藩所题撰成都诸葛武侯祠联：“能攻心则反侧自消，从古知兵非好战；不审势即宽严皆误，后来治蜀要深思。”从历史高度，给诸葛亮以辩证的、实事求是的评价，别具慧眼，不同凡响，受到毛泽东主席的高度赞扬。赵藩书法苍劲，有骨力，颇得颜真卿笔意。脍炙人口的昆明大观楼长联及金殿牌坊诸匾额，均为赵藩手笔。

赵藩（供图/杨士斌）

保家卫国的英雄周保中

周保中（1902—1964），原名奚李元，云南大理人，是白族人民的英雄儿子。1917年，年仅15岁的周保中为生活所迫，赴昆明当兵。后入云南陆军讲武堂学习，毕业后去广州。1926年加入国民革命军，历任营长、团长、副师长等职，参加北伐战争，率部英勇作战，屡建战功。1927年7月加入中国共产党。1928年受中共中央派遣赴苏联莫斯科，先后入东方劳动者共产主义大学和国际列宁学院学习。1931年“九一八”事变后，周保中奉命回国参加抗战，前往东北，历任中共满洲省委委员、军委书记，绥宁反日同盟军军事委员会主席、东北抗日联军第五军军长，第二路军总指挥，抗联国际旅旅长。他与东北抗联第一路军总司令杨靖宇将军一起，领导东北抗联同日本关东军和伪军浴血奋战14年。抗战胜利后，历任中共东北局委员、吉林省政府主席、东

青年时代的周保中（供图/李东红）

北军区副司令员，在解放战争时期为东北解放做出了重大贡献。中华人民共和国后，曾任云南省人民政府副主席、全国政协委员、中共八届中央候补委员等。1955年被授予一级八一勋章、一级独立自由勋章和一级解放勋章。

王希季

“两弹一星”功勋王希季

王希季，1921年生，白族，大理人。中国卫星与返回技术专家，中国早期从事火箭及航天器的研制和组织者之一，中国空间事业的开拓者之一。王希季是中国第一枚液体燃料探空火箭、气象火箭、生物火箭和高空试验火箭的技术负责人；提出中国第一颗卫星运载火箭“长征一号”的技术方案，并主持该型运载火箭初样阶段的研制；主持核试验取样系列火箭的研制。曾任返回式卫星的总设计师，负责制定研制方案，采用先进技术，研究卫星返回的关键技术，使中国卫星返回技术达到国际先进水平，中国由此成为全世界仅有的掌握此项高技术的三个国家之一。曾任小卫星首席专家，“双星计划”工程总设计师等职。1985年、1992年各获国家科学技术进步奖特等奖1项，1993年当选中国科学院院士。1999年获“两弹一星”功勋奖章。

“神州试管婴儿之母”张丽珠

张丽珠，女，1921年生，白族，大理喜洲人。我国著名的妇产医学专家，我国妇产科学的重要开拓者、现代生殖医学的先驱和主要奠基人，医学博士、博士生导师，从事医学研究、教学和临床工作长达60多年。张丽珠是中国大陆第一例试管婴儿的缔造者，被誉为“神州试管婴儿之母”。1946年至1951年间分别在美国、英国先后从事妇产科内分泌、病理学和肿瘤学临床和研究以及住院医师、住院总医师工作。1951年回国，先后在上海圣约翰大学医学院和北京医学院第一附属医院、第三附属医院任职。主持国家“七五”攻关课题“优生—早期胚胎的保护、保存和发育”。1988年3月10日培育出我国大陆首例试管婴儿，随后又相继培育了我国首例赠卵试管婴儿、首例冻融胚胎试管婴儿、首例代孕母亲试管婴儿。

张丽珠与中国大陆第一例试管婴儿

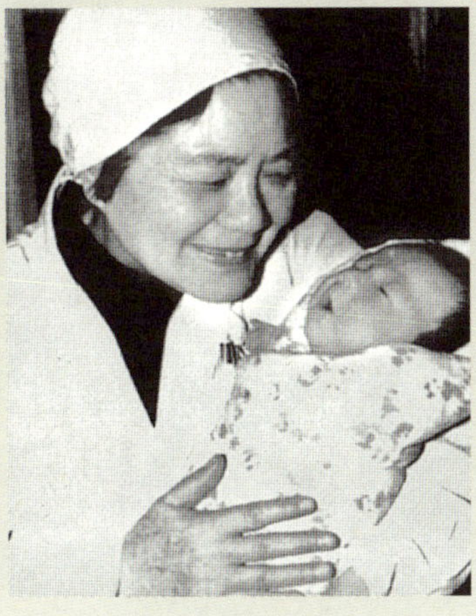

撰稿专家

李东红，白族，云南大学图书馆馆长，二级教授，教育部云南大学西南边疆研究中心博士生导师，大理大学特聘教授，中国宗教学会理事。主要研究领域为白族历史文化、中国西南少数民族宗教、中国西南考古学、文化资源保护等。主要著作有《乡人说事：凤羽白族村的人类学研究》《白族佛教密宗阿吒力教派研究》《苍洱五百年》等。

《乡人说事：凤羽白族村的人类学研究》

扫描二维码，
阅读专家代表著作的电子版

村民们将本主神像和花轿装饰一新，从本主庙中抬出，拉开了本主庙会的序曲（图/杨士斌）

第4章

白族的精神根脉

本主信仰

本章主撰稿人：云南大学教授　李东红

记得幼小的时候，跟着奶奶去本主庙敬香，那飞檐高耸、雕梁画栋的古庙中，威严的本主神像，总是令我肃然起敬。上学经过本主庙，还经常看见父老乡亲们毕恭毕敬地在神像前诵经、焚香、叩头、敬献三牲供品。

在白族乡村，每年本主的圣诞之日，全村要杀鸡宰猪，邀请亲朋好友欢聚一堂、共庆佳节，有时还请大本曲艺人来唱上几天几夜。

传统的白族婚俗中，迎娶前的白族新郎官，要先到本主庙祈求子孙繁衍、五世其昌，新婚次日早晨，新郎新娘要去跪谢本主神。生下儿女后再到庙中酬谢，同时给婴儿复取一个名字"拜寄"于本主神以求健康成长。

生活在乡村的白族人，从出生开始至老终，都与本主神结下不解之缘。学业有成，名中金榜，要给本主庙奉红帖报喜；远出家门经商谋事，要向本主神祷告祈求庇佑；春播秋收要请求本主神赐予风调雨顺；建房盖屋要请本主神保佑施工顺利平安；家庭有不顺之事，也请本主神赐福解厄；年老体衰不能再干农活，也要到本主庙轮值担任供奉。

可以说，对本主神的崇拜深深地铭刻在白族人的心中，这种文化现象浸入到白族社会的生产生活、风俗礼仪、节庆祭祀的每一个方面。本主信仰虽然融汇了佛、道、儒，但它又非佛非道非儒，自成一个体系。在千百年来的传统习俗和礼仪中，每个白族人对本主神总是怀着深深的景仰之情。

从表面上来看白族，三坊一照壁的民居、色彩明快的服饰、外人难懂的语言、独特的风味饮食似乎就是标识。苍山洱海、三塔、蝴蝶泉、大理古城在人们心中也是可以代表白族的象征和符号。其实，最能够代表白族民族特征的标识和文化符号，恰恰是外界了解不多的本主信仰。

（文/杨政业）

全民信奉的本主

“本境福主”护佑一方

“本主”是白族村寨的保护神。白族语称本主为“岛博”“牢姑”“牢太”。在白族语中，“岛”是“大”的意思，“博”是对男性长者的尊称，因而“岛博”的意译应为“大老爷”。“牢姑”为男性祖先，“牢太”为女性祖先。

在现今白族本主庙内匾额及对联之中，往往有“本境福主”的称谓。白族民间流行的木刻“甲马纸”，也常有“本境福主”或“本境土主”的题名，有鉴于此，认为“本主”为“本境福主”与“本境土主”的简称较准确。

本主信仰是白族特有的宗教信仰。与寄希望于来世的“出世”宗教不同，本主信仰立足于社会现实。白族信奉本主，是想在本主的庇护下，趋利避害，去追求幸福、美好的现实生活——“为士者程高万里，为农者粟积千钟，为工者巧著百般，为商者交通四海”。

本主是现世祸福的主宰，不问来生是非。在白族群众心目中，本主不仅能帮助信士消灾免难，还会赐福给信士。白族家庭遇上疾病、灾害，出门在外、远行回家等，都要到本主庙献祭，祈求本主免灾；遇上结婚、建房、功成名就等喜庆之事，也都要到本主庙献祭感恩。

本主信仰之中的确有很多原始宗教的成分。这种萌芽于白族先民“鬼教”“巫教”信仰的宗教，在向人为宗教过渡了千年之久以后，仍未完全脱胎换骨，变成人为宗教，而是兼容了各种形态的神，表现出极大的包容性。

本主信仰体系中，没有统领一切、至高无上的本主神。除了大理市庆洞村神都段宗榜统领大理坝子内的

大理仁里邑村本主庙中的六畜大王之猪神（左坐像）、鸡神（左壁画像）与牛神（右坐像）、马神（右壁画像）。六畜大王往往是拟人化的，表现手法是在人形之上加六畜头冠。戴什么样的头冠，即是什么神。如左边的坐像头顶猪头，就是猪神；右边坐像头顶牛头，就代表牛神。更加有趣的是鸡神和马神的表现手法：直接在坐像后壁上，画一鸡一马，来代表鸡神和马神（图/李东红）

本主甲马，供祭祀本主时焚烧或张贴用（图/杨士斌）

“五百神王”外，本主与本主之间一般没有统属关系。从这个意义上说，本主就是对散落在白族村寨中林林总总的、各不相属的保护神的总称。本主神祇之中，既有属于原始宗教范畴的自然崇拜、图腾崇拜和祖先崇拜、英雄崇拜之神，亦有明显的人为宗教色彩的佛、道之神和忠臣孝子、节妇义士等儒家典范人物。

本主神祇的世俗化倾向十分明显。本主神之间，往往以夫妇、父子、兄弟、君臣等世俗关系相联系，没有形成制度化宗教神与神之间那种尊卑、主从的“神级”。

白族对本主的信仰是全民性的，不存在类似于“入教”的仪轨，村民都是本主的信士。每个村寨都有固定的本主庙宇和供奉的本主神祇，本主庙有专人或专门组织管理。每个村寨每年至少有一次按一套固定仪式祭祀本主的庙会。每个家庭每年也都要祭祀本主。家庭日常祭祀时，要请专门人员主持仪式；本主庙会等公共祭祀活动时，有固定的组织主持与负责。祭祀的用具有“本主经”及各种“表”“诰”“祝文”等。本主信仰还有一套要求人们忠于国家、孝敬父母、尊老爱幼、勤俭劳动、不做坏事的清规戒律和道德规范。

因此，本主信仰虽然没有形成统领一切的最高神，但各村各寨的信仰哲学、仪式礼仪、本主庙建筑规范、祀神格局、庙会内涵等等，都表现出高度的一致性。本主信仰在一定程度上已成了白族的一种共同的心理意识。

本主信仰是身份认同的标志

白族村寨是否有本主庙和本主神，不仅是关系到村民认同的“内部事务”，更重要的是涉及村寨与村寨之间，以及更大范围内相互认同的问题。“本主信仰是白族全民信仰的宗教”这样的观点，不仅白族自己认同，其他民族也认同。

每个白族村寨的本主之间，有明确的“村寨边缘”。“你们村的本主”与“我们村的本主”，往往不是一回事。另一方面，几个村寨同时供奉一位本主，那么这几个村寨之间的关系，就要亲近得多。本主成为村民认同、村寨认同的重要标志。

信仰本主是白族与其他民族相区别的标志之一。白族地区新近发展起来的、没有本主神的村寨，被其他白族村寨戏称为“没主营”，即没有主人的村子。因此，请一位本主神，建一座本主庙，就成为村寨的头等大事。

在传统汉族社会中，以同姓氏的家族形成的宗族构成基本的社会单元；而对于白族社会来说，宗族观念是十分淡薄的，取而代之的是不同姓氏的人们以共同尊奉一位本主而结成一个彼此亲近的社会单元。

可以说，本主信仰熔铸了白族不同时期的历史文化、社会生活与民族特性。本主信仰是白族的集体意识，是白族人相互认同的深层心理要素，是白族民族认同的关键，是族际区分的标识。

强大的精神感召力

善与恶的分辨，是宗教思想中不可缺少的重要内容之一。白族群众认为自己所崇拜的本主都是善神，是自己的保护神，因之也形成了一整套清规戒律和道德规范来分辨善恶，规范信徒的言行。它实际上是古代白族社会约定俗成的道德规范与儒、佛、道三教善恶观念相融合的产物。

白族民间认为，本主神祇都是具有“济物济民，存仁存恕；大德大仁，至正至神；大悲大愿，大圣大慈”这样高尚德行的善神。他们乐善好施、不惜一身以救万民的忠义之气，与苍山洱海并传不朽，其精神时时感召着广大信士。

在庞大的本主神系中，忠臣、孝子、节妇、义士比比皆是，有关其高尚德行的故事亦广为流传。细奴逻躬耕养母，入孝出悌，成为南诏始祖，死后被奉为本主；段赤诚为民除害，葬身蟒腹而受到崇拜；白洁夫人智慧无比，忠贞不二，被封为“白洁圣妃”……他们在生前注重自我人格的完善，使自我的言行成为社会生活的楷模，以至臻于神的境界。

洱源邓川白洁庙中的木雕本主——白洁夫人像（此像在“文革”中被毁）（供图/李东红）

本主的信士必须努力使自己的言行符合社会生活准则，平时要自我约束，修身养性，完善人格。白族老人也常常告诫年轻一代，在现实生活中要以本主为楷模，恪守尊卑长幼之序，上行下效，行孝悌，睦乡邻，做一个谦谦君子。

对本主的崇拜，成为村民认同、村寨认同的重要标识（图/杨士斌）

源自南诏，历经千年

本主信仰的缘起，与白族先民的村社组织和原始信仰有关。史籍记述白族古代社会“大部落有大鬼主，百家则置小鬼主”。著名白族文化专家徐嘉瑞先生说：“大理现存之本主庙，若稽来源，皆历史甚古，……此即古代各独立部族之宗教遗迹。”本主信仰植根于古代白族社会之中。

多数学者认为，本主信仰是南诏统一之后，区域内的多元部族一体化进程中，族群凝聚、文化整合与政治力量消长的产物。

剑川石钟山石窟中的王者雕像，被认为是最早的本主神像。就文献资料来看，张道宗《纪古滇说集》载“威成王诚乐立乃第三世也……始塑大灵土主天神圣像”，《南诏野史》则说，开元二年（714）立土主庙，其年代均在初唐。寺庙的出现，应该说是本主崇拜形成的一种表现。

王崧本《南诏野史》有一条非常重要的史料说：“蒙氏平地方，封岳渎，以神明天子为国步主，封十七贤，五十七山神。”在白族语中“步”与“本”是同一个音，“步主”是白族语“本主”的同音异写。因此，几乎所有涉及白族本主崇拜起源与形成的文章，都把“以神明天子为国步主”视为本主信仰形成的一种标志。

由此观之，本主信仰起源较早，形成于南诏中晚期，经大理国、元、明、清、民国延续至今，经历了1200余年的发展历史。

剑川石窟狮子关的“全家福”石刻造像，被认为是最早的本主神堂。造像题记是“大圣躅□□，大王及后妃男女从者等尊容，元玫造像，昌宁记之”。题记与本主名号一致。剑川木坪村、鹤庆县观音山天子庙所供奉的本主神堂不管是人物造型还是构图安排，都与这个石窟相同，王者所戴的王冠和王冠两侧上翘的飘带也十分相似。可以说，此窟是后世白族本主造像的“祖型”或“粉本”（供图/李东红）

极具包容性的本主神祇

一介村夫也可以成为本主

英雄不问出处——本主神祇来源多样

本主神祇是本主信仰的基础。它们无处不在，无所不能，能够保护村民现实生活的方方面面，是白族乡土社会中“祸与福”的主宰。

由于本主信仰融汇了自然崇拜、图腾崇拜、祖先崇拜、英雄崇拜以及儒、佛、道等各种文化，因此，忠臣义士、节妇孝子、帝王将相、佛道神明，甚至是山川木石、虫鱼鸟兽都可成为本主神祇。

本主神祇的原型，不一定都是王公贵族，即便是一介村夫、自然界中的动物，只要其行为举止符合白族民间的道德规范，死后也可以成为本主，拥有特定的神号。“英雄不问出处”是对本主神祇原型的最好概括。

更为可贵的是，白族人还以博大的胸怀，将与白族有历史关联的其他民族的人物奉为本主，如汉族的诸葛亮、李宓、吕凯、杨六郎、傅友德，蒙古族的忽必烈，傣族的土司那荣和刀岱等。外民族人物成为白族信奉的本主，体现了白族民族性格中宽容、豁达的精神，也是民族交流与融合的真实见证。

唐李公之庙（下关将军洞）供奉的本主李宓将军（图/杨士斌）

最能反映白族本主信仰包容性特点的是下关“将军庙”供奉的本主神李宓将军。李宓是唐朝将领，天宝战争期间，李宓率兵进攻南诏，战死于西洱河。白族人民以宽广的胸怀，把他供奉为本主，历代祀奉香火。

一般来说，白族本主神祇都是一些正直恭谦、乐善好施的善神，能够对自己的信士做到“善求必应”。白族人民相信他们生产、生活的每一个方面都需要本主的保护，而且也一定能够得到保护。于是，本主神祇中有保护渔猎、农业、畜牧业生产之神，有医神，有保护儿童之神，甚至还有战争之神。众神的庇佑，是白族人一生中根深蒂固的精神寄托。

本主既崇高伟大，又富有人情

在本主信仰中，有关本主事迹的神话故事非常丰富。几乎每一位本主都有动人的传说，代代相传。

本主神话故事既宣扬了本主神利国利民、勇于奉献的可贵精神，又展现了本主神富有人性的、可亲可近的一面，成为白族人激发民族自尊心和自豪感、维护民族团结、发扬传统伦理道德的精神源泉。

在许多本主神话故事中，本主有和村民一样的生活，也有七情六欲。本主有自己的父母兄弟、配偶儿女，有常人一样的情感，有自己的性格和爱好。本主也要恋爱结婚，甚至偷香窃玉。本主神话传说，在表现神性的同时，更加充分表现了本主神所具有的人性。

宾川县上沧村的本主胡兴元，封号是“本境土主禁暴威至德圣帝”。传说他是位金矿矿主，当年带着矿工在附近开矿，数年下来，一无所获。他为了让矿工吃得好一些，自己以野菜充饥，感动了矿工们。后来，大家同心协力终于找到了金矿，赢得了财富。人们有感于胡兴元的品德，就把他立为本主。由于他未曾结婚，即便做了本主，还得谈情说爱，他就跟另一个村子的女本主好上了，而且定期相会。

宾川沙址村供奉的本主“沙漠大王”，他的本主庙位于鸡足山佛教寺院一侧。诸佛菩萨不茹荤腥，“沙漠大王”也不能例外。由于“一日不吃生皮，就像一天不吃东西一样”地难受，“沙漠大王”常在夜晚偷偷下山，饱食一顿“生皮”后才溜回庙中。“沙漠大王”喜食生皮的习性，与白族人相同。

鹤庆县东山本主庙供奉的“东山老爷”神像，左脚穿靴子，右脚穿女人的绣花鞋。与东山老爷庙相距不远处的小教场村本主庙，供奉的本主“白姐”神像，左脚穿绣花鞋，右脚却穿着男人的靴子，与“东山老爷”刚好相反。为什么会出现这样有趣的现象呢？据说，白姐天生丽质，善良多情，东山老爷是位“风流本主”，两位本主相互依恋，东山老爷常在深夜到白姐庙中约会，鸡鸣时分才离开。有一天，两位本主共枕而眠，竟忘了天已破晓。东山老爷匆忙离去，慌忙中错穿了白姐的绣花鞋。白姐将错就错，穿起了东山老爷的靴子。直到如今，人们还将东山老爷和白姐的造像塑成一只脚穿靴，另一只脚穿绣花鞋的形象，且津津乐道。

本主所具有的人的秉性和世俗情趣，是本主信仰世俗化的具体表现。本主与人同形同性的形象，是白族人民对本主神的理解，也是本主信仰中最基本的宗教观之一。

民间加封的本主神号

本主神号是后人“加封”给本主的尊号，一般刻在石牌或木牌供奉于本主神像之前，或书写在“诰文”“神疏”“神贴”之中，供奉在本主像前或张贴于庙壁之上。神号一般与本主生前的生平事迹大体相符。

本主神号由来久远，南诏“封五岳四渎”是其滥觞。在元明以来的云南地方文献《滇略》《南园漫录》《天启滇志》《滇小记》中，都可找到本主神号的记载。

本主神的神号各不相同，大多数都是民间所封，有“皇帝”“景帝”“天帝”“大圣”“圣母”“天神”“龙神”等数十种。无论本主原型是帝王将相还是平民百姓，是佛教神明还是道教人物，都可以拥有自己固定的神号。

例如，段宗榜是南诏时期的大军将，同时又是大理国段氏的祖先，他死后被奉为本主，神号是“五百神王”与“福祚皇基清平景帝”。

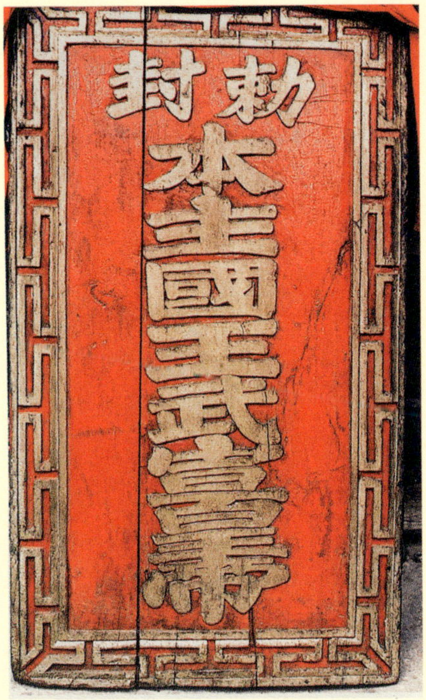

段思平本主神位（图/李东红）

鹤庆县东山庙，供奉东山老爷。将军老爷端坐中央，文武判官前列站立，本主神堂，武威雄壮。可仔细一看，本主老爷右手举剑，左手拈花；右脚穿着靴子，左脚穿着绣花鞋。如此造像，把风流东山老爷描绘得淋漓尽致（图/李东红）

救民于水火的大黑天神本主

文/赵敏

“人间天上，化现多般，镇乾坤，正直无私，降邪怪，威灵有赫。三头六臂掌宗门，无愿不从，有求皆应。大悲大愿，大圣大慈，敕封伽蓝本主五谷大黑天神。”这是白族人为自己的本主大黑天神拟写的一篇“诰”。每当白族人到本主庙祭祀大黑天神时，就要诵念这篇诰书，请本主大黑天神保国护民，保佑人间风调雨顺、五谷丰登、六畜兴旺。

大黑天神是印度教湿婆神的变身，又称为摩诃迦罗。在公元4—6世纪的笈多王朝时就已经有大黑天神庙。圆目凸腹，怒面獠牙，鼻翼宽阔，身佩髑髅长环，以蛇为璎珞。这就是白族本主大黑天神的凶神恶煞造像。悲天悯人的保护神怎么变成这个样子？原来，大黑天神那让人恐惧的外貌，是为“救民于水火”而留下的“后遗症”。

相传，大黑天神原来是玉皇大帝身边的侍者，不仅长得俊秀，而且心地十分善良。有一年的三月初三，玉帝临朝时，发现好几位大仙不来上朝。一查问，缺席的神仙都私自下凡了，都说人间比天宫好。玉帝拨开云头，看到的正是大理坝子。只见桃红柳绿，春燕飞舞，豆麦扬花，苍山如屏、洱海如画，处处男耕女织，一派祥和太平景象。玉帝不能容忍大理坝子胜过天宫，心中嫉妒大理，发誓要将大理坝子的所有生灵毁灭。于是，派了身边的侍者大黑天神到大理散布“瘟丹”，让大理坝子遭受瘟疫而灭绝。大黑天神接受了这残酷、毒辣的圣旨来到人间。他不忍心散布灭绝大理生灵的瘟疫，让这片美好的土地变成荒原，但又不能返回天上复命。权衡再三，善良的大黑天神下定决心舍己救人，吞下了所有的“瘟丹”。瘟疫的毒性发作，烧得他全身上下青黑。玉帝得知大黑天神中毒后，立刻派天蛇前去搭救。由于中毒太深，大黑天神死了，但大理坝子却因此保全了。于是大理地区很多地方就把他当作自己的本主。

从剑川、鹤庆到大理，再到巍山、云龙，甚至在远离大理400千米外的滇池地区，只要有白族的地方，到处都有大黑天神。仅滇池周围的132座本主庙中，供奉大黑天神的竟达130座之多。

众神受供一堂，各司其职

本主庙内所供奉的神祇往往不止一位，除主神之外，还有配神。配神一般是本主的家属、侍从。此外，判官、财神、药神、六畜神、山神、土地神、子孙娘娘等，是本主庙中除主神、配神之外必须有的固定搭配。他们各具神力，各司其职，如子孙娘娘送子嗣，财神管发财致富，龙王司雨，五谷神王管粮食收成，六畜大王管家禽家畜等等，几乎涵盖白族村民生活的所有领域。他们的神力是对本主神的有效补充，体现了村民对各个层面的世俗生活的期盼。

一般来说，每座本主庙内，祀神的数量少则两三尊，一般为十余尊，有的本主庙供奉的神像多达80余尊。本主庙中所供奉的神祇，自成神系。主神及配神统称为“本主神堂”。神堂内部，主次分明，尊卑有序；不同本主庙内供奉的神堂之间，彼此独立，互不相属。本主庙中所供奉的神堂，祀神的数量会随着岁月的流逝而有所增加。也就是说，神祇的数量并没有严格的限制，而是依据村民的需要，被不断地创造出来。

神都本主庙大殿所供奉的本主神祇示意图

五百神王子	东海龙王	护卫	太子	五百神王	明德圣母	护卫	小依庄女本主	清平官
	判官					判官		
	判官					判官		
	判官					判官		

神都本主庙大殿。图中的主神“五百神王”即“中央本主”段宗榜，明德圣母为段宗榜的夫人，太子为段宗榜之子，小依庄女本主据说是段宗榜的情人，清平官为段宗榜的宰相，东海龙王、三百神王子是段宗榜的下属，护卫为武士，六位判官是段宗榜下属。段宗榜是南诏时期的大军将。他曾率南诏军队，帮助缅甸抗击“狮子国”（斯里兰卡）的入侵。段宗榜死后，被奉为本主。因此，“五百神王殿”的祀神格局，具有南诏时期官僚体制的遗风：段宗榜被称为“爱民皇帝”，其妻被封为“明德圣母”，其子被封为“太子”。他的下属有清平官与六大判官（图/杨士斌）

本主庙中神像的供奉有一定的程式：门楼两旁一般都有两位武士分别执缰的两匹本主的战马或坐骑，还有山神、土地神或天王像；大殿神堂上，供奉主神及其侍从、妻室儿女、部属、文武判官等配神；左右偏殿一般供奉医药神、财神、生育神；配殿供观音、六畜神。没有偏殿的本主庙，多数将医药神、财神、生育神供奉在大殿主神两侧。

大理州宾川县上沧村本主胡兴元木雕造像（中间）。造像系明代遗物，通高2.23米，木质为当地红椿。本主造像头戴帅冠，全身铠甲披挂，肩披绶带，左手小臂抬于胸前，食指上举，右手斜持利剑。胡兴元怒目圆睁，眉、胡倒竖，阔大的双耳长垂，高坐于交织缠绕举首向上、造型生动雕刻精湛的盘龙座上。本主威武高大，作喝令之状，气势逼人。所着铠甲、马靴、护胸、护膝图案高古，线刻流畅，色彩层次分明，尤其是红色的眉毛和胡子最具特色。

上沧本主胡兴元木雕造像，在大理乃至全国白族地区的木雕本主造像中，年代最久远，造像雕刻艺术最高，品相最好，其历史价值、科学价值和艺术价值无出其右者，是举世无双的白族木雕本主造像艺术经典

色彩亮丽的本主神像

白族乡村的每一座本主庙中，都供奉有多姿多彩的本主神雕塑像。它们有的像古代的文官，有的像古代的武士，有的像威严的帝王，有的又像白族社会中的现实人物。林林总总的本主造像，大多是白族民间艺人的艺术作品。村民们用红、绿、黄、黑等色彩，把本主神像妆扮得色彩亮丽、灿烂夺目。许多村庄的村民还常常给泥塑木雕的本主神像披上用丝绸布料缝制的袍服或彩带。本主神像的造型、服饰等无一不代表着白族人民的审美情趣，为广大民众所喜闻乐见。

一般来说，白族本主庙中要有两套本主神的造像，一套是“坐像”，多为泥塑，固定于本主庙的神台上供日常祭祀，不能搬动。另一套为“出像”，用香柏木雕制，染以颜色，每年迎神时抬出本主庙游神供奉。

木雕神像雕刻细腻，色调艳丽多彩，具有较高的欣赏、珍藏价值。滇西的木匠历史上闻名海内外，尤其是大理、剑川一带的木匠，善于精雕细刻之术，留下了许多非常精美的木雕本主像作品。

泥塑往往比木雕、石雕造像产生强烈的质感和动感，具有感人的艺术魅力。大理市下庄本主庙的子孙殿内，塑有“送子娘娘”等几尊女神。正中塑一位面容美丽端庄，身穿鲜艳彩衣，头扎鲜花的“九天卫房圣母”像，其娇艳之态就像一位新嫁娘。

本主庙的神像雕塑既有神的端庄、肃穆、神秘，也有人的生命、情欲的律动。它们不像佛教、道教神祇那样远离人间，而是展现出神与人亲近的入世倾向。

（文/杨政业）

汇聚白族文化精华的本主庙

白族乡村的“传统文化博物馆”

祀神必有庙，本主庙是供奉本主神像的神庙，也是白族村寨最重要的建筑之一。据不完全统计，大理白族自治州境内有本主庙近千座。

白族聚居区众多的本主庙，集中展现了白族传统建筑文化、工艺美术精品、音乐歌舞等，成为白族传统道德的传承场和民族文化的传播中心，至今依然在白族社会生活中发挥着维系民族群体，凝聚民族意识，调节人与人、人与自然和社会之间关系的重要作用。因此，说白族本主庙是白族传统文化的保存库和博物馆，是名副其实的。

洱源凤羽镇凤翔村本主庙，位于村子西北方向的狮子山麓，距离村子五六千米，是离村子较远的本主庙（供图/李东红）

苍山神祠，摄于1993年（图/杨士斌）

本主庙与白族村寨和谐共生

白族语称本主庙为“日登”“日孟”，意思是“神地”“神府”，是本主神的“府地”。本主庙可考的历史超越千年。《南诏野史》记载，“开元二年（714）立土主庙”。南诏与唐朝“贞元会盟”时，会盟地点是“苍山神祠”。苍山神祠是南诏的“中岳庙”，是当时最重要的本主庙。

本主庙的选址、布局、装饰工艺，时时处处都体现出白族传统民居建筑的风格和审美情趣。但与白族民居相比较，本主庙是“高堂庙宇”，它的建筑布局更规范，建筑规模更宏大，建造技术更复杂，建筑工艺更精湛，装饰纹样更丰富。与普通民居的世俗特色相比，本主庙建筑充满宗教色彩。

本主庙的选址颇多讲究，多数依山傍水，环境清幽。本主庙的位置，有的在村寨之内，与村民的住房相连；有的在村外，与村寨相望。本主庙与白族传统民居一起，形成了和谐完整的村落，呈现出庙与民居一体、神与人同居一处的美感。

本主庙的朝向多与白族民居一致，即以坐西朝东或坐北朝南为主要朝向。坐西朝东者以西坊为正殿，南北耳房及南北厢房为偏殿和配殿。坐北朝南者以北坊

富有文化内涵的本主庙对联

文/杨政业

下关将军庙精美的门楼（图/杨士斌）

白族人善作汉文对联是早已闻名于世的，本主庙中的对联更是制作精巧，种类繁多。大体可分为传统制式和临时创作两种。

传统制式的本主庙对联不能随意更换，有的是以木板刻制，有的是用红纸每年新春换一次，如大理甸中四村的本主庙从清末至今在大门贴的对联是：

显应绝蝗虫并蒂佳禾惠我谷，

妙权胜旱魃源头活水沛其膏。

本主庙中还有一些制作精美、对仗工整、文字华丽优美的长联，这也是白族文化中不可忽视的部分。如著名的大理挖色“沙漠庙”长联：

此邦多胜迹，万载下，苍洱对峙，普陀晓月，三峰油壁，八卦成图，五星聚魁，左姓同社，仙龙绕石，凤尾闪光，崖峨览耀，海楼泻影，飞洞倒流，观音履足，长蛇穿岭，基岩泌珠，金鱼献彩，方塘明镜，东鲁奇观，明明一幅画，如雨顺风调，稻麦粱豆获丰收，既胜，岂无纪述乎？

斯地号鲁川，千年来，挂帅封侯，将军勇武，几升辅相，两代中元，六部忠臣，九卿直士，首府佐政，文韬武略，教谕传经，翰院居尊，名震都察，宰尹贤仁，永固边疆，杏坛春暖，民情俭朴，世俗醇良，义夫节妇，滚滚大英才，历举人进士，禀贡增庠而满邑，虽鲁，亦不为鄙也。

此长联的上联以精彩的笔墨概括了挖色坝子的秀美风光景色，下联概括了该地区历史上的人才辈出，并记有“左姓同社”（左即十二，指十二姓奉同一本主）的古老宗教习俗。今天，沙漠庙及附近的景色依旧绝美，可惜此长联已毁，仅有传抄的原文。

为正殿，东西耳房与东西厢房为偏殿和配殿。

各地的本主庙建筑，规模不一，规制不等，但风格基本相同。一般来说，本主庙是一个建筑群，由戏台、照壁、门楼（大门）、大殿、左右偏殿（耳房）、南北配殿（厢房）等单坊建筑构成。照壁、戏台、门楼（大门）、大殿在一条中轴线上。照壁与戏台相连，位于门楼（大门）外侧正对面。从门楼进入，迎面是大殿，大殿左右耳房为偏殿，有左右两厢房作配殿。

本主庙的照壁、门楼、戏台、大殿，都是重檐叠涩，或木雕，或砖砌，以其独特的雕塑、彩绘、楹联、匾额、书画等丰富的建筑装饰内容和形式，表现出浓郁的民族风情和深厚的历史文化，装饰图案与纹样淡雅而不失富丽堂皇。它们既是白族人民聪明智慧的结晶，也是辉煌灿烂的历史文化的见证。

参与修葺本主庙是一种义务和荣誉

由于本主庙是属于土木结构的建筑，因此每隔一段时间就要进行维修，甚至是落架翻修。天灾人祸也使本主庙建筑常遭毁坏。维修、重建本主庙，便成为村中的公益大事。这一重要的任务由村中的“莲池会”“洞经会”或“老年协会”负责。他们组成执事会，有的负责向村民筹集善款，有的负责工程建设，有的负责组织义工。

对村民来说，为本主庙捐款捐物、出义工是一种义务与荣誉。人们有钱出钱，有力出力，积极参与其事。无论是执事人员，还是一般村民，在修建本主庙的活动中，都充满热情，积极主动，互助体谅，少有相互推诿、不闻不问其事的现象发生。

大多数的本主庙，都有专人管理。管理人员一般为“莲池会”“洞经会”的成员，也有“老年协会”的长者。管理者主要负责焚香敬神和清洁卫生工作。祀祭本主的旺季，他们也负有疏导、安顿香客，为村民提供炊爨场所与炊具的义务。

影响最大的本主庙——“神都”

在喜洲镇庆洞村圣源寺北面，有一座叫作“神都”的庙宇。“神都”是这一带最典型而且名声最大的白族本主庙，老百姓称它是“中央皇帝庙”或“建国神宫”，称庙里最大的本主神为“五百神王”，也就是传说中观音赋予特权建立国家、统率周围71个村庄的本主，他的神号是“灵镇五峰建国皇帝”。这个中央皇帝就是段宗榜，是南诏功臣、大理国国王的祖先。

现存的本主庙是光绪十一年（1885）重建的，东向，正殿3间，南厢房3间，门楼3间，原来门前还有木牌坊一座，上悬“神都”匾额一块，两边有楹联：“本是为民祈雨泽，主乎斯土享馨香。”这副对联表述了本主崇拜的实质。

大理有名的“绕三灵”民俗活动就是以“神都”为中心开展的，每逢农历四月二十三日至二十五日，洱海周围上百个村庄的男女老少浓妆淡抹，排成长蛇阵，边唱边舞绕到洱海边的金圭寺和马久邑本主庙，在二十四日这一天到达“神都”。人们在庙前通宵达旦狂舞或对歌，祈求风调雨顺，人寿年丰。

（文/施立卓）

“神都”中央本主庙（图/杨士斌）

本主庙会——人神同乐的宗教盛典

敬畏与崇拜、热烈与喜庆的完美结合

每位本主都有自己的诞辰，白族人往往在这一天举办隆重而热烈的本主庙会。在白族乡村，本主庙会是牵动千万人的宗教盛典，是人神同乐与村落社会文化展演的重大节庆，有着极其丰富的文化内涵。

经过长期的演变，本主庙会形成了一套请神、迎神、祭祀、娱神的固定程序。庙会期间，村民们到本主庙进行一系列祭祀活动，并在庙内戏台上唱戏娱神一定时日之后，将本主神像请出神庙，迎接到村民之中供奉，会期结束时再把本主神像护送回庙中。

一村一寨的本主庙会，其活动一般局限在村寨范围之内。如果是大型的本主庙会，像“绕三灵”之类的区域性朝拜本主活动，则是不同地区、不同村寨的人们从四方八面汇集到本主庙，举行敬神、娱神活动，热闹非凡。

迎本主：本主庙会的序曲

每逢本主庙会，各村寨都要组织一支朝拜、迎神队伍。迎神的人们在庙会前三天就要沐浴、斋戒，不外出，不口出污言秽语。当天早晨，村民穿上节日盛装，抬着香炉，打着万民伞，举着日月龙凤旗、飞虎旗和清道旗等彩旗，舞龙、舞狮，敲锣打鼓来到本主庙。

白族人民认为本主是本村本寨或本地区的保护神，是现世祸福的主宰，因此在迎接本主神像回村寨时，其仪仗要有一定的规格，这样才能与本主保护神的身份相称，才能表现出神威的显赫与庄严。迎神的人们费尽心思将轿子、坐骑、木轮车、船只等交通工具彩饰一新，把神像的面部重新施以彩画，给神像穿上新制的衣裳。

接着，村民们通过请神仪式，把本主神像请出本主庙，或安放在轿子里，或扶上马背，或抬上船，在各色旌旗组成的迎神仪仗伴随下，本主神像古代帝王将相巡视一般，浩浩荡荡，巡游领地。沿途村民摆香案迎接，跪拜路祭。巡游完毕，本主庙离村子较近的，会把本主神像请回神庙内安坐；而本主庙离村子较远的村寨，就把本主神像接到村子里专门为本主搭建的“行宫”，供村民祭祀。

本主庙中的祭祀活动（图/杨士斌）

洱海东岸的海东、挖色、双廊一带，流行用渔船迎接本主神像。本主庙会这天，本主神像被安放在装饰一新的渔船上。神像坐在船舱中央，两旁有“武士”护驾。本主神像坐船的桅杆上，升起“XXX本主座下”大旗。整条船插着各式各样的旗帜，民间乐队演奏洞经音乐和白族大本曲。村民的渔船在本主座船周围“护航”，组成浩浩荡荡的船队。

迎接本主的仪仗，是白族敬神思想的具体表现。“文官坐轿，武将骑马或乘车，龙王坐船”，是村民对本主神祇的世俗理解。轿、马、车、船都有一定规制，即以每位本主神的身份、地位来配置相应的仪仗，实际上是封建等级制度在本主信仰中的形象反映。

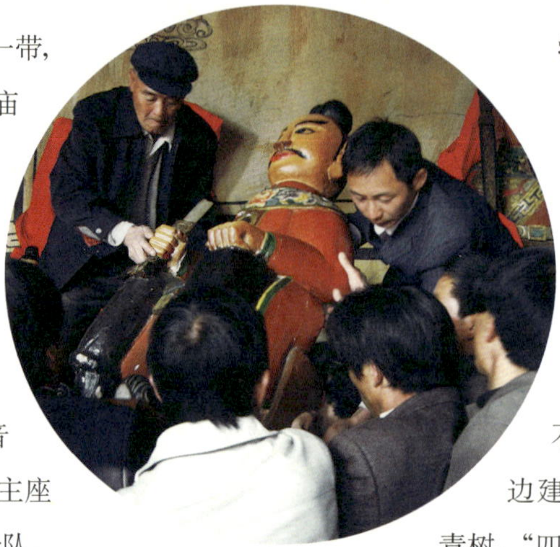

将本主请下神坛（图/杨士斌）

人喜则神欢

大多数白族村寨都有公共广场——四方街。“四方街”呈不规整的四边形，中心为广场，周边建有戏台与店铺，广场上一般有大青树。“四方街”是村寨公共活动的场所，集市贸易、节庆活动、村民集会、敬神娱神活动都在这里举行。本主神像被迎回村寨后，通常被供奉在戏台上，或者专门为本主神像搭建的“行宫”之中。村民们每日早中晚三餐之前，都要带着冥钱、香火、食物与供品，到本主神像前祭祀。在白族人的观念中，本主在阴间还有自己的兵马，因此在祭祀活动中，除了应有的美食佳肴，还需有象征部队给养的草料盐米。

本主端坐在彩饰一新的轿子中，村民们穿上节日盛装，迎接本主（图/杨士斌）

白族民间有“三斋不如一戏”的说法，意思是祭祀本主时，歌舞更能取悦于神。戏曲、歌舞表演就成为祭祀本主的重要内容。娱神是为了使本主快乐，祈求神灵庇佑村民，在娱神的过程中，村民也得到了欢乐。娱神既是祭祀本主的形式，也是人神同乐的一种特殊的活动。

各地的娱神歌舞，形式和种类各不相同。有的地方喜欢表演滇戏，有的地方则唱大本曲、吹吹腔、白族调，有的地方演牛马戏，或耍狮、舞龙，还有的地方同时举办多种文娱活动。这一切主要取决于当地村民的喜好。有趣的是，白族认为本主的喜好与自己的喜好相同，即“人喜则神欢矣”，把本主信仰的世俗性淋漓尽致地体现出来。

最为热烈的“游本主”

本主神像在村寨中享受了村民们的祭祀、观看了歌舞之后，村民们要抬着本主神像，在村寨内外周游、巡视，这就是本主庙会中最为热烈的“游本主”活动。

洱源县凤羽镇的游本主活动颇有代表性。村民们将本主神像用彩轿抬着，轿的左右有人撑“万民伞”、执各式旌旗，轿前由两名吹手吹奏唢呐开道。本主神的太子神像则骑一匹骏马，由四个少年拉着奔跑。村内数百名孩童尾随太子坐骑，扬鞭追赶，村民称之为“跑太子”。一些男女孩童被装扮成八仙形象，与本主神像、太子像同游。还有一些小孩，用玩具车马拉着自雕的本主像，跟在游行队伍后面。整个游本主队伍锣鼓声声，唢呐长鸣，全镇男女老幼，汇成人流，簇拥着本主神像及太子神像在村寨内外巡察。之后，村民们将本主神像送回本主庙中供奉，本主庙会至此结束。

游本主的浩大队伍，与其说使人感到了宗教的狂热，倒不如说让我们见到了世俗的热烈与狂欢。在游本主队伍中，本主神像已成了十足的偶像，由于村民们在

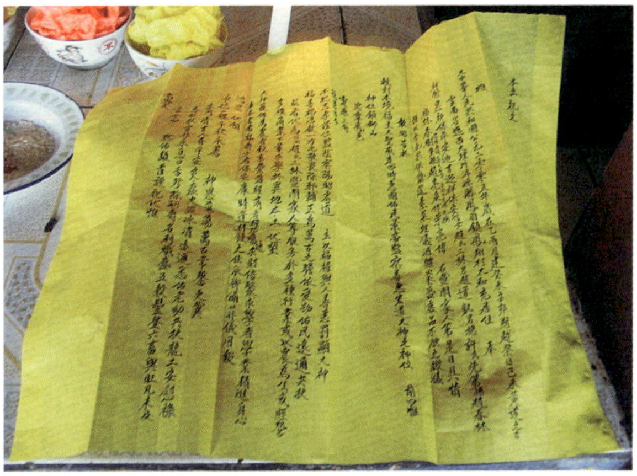

给本主上奏的“表”，即祭本主祝文。每次祭本主，必备的硬件之一，就是要有一道表，写祭祀人家的基本情况、祭祀的目的、祈求本主护佑的事项等等。祝文用黄色绵纸，用毛笔书写。各地的祝文形制略有差异，有的地方，把祝文做成长方形盒子，封面写明缘由，里面装一些纸钱香火（图/李东红）

威风凛凛的本主巡游（图/杨士斌）

游本主的过程中得到了轻松与快乐的享受，人们自然地想到本主神也会快乐。可以这样说，游本主是以娱神的名义进行的娱乐活动，是“神人同乐”思想支配下村民热烈的自娱。

神灵庇佑下的人间欢愉

本主庙会期间，除了朝拜本主之外，亲友聚会、青年约会、巫术活动、集市贸易等民俗活动，也是白族本

村民为本主老爷耍龙(图/杨士斌)

主庙会的重要内容。

本主庙会是白族乡村一年中最隆重、热闹的节日。村民们迎送本主、祭祀本主之外，邀请亲朋好友来家中做客，共度佳节，也是重要内容。庙会期间，村民家中，多则数十桌，少则两三桌，家家户户都有客人。村民要以“三道茶”招待客人，为客人摆“八大碗”宴席，让亲友品尝“生皮”等美食。

本主神祇具有人的秉性和七情六欲。在本主神话传说中，充满了本主神祇之间的婚恋故事与神话。神明如此，凡人便争相效仿。

每一次大型的本主庙会，如“绕三灵”“大王庙会”“蝴蝶会”“海灯会”等等，都是一次青年男女的盛大集会。除了为本主表演各种娱神歌舞之外，青年男女利用迎神、娱神、宴客、集会等时机，或寻找自己的意中人，或与情人相聚，是常有的事。“红男绿女喜春游，山麓海滨绕一周”的“绕三灵”盛会，被誉为“白族的狂欢节”，年轻人借朝见“五百神王”的名义，抛开了许多世俗的桎梏，成群结队地在“神都”对歌、嬉戏、谈情说爱，直至通宵达旦。

这种情况的出现并不是偶然的。旧时代的白族青年男女，为追求婚恋的自由，冲破世俗的束缚，只有借助那个时代人人敬畏的神的名义才能实现。他们认为自己善良的愿望始终会因为本主的庇护而得以实现。而且，本主神祇大多是有妻（夫）有子，儿孙满堂。人们认为在庙会期间找到意中人，是神助的结果，将来会得到本主的庇佑，自己的家庭也会像本主家庭一样美满。

巫与本主信仰密不可分，白族社会中的巫师“朵兮薄”在本主庙会中充当了非常重要的角色。如洱源县西山乡的白族，其本主庙会的主要内容就是充满巫术气氛的游本主活动。村子里的巫师“朵兮薄”要到本主庙跳神，远近村寨的“朵兮薄”也纷纷赶来参加。“朵兮薄”们往往利用朝拜本主、祀神娱神的活动，成为本主庙会中的司职人员，或本主神的代言人。

本主庙会期间的上刀杆活动（图/杨士斌）

每一次大型的本主庙会，几乎毫无例外地伴随着商品交易活动。每年农历四月二十三日至二十五日的“绕三灵”期间，“神都”大门前空旷的草坪上，会形成一个商品交易市场。人们在这里可以买到祭祀所需的香、冥钱等用品，也可以买到各种土特产品和工艺品，可以品尝各种地方名特小吃，甚至还可买到百货。寺内香烟袅袅，寺外熙熙攘攘。

由于商业活动的发展，大规模的商业行为使本主庙会的性质不断发生变化。有些地方的本主庙会已经演化成定期的商品交易活动。如洱源二月十五“庄稼会”以各种农具、牲畜交易为主；鹤庆七月“松桂会”以交易骡马为主，素有“骡马会”之称；而洱源八月十五“渔潭会”则又称为“嫁妆会”，以买卖婚嫁用品为主。

撰稿专家

李东红，云南大学教授。

《张胜温画卷》中的"药师佛会图"

第5章

妙香佛国的灿烂与辉煌

佛教文化

本章主撰稿人：云南大学教授　李东红

1990年4月，在大理州巍山县巄屽图山发现并出土了一批南诏时期的石质圆雕佛教造像，共计180余躯。造像体量不大，一般高20—40厘米，便于运输和携带。巍山佛教造像是海内外学者公认的近几十年来云南佛教艺术中最重大的发现。

关于云南佛教的起源，学术界大致有三种看法：天竺说、吐蕃说、唐朝说，分别认为云南佛教来自印度、吐蕃（西藏）和唐朝。我们赞同云南佛教来自古印度的观点，这个观点在《南诏图传》及古印度文献中有记载，巄屽图山石刻造像的发现，也印证了天竺僧人在蒙舍诏传播佛教的史实，填补了佛教南传说的关键一环，表明魏晋至隋末唐初，由古印度经云南再到成都平原的佛教传播路线，至今仍有迹可寻。

佛教在南诏大理国各种宗教中占主导地位，它对南诏大理国社会生活各个层面的影响，较诸其他宗教深远得多。文献上说苍山与洱海是“佛教之齐鲁”，以此来形容南诏大理国时期佛教文化之盛。

南诏大理国的佛教属于密宗，是一种形成于洱海地区、颇具白族文化色彩的独特的宗派，被学术界称为“阿吒力教”。与佛教密宗的其他宗派如印度密教、汉地密教、吐蕃密教及日本密教相比，阿吒力教具有自己的特色。崇拜“阿嵯耶观音”，以“阿吒力”作为僧侣的称谓，是阿吒力教最主要的特点。

阿吒力教自南诏中后期开始盛行，历大理国，及于元、明，至清始衰，至今仍在部分白族地区流行，延续了1000多年，对南诏以来的云南社会历史产生了重大影响，对白族及白族文化的影响尤为深远。

白族化的佛教宗派——阿吒力教

源自印度密宗，极富白族特色

什么是阿吒力

阿吒力是梵文Acarya的音译，它指实德圆满、威仪外备、堪为人师的佛教大德，在印度密教里专指那些能为他人传法、灌顶的上师。汉语意译为“轨范”“导师”，云南古代碑刻及志乘之中称之为“师僧”“坛主”“释儒”“大密法师”等。

凤仪北汤天法藏寺（图/杨士斌）

最早进入南诏传布印度密教的天竺僧人——梵僧，在白蛮大姓中培养了一大批“梵僧弟子”，即土著阿吒力。到了南诏后期，特别是大理国时期，这些土著阿吒力完全取代了梵僧的地位，成为一方的宗教领袖——阿吒力世家。这表明，南诏大理密教开始从印度密教母体中脱胎而出，完成了白族化过程，成为“土俗奉之，视为土教”的密宗教派——阿吒力教。

白族大姓阿吒力世家的出现，标志着阿吒力教僧侣的传承方式既不同于中原汉地密教的师徒相传，也区别于藏密喇嘛转世的传统，而是以家庭为单位、父子世代相承的血亲继嗣方法为传统的传承方式。

郭松年《大理行记》记载：“师僧有妻子。”阿吒力有妻室，为僧而用俗姓。正因为有了妻室儿女，阿吒力作为一种职业便子孙世代相承。这种传承方式在张、段、高、杨、赵、李、董等白蛮大姓之中十分普遍。大理市凤仪北汤天董氏，从其始祖董伽罗起，直到清代，已传了40余代，1000多年。有关董氏的传承谱系，至今仍完好地保存于董氏宗祠家谱碑中。

除住在家中的阿吒力外，尚有一种住在山寺中，被称为“净戒”的阿吒力。

由此便产生了阿吒力教僧团组织的两种形式。一种是以寺庙为中心，以受戒居士为教主（坛主），在群众中有皈依弟子，多数佛事活动均在寺庙中举行，以寺庙为固定的习仪场所。

另一种僧团组织形式称为“坛”（堂），也称“会”，从剑川县、洱源县凤翔镇等地现存的阿吒力教情况看，它的组织形式为：以一家持戒牒、有法名的世袭阿吒力为核心，广泛吸收年长的农村妇女为弟子（称会友），形成以阿吒力世家为坛主，众会友为皈依弟子的“念佛会”“妈妈会”“莲池会”，以设有坛场的阿吒力家为固定的活动场所。

参加坛、会的人员，以女性为多，亦有男性成员。男性会友一般为宗教执事人员，负责坛内文诰的书写、音乐演奏等事务。女性会友的主要职责，是在“经母”的带领下，列队讽诵密教经典。每一个“念佛会”“妈妈会”“莲池会”都有自己的活动范围，参加的人员一般是以坛主（阿吒力）家为中心的

大理州巍山县蝂屽图山出土的南诏时期的释迦佛坐像（供图/李东红）

同一社区的信徒。有些较大的村寨，因为有几家阿吒力，便产生了相应的坛与会。

依托上层，广传佛法

南诏的统一，消除了由于诸诏争雄而造成的不稳定状态。为巩固和维系由军事征服和政治手段建立起来的新兴政权，在南诏蒙氏王族与白蛮大姓，以及主体民族白蛮之间建立一种共同的信仰，实现多元部族的一体化，已成为当务之急。另一方面，南诏的统一也为佛教密宗的传布提供了客观的社会条件。统治者有“神道设教”的治国安邦之策，宗教本身又有“不依国主，则法事难立”的理念，所以蒙氏王族以及白蛮大姓的信仰与支持，是佛教在南诏大理国立足、传播、兴盛的重要条件。佛教密宗在初传洱海地区之时，便与上层统治集团结下了不解之缘。

北汤天董氏宗祠（国师府）（图/杨士斌）

南诏时期，有七位天竺高僧，先后为南诏蒙氏礼遇，教其国人，号称“七师”。这些僧人甚至利用一种来自印度王室确认王子，或新登基国王获得合法地位的仪式，为南诏诸王灌顶，即所谓“摩顶蒙氏以主斯土”。这种做法一方面使南诏国王与王室获得了“君权神授”的权威，另一方面，因为佛教密宗阿吒力“为君之师”，地位不断提高，在南诏社会生活中的影响不断扩大，推动了佛教密宗的传播。佛教密宗僧人备受王室青睐和尊重的主要表现，是南诏、大理国均有封阿吒力教中的高僧大德为“国师”的传统。

到了劝丰祐时期，王室成员全部皈依佛法，劝丰祐的母亲还出家为尼，其妹越英公主则嫁给了来自天竺的阿吒力僧赞陀崛多。劝丰祐还颁行法令，谕示民众虔敬三宝，每户供佛像一尊。从劝丰祐起，每一代南诏王都虔心信佛，而且还通过各种手段来推广阿吒力教。由于有了王室的支持和参与，阿吒力教便迅速传播开来，甚至已开始从洱海地区向滇池地区和滇东北地区传播。

大理国时期，阿吒力教是名副其实的国教。段氏把阿嵯耶观音奉为自己家族的保护神，将其称为“建国观音”“真身观音”“易长观音”，大量铸造阿嵯耶观音造像；对当时的阿吒力僧（又称师僧、释儒）十分推崇，将诸多的高僧大德封赐为“国师”；各级官吏“设科选士，皆出此辈”，悉从僧道中选拔……

阿吒力僧人利用王室及众多阿吒力出身的大姓官吏的影响，积极传布教义，传抄经典，使阿吒力教的影响遍及大理国境内各地。由于王室为首的上层统治者，以及主体居民白族都笃信阿吒力教，洱海地区“无山不寺，无寺不僧”，而下层民众则“家无贫富，皆有佛堂；人不以老壮，手不释数珠；一岁之间，斋戒几半”。

上图:《张胜温画卷》中的赞陀崛多像
下图:法藏寺古戏台(图/杨士斌)

元代段氏总管时期,阿吒力教与段氏总管的关系也十分密切。景定元年(1260)大理总管段实到北京朝拜元帝时,还带着阿吒力僧人一同前往。尽管明初对阿吒力教有所限制,但不久便有著名的阿吒力僧人无极到南京朝拜明太祖。明成祖永乐年间,大理凤仪北汤天大阿吒力董贤,奉诏到北京为宫中念经驱邪,有"逐邪功",成祖赐"国师府"匾额一块。因此,在元明两代的地方府衙中,设有专门管理阿吒力事务的"阿吒力僧纲司"。

自南诏立国之初,至明代末年的1000余年中,阿吒力教始终与上层统治集团关系密切,借助王室的力量

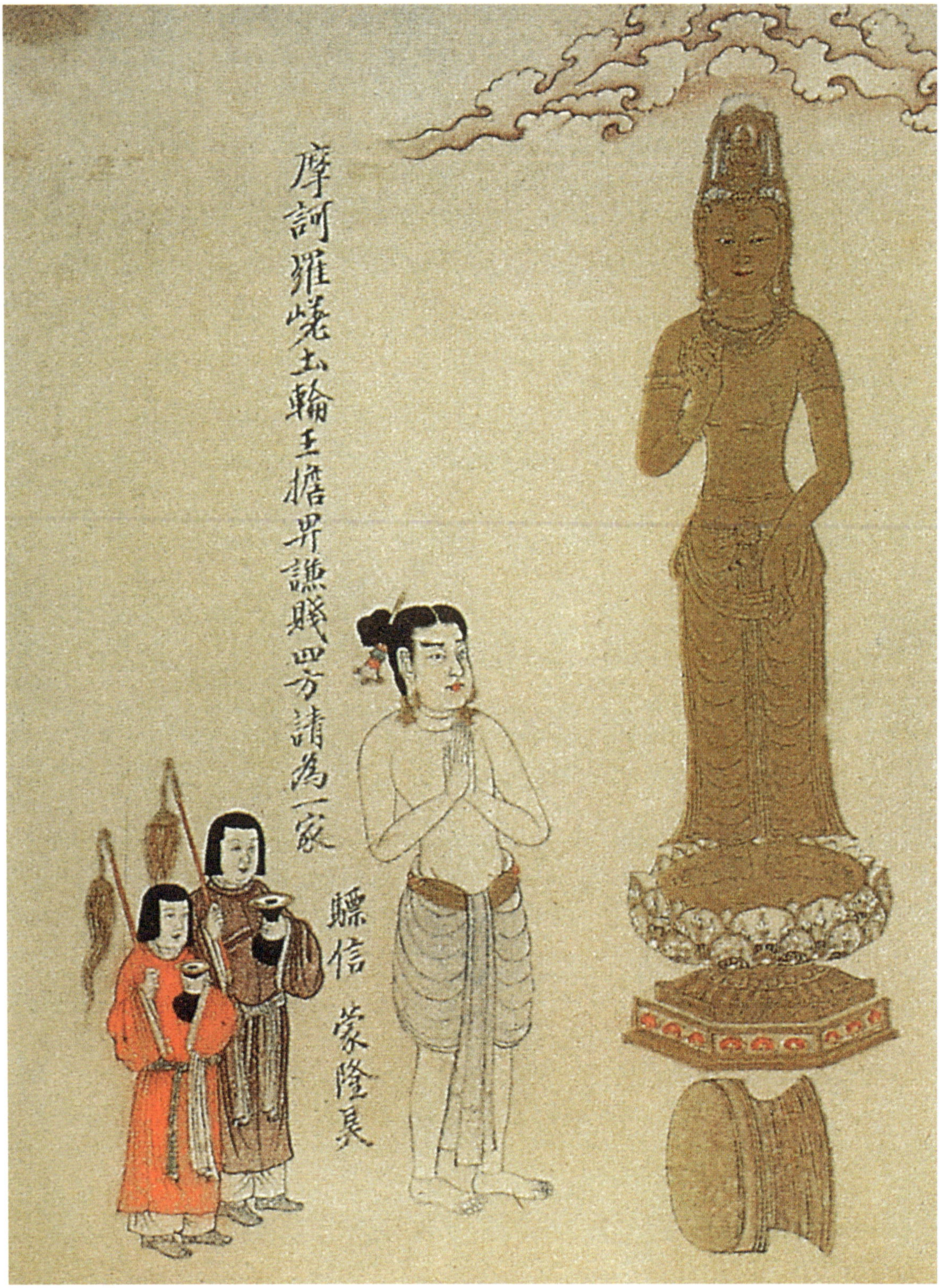

《南诏图传》中蒙隆昊（隆舜）礼拜阿嵯耶观音场景。隆舜是南诏第12代国主，曾改年号为“嵯耶”，可见其信佛之深

弘扬教义，吸收信徒，力图把来自印度的佛教密宗发展为南诏大理国的国教，以至元明两代中央王朝都不得不承认它，甚至是依靠它。

重术而轻道：神秘的仪轨法术

阿吒力教重术而轻道，盛行各式各样的仪轨法术，这些仪轨法术包括咒术密法，开设曼陀罗（坛场），举行各种法会等。

现今发现的阿吒力教典籍中，以符咒等仪轨类居多。南诏大理时期所建的佛塔，如大理崇圣寺千寻塔、弘圣寺塔，下关佛图塔，昆明东、西寺塔，大姚白塔之内，发现了大量的塔砖神咒。除塔咒之外，阿吒力教超生荐死的神咒更是十分发达。今天所能见到的白族火葬墓遗迹中，多有梵文神咒刻于墓碑、幢者。这些神咒以《佛顶尊胜陀罗尼》神咒居多。阿吒力教认为此咒能灭众生一切罪孽，能济幽冥地狱之极苦，能广利一切群生。

值得注意的是，白族火葬墓碑、幢之上所刻之陀罗尼，除一部分有汉文经名外，大多为梵文。这与中原汉族地区所刻汉译《佛顶尊胜陀罗尼》经咒有很大区别。大量梵文经咒的流行是阿吒力教的又一特征。

白族民间认为，经咒是不能翻译的，翻译之后其法力便会失灵。梵文经咒的大量普及在白族地区是一种十分引人注目的文化现象。从古至今，白族人并不在日常生活中使用梵文，但如今白族地区遗存的刻有梵文经咒的石碑、砖块数量极多。直至现代，还有阿吒力僧人能够书写梵文经咒，民间油印的梵文经咒也时有发现。

史载阿吒力僧多有异术，他们诵念经咒，便能“系日不冥”“降龙制水”“招致风雨”“驱役鬼神”“化水石为酒食”，乃至“移山缩地”。这种种异行，均离不开密咒，因此阿吒力教经咒发达，有“咒龙经”等各式各样的神咒，也是十分自然的事。

阿吒力教的密法，主要有灌顶仪式。所谓灌顶，是指阿吒力教的上师对弟子在双身修法上的言传身教。阿吒力教十分重视灌顶，在现今所见到的典籍中，即有《受金刚大灌顶法坛内守护圣》《金刚大灌顶道场仪》《金刚菩萨火瓮坛受灌顶仪》《大灌顶仪》《佛说灌顶乐师经疏》等，详细记载了阿吒力教灌顶的仪礼及方法。

另一方面，由于历代阿吒力均有“为君之师”者，因此它特别重视为历代国王举行灌顶，有所谓“摩顶蒙氏以主斯土”之说。《大灌顶仪》便记载了国王举行灌顶时的复杂场面和程式。

阿吒力教与本主崇拜

白族的宗教信仰较为庞杂。现实生活中的白族民众，既信仰本民族的宗教如“本主”，亦信奉佛教、道教，对儒家思想也十分推崇。多种宗教并行不悖，是白族文化的特点之一。

白族所信奉的宗教之中，阿吒力教与本主崇拜占有极为重要的地位。阿吒力教自南诏以降，及于元明清三代，曾一度是白族全民信仰的宗教。本主崇拜自南诏直至近现代，一千多年来都是白族的民族宗教。本主崇拜中，举凡神像与祀神格局、寺庙建筑、信仰仪轨、宗教义理、神话传说等，追根溯源，都与阿吒力教有着极为密切的关系。本主崇拜与阿吒力教的信教群体也是相同的。只是到了清代以来，信奉阿吒力教的人由全民信仰变为上了年纪之后方吃斋念佛，而略有所改变。

佛教密宗与白族固有的原始宗教之间，曾经历过从对立到相容的过程。这一过程大约发生于初唐时期。其结果是佛教密宗不断地适应着土著居民白蛮的文化，经历了一个地方化与白族化的历程，形成为颇具白族文化特征的密教新宗派——阿吒力教。白族固有的宗教也发生分化，其中的一支就成为后来白族全民信仰的宗教——本主崇拜。

文明的见证：弥足珍贵的佛教文物

云南古代文明的重要象征

阿吒力教在1000多年的历史进程中历久不衰。由于历代僧俗都注重开凿佛龛、建造佛寺佛塔、铸造佛像，从而留下了大批弥足珍贵的艺术珍品和文物精品。其中有石窟，有种类繁多的佛塔，有绘画，有经幢，还有诸多精美的法器、塔模等。它们构成了南诏大理国文化的重要组成部分，成为云南古代文明的重要象征。（有关绘画与石窟，本书第6章有专章介绍，此不赘述）

大理三塔——白族的标志，云南的象征

南诏时期开始，寺和塔作为佛教徒礼佛修行之所，如雨后春笋般地出现。大理崇圣寺与崇圣寺三塔、佛图寺与佛图塔、罗荃寺与罗荃塔、弘圣寺与弘圣寺塔，昆明长乐寺与长乐寺塔（东寺塔）、慧光寺与慧光寺塔（西寺塔），祥云水目寺与水目寺塔，洱源旧州东塔、火焰山塔，大姚白塔，宜良法明寺塔等，都是南诏大理国时期的建筑。南诏大理国时期的建塔之风，影响及于元、明、清诸代，昆明金刚塔就是元代著名的佛塔。云南洱海地区、滇池地区浮图遍地，成为名符其实的“南天佛国”。

塔是佛教的重要建筑之一，来源于佛教徒的方形坟墓，古代印度称之为窣堵波（Stupa），即方形的坟墓之意，用于安放佛教徒的骨灰。

南诏大理国时期的古塔，尽管种类繁多，有窣堵波式、亭阁式、楼阁式、密檐式等，但始终以千寻塔所开

三塔神韵（图/杨士斌）

创的密檐式空心砖塔（因各层屋檐呈密叠状而得名）建筑为主流。这时的古塔，绝大多数与寺院相连，塔因寺而得名。与唐代中原密檐式塔相比较，它们不仅建筑风格上独具一格，在与佛教密宗的关系上，也有很大的不同。中原的密檐式塔并不一定与佛教密宗有关，而南诏大理国的密檐式塔，都是阿吒力教流行后的产物。

坐落在大理古城以西3千米处的崇圣寺是南诏大理国历史上规模最为宏大的古刹，南诏劝丰祐在位时曾有殿宇千间，大理国时期是王室的寺院，好几位大理国王逊位之后，在此礼佛清修。清朝咸丰、同治年间，崇

圣寺建筑群毁于战火之中，仅留下寺前三座耸入云端的佛塔。

三塔中的大塔俗称“千寻塔”，当地群众也称它为“文笔塔”。它高69.13米，有16级，为四方形密檐式空心砖塔。南北二小塔均高42.2米，属10级八方形密檐式空心砖塔。关于三塔的建造年代，有不同的说法，目前可以肯定的是千寻塔建于南诏时期，南北二小塔建于大理国时期。

千寻塔是南诏大理国古塔建筑的经典之作，它的建筑风格颇具地方民族特色。它并不像唐代中原的密檐式塔那样有一个地宫，而是在双层四方形基座的顶部铺设一层特别烧制的砖块，然后直接在上面砌筑塔身四壁。塔壁采用了增厚减压的方法，即塔壁最下面的部分厚重，以增强承重能力；往上则逐渐减砖变薄，以减轻压力。塔的外形与同时期中原佛塔有很大差别，唐代内地的密檐式塔塔身自下而上层层收缩，显得敦实有余而挺拔秀美不足。千寻塔则塔身中部粗大，上下两端不断收缩，成纺锤型，外观上不仅显得塔体高峻，而且流线型的外部轮廓十分优美流畅。千寻塔所具有的这些特点，说明有的书上称千寻塔是仿西安小雁塔而建造的说法并不科学。

千寻塔建成之后，成为南诏大理国时期佛塔建筑的典范，开创了“千寻塔式”密檐塔的先河。此后南诏时期所建造的密檐式塔，如大理弘圣寺塔，下关佛图塔，大理海东罗荃塔，

铜鎏金密檐式宝珠塔模，大理弘圣寺塔出土。通高26.5厘米，上下镶有绿松石(供图/李东红)

三塔及牌坊(1906年)

昆明东、西寺塔，祥云水目寺塔等，都采用了这种建筑方式。而千寻塔南北的两座小塔，即八角形密檐式空心砖塔，对后世亦有影响，像洱源火焰山塔就属这一类型。

大理是地震多发地区，从建塔到1925年大理大地震的1000余年间，三塔经历了30余次大地震而傲然挺立，显示了南诏大理国时期建筑所具有的良好抗震性能，以及古代白族工匠高超的建筑技术。

20世纪70年代维修千寻塔时，在塔内发现数百件珍贵文物，这些文物成为研究南诏大理国历史文化的重要实物材料。

视鸟为神：大鹏金翅鸟

金翅鸟是云南古代佛塔上常见的装饰动物，民间称它为"金鸡"。大理崇圣寺三塔、弘圣寺塔、下关佛图寺塔、昆明东寺塔、楚雄大姚白塔等南诏大理国时期的古塔，塔顶都有四只大鹏金翅鸟。

1978年，文物部门在对大理崇圣寺三塔进行清理和维修期间，在千寻塔内发现了一件银质大鹏金翅鸟。这只金翅鸟昂首展翅，站立于莲花座上，是南诏大理国时期的艺术极品。

据万历《云南通志》记载，崇圣寺三塔"各铸金为顶，顶有金鹏，世传龙性敬塔而畏鹏，大理旧为龙泽，故以此压之"。大鹏金翅鸟是佛教密宗"天龙八部"之一，古代印度称它为"迦楼罗"。金鸡是印度神话中太阳与火的化身，相传大鹏金翅鸟住在佛教圣山须弥山下，以龙蛇为食。

苍洱之间，古代为水乡泽国，水患频仍，降龙、制龙的神话与传说，是洱海地区神话的主题之一。佛教传入洱海地区之后，诸佛菩萨金刚相继传入，"天龙八部"之一的大鹏金翅鸟，就成为南诏大理国重要的佛教造像之一。因此，今天所能见到的南诏大理国佛教遗物之中，大鹏金翅鸟的形象屡屡出现。现白族民间有许多关于"金鸡"的神话，有的人甚至认为它是白族的图腾。事实上，它是阿吒力教的神祇之一。大鹏金翅鸟与佛塔相连，正说明了这一点。

银鎏金镶珠大鹏金翅鸟（大理国时期）（供图/李东红）

最为突出的观音造像

阿吒力教的造像，佛部以五方佛（中尊大日如来、东方阿閦如来、南方宝生如来、西方阿弥陀如来、北方不空成就如来）为主；莲花部特别突出观音，尤其是男性观音的地位，其他菩萨类造像以佛母最为流行；金刚部则以八大明王、北方多闻天王、大黑天神最为流行。在某种程度上，观音、大黑天神、北方多闻天王成为主要的造像，其中又以观音造像最受崇拜。

在唐宋绘画、雕刻作品中，我们看到的观音形象多为男性，到了元代，中国佛教出现了“观音是妙庄王第三女儿，名叫妙善”的传说，中原地区的观音造像才被其女性化身所取代。观音由男变女，可以说是佛教汉化的一大标志。

南诏大理国时期的观音信仰，可谓源远流长，地方文化色彩浓郁。南诏大理国时期，云南虽然出现了女性观音，但男性观音造像却从未消失，对男性观音的信仰与崇拜，成为南诏大理国佛教的一大特色。

阿吒力教的男性观音造像，由“梵僧观音”演变为“阿嵯耶观音”，再由“阿嵯耶观音”演变为白族长者形象的“观音老爹”，这与佛教密宗不断民族化和地方化，最终形成阿吒力教的过程密切相关。历久不衰地供奉、崇拜男性观音的独特现象，正是阿吒力教区别于其他密宗教派的最重要标志。

梵僧观音又称“建国梵僧观世音”，一般通称为“梵僧”，其造像具有标准模式：

阿嵯耶观音金立像（大理国时期）（供图/李东红）

深目高鼻，美髯丰颐，头戴莲花冠，身披袈裟，拄杖，托钵，脚着布履，牵一白犬随身。梵僧的形象最早见于《南诏图传》，该《图传》描绘了梵僧授记，细奴逻立国及梵僧深人民间、感化民众的佛教神话。据考证，梵僧与《新唐书·西天竺传》所载天竺人的形象完全吻合，说明梵僧观音造像就是最早进入大理地区传布佛教密宗的天竺僧人的形象。

此后，南诏大理国时期又出现了一种相貌装束特异的男性观音造像——阿嵯耶观音。“阿嵯耶”语义不明，有学者认为它是“阿吒力”（Acarya）的异译。这种观音造像身长纤细，宽肩细腰，面作男相；额头方阔，中间有白毫，两眉相连；高颧骨，低鼻梁，嘴颊削瘦；发髻高耸，髻中安住阿弥陀佛；有耳饰、臂饰；下体窄瘦，双脚并立，跣足，手结各式密宗手印；上体着轻裟，下身穿裙。

圣源寺观音阁内的观音老爹像（图/杨士斌）

阿嵯耶观音像大多为铜胎鎏金铸像，其造型特征基本保持同一风格，被南诏大理国王室奉为“建国观音”，是最受阿吒力教崇拜的菩萨造像之一。阿嵯耶观音是南诏大理国时期特有的观音造像，因而被学术界称为“云南观音”“大理观音”。

《南诏图传》中，我们就看到过这一观音形象。南诏王隆舜因阿嵯耶观音之妙用“大矣哉”，“威力罕测”，而崇奉、祭祀阿嵯耶观音，甚至把年号也改为“嵯耶”，封阿嵯耶观音为“建国圣源阿嵯耶观音”，熔更鼓（铜鼓）铸圣像。可见，南诏晚期已开始崇拜阿嵯耶观音了。

阿嵯耶观音造像的大量产生是大理国时期。美国纽约、波士顿等地的博物馆，以及我国云南各地的文物收藏机构，收藏着数十尊阿嵯耶观音像。大理崇圣寺千寻塔、弘圣寺塔和下关佛图寺塔出土的80余尊大理国时期的观音像中，有20余尊是与阿嵯耶观音造像相同或相似的男性观音。

《南诏图传》中的梵僧形象

值得一提的是，在大理国时期，阿嵯耶观音造像大多数被供奉在崇圣寺内，后因崇圣寺毁于兵燹，这些造像才散落民间，有的甚至流散到异国他乡。

南诏大理国之后，云南各地的男性观音，便从梵僧观音、阿嵯耶观音演变为“观音老爹”。“观音老爹”又称“观音老祖”“观音爸”“观音公”，是一位充满世俗生活气息的男性老者。我们从“观音老爹”这一充满世俗生活气息的称谓中，也能体味到观音的慈祥与亲切。

洱海地区大理、洱源、剑川、鹤庆、宾川等市县不少观音庙中，至今仍供奉着观音老爹像。这些男性观音造像或木雕、或石刻、或泥塑，其年代从明代沿续至今。各地的观音老爹造像虽略有差异，却始终保持着同一风格。值得注意的是，上述观音老爹造像，其中不少被当地人称为“梵僧”或“阿嵯耶观音”。说明梵僧、阿嵯耶观音、观音老爹三种男性观音造像之间，存在着密切的关系。

至此，我们可以清楚地认识到，大理国后期，云南各地的男性观音已完全民族化了。作为男性长者形象的观音老爹，实际上是白族阿吒力的形象。

兴教寺壁画：中原与白族艺术风格的交融

兴教寺位于剑川县著名的沙溪镇寺登街，是白族地区历史悠久的著名寺院。它的出名，不仅因为它是白族地区现存较早的古建筑，是保存至今的佛教密宗寺院，更在于其绘有佛教故事的壁画。

兴教寺建于明永乐年间，由鹤庆土知府发动剑川十家土官捐资兴建。大殿四周外山墙顶部原有同时期绘制的50余幅壁画，出自沙溪甸头村白族画匠张宝之手。现仍保存有20余幅壁画，色彩鲜艳，宗教色彩浓厚，是难得的珍品。

在这些壁画中，最有特色的当数正殿外间门楣上的《南无降魔释迦如来会》、殿南面右山间外壁上的《罗迦大佛母》、殿南面外间外壁中铺的《太子游苑图》以及《大日如来与阿南迦叶图》《西方阿弥陀佛与北方不空成就佛图》等。

兴教寺壁画保存有敦煌壁画的遗风，在展现中原佛教艺术的同时，又揉合了大理白族地区宗教艺术、民间艺术的特点。有较高的历史、艺术价值。特别是画中将佛教故事与世俗生活结合，有着浓厚的地方民族特色，为研究古代佛教艺术在白族地区的传播和影响提供了宝贵的资料。

兴教寺壁画中独具特色的《南无降魔释迦如来会》图。画面中释迦牟尼被描绘成女性形象，世所罕见（供图/李东红）

云南最早的佛教典籍——南诏大理国写经

阿吒力教盛行供养设坛、诵经念咒的宗教仪式，以此来传法与弘扬其教义。天竺僧人初入洱海地区传布佛教密宗之时，就“译咒翻经、开建五密坛场”，而作为梵僧弟子的白族大姓阿吒力，也是“通释习儒”，既学汉语，也学梵语。在译咒翻经的同时，也开始了传抄和辑录，甚至是自撰佛典。于是南诏大理国直至元明诸代，阿吒力僧人多以传抄佛教密宗典籍为首务。此外，南诏大理国的一般民众，也有许多人能读佛书。阿吒力教僧人所翻译、传抄、撰写的经典，既有三藏经疏，也有仪轨忏文，这便形成了云南最早的佛教典籍——南诏大理国写经。

南诏大理国写经是颇为著名的。南宋张知甫《可书》记载，宋绍兴六年（1136）夏，大理国遣使杨贤明彦贲、副使王兴诚等入贡，贡品中即有金银书《金刚经》三卷、金书《大威德经》三卷。范成大《桂海虞衡志》记载，乾道九年（1173），大理国人李观音得、董六斤黑、张般若师等23人于广西横山寨市马，“擎诵佛书，碧纸、金银字相间”。足见南诏大理国的写经，当时便引起了内地人民的惊异和重视。

白蛮语是南诏的通行语言。与此同时，汉语在南诏亦通行无阻。白、汉两种语言同时通行，其结果是南诏以汉字为通行文字的同时，还以汉字为基础，创制了独特的文字——白文，因此南诏大理国以来，汉、白两种文字并行不悖。由于出身于白蛮大姓的阿吒力是“梵、汉皆通”的释儒，这就使得他们在传经布道之时，同时使用汉、梵、白三种文字，因此现今我们所见到的阿吒力教典籍，便既有汉文的，也有梵文的，还有白文的，更多的则是三种文字相杂，相互疏解。这种独特的现象，成为阿吒力教写经、刊经的一大特色。

从20世纪20年代至今，阿吒力教的典籍时有发现，这些经卷的年代，上起南诏晚期，下讫明代，延续时间达5个世纪之久。

1956年8月，云南少数民族社会历史调查组在大理凤仪北汤天村的法藏寺内，无意间发现两大柜古本经卷，计约3000多册，多数属于阿吒力教经典，分别用汉、白、梵文等文字写成。其中，有南诏晚期和大理国时期的写本经卷20多卷册。

法藏寺位于大理市凤仪北汤天村，是南诏以来著名的佛教密宗寺院。北汤天董氏历代均有大德高僧被封为国师，深受王室尊重，是大理地区最有影响力的阿吒力世家。

这批经卷，并不像人们想象的那样，深藏于密室之中，而是被收于两个大木柜之内。凡遇重大法事活动，董氏阿吒力僧人就将经卷请出诵持，平时还举行

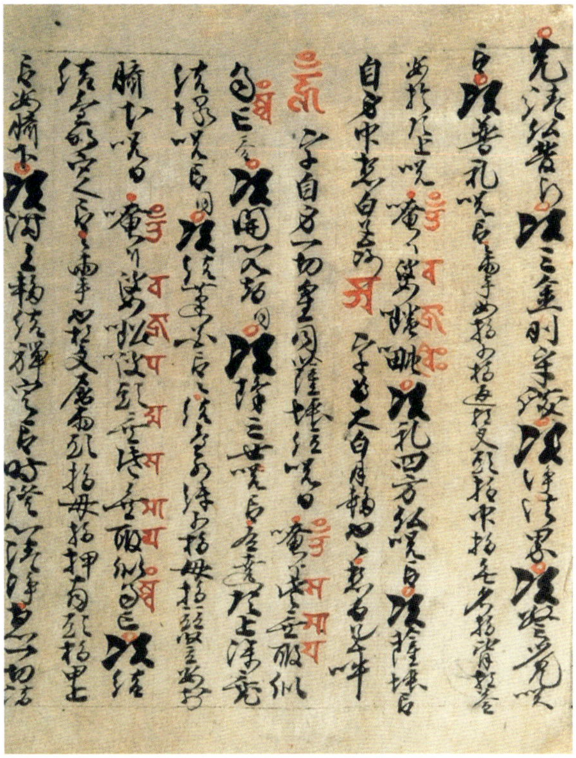

这件写经写于大理国天开十年（1214），经文中夹写梵文（供图/李东红）

“晒经”活动。因此，这批佛经是在不断的使用过程之中，历千年而保存下来，这是北汤天古本佛教经典的可贵之处。

这批古代佛教经典，是目前发现的云南最早的写本与刻本佛经，同时也是云南最早的图书版本。它们的发现，填补了云南古代图书版本的空白，同时为云南古代佛教的研究，提供了大量宝贵的资料。

写于公元894年（也有观点认为写于公元908年）的《护国司南抄》是迄今为止发现的最早的南诏大理国写经（图引自《长江流域民俗文化与艺术遗存·经卷遗存》）

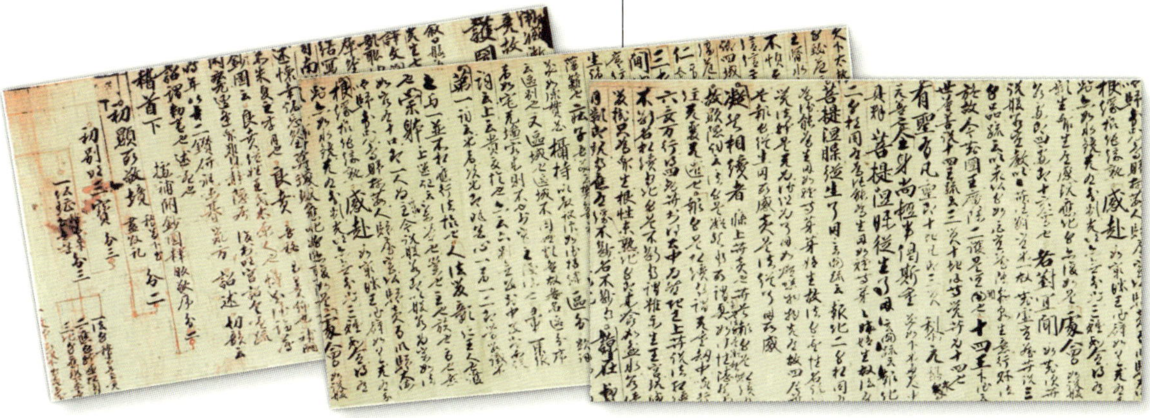

滇中艺术极品——大理国经幢

“幢”是与“塔”和“柱”形制相类似，但内涵不一的建筑。唐宋时代，造幢供养，礼佛修行，追荐超生，成为社会风尚。大理国以佛教治国，以敬佛礼佛为首务，自王室至民间，营造经幢，供养诸佛菩萨，是人们竞相追逐的善举。

今昆明市博物馆内，保存着一座大理国时代的经幢。整个经幢用砂石分段雕刻，组装而成，幢高约7米，幢座呈鼓形，上浮雕八条盘龙，幢身分为七层，层与层之间有檐，是一座密檐式宝塔形经幢。

地藏寺经幢幢身刻有汉文《造幢记》、梵文经咒，以及大日如来、菩萨、天王、力士造像近300身。幢座与第一层之间的八角形檐面上，刻有汉文《大理国佛弟子议事布燮袁豆光敬造佛顶尊胜宝幢记》《大日尊发愿》《发四宏誓愿》和梵文《佛说般若波罗蜜多心经》。

经幢所雕诸像，大者高约1米，小者不过几厘米而已。天王像威武雄壮，岿然屹立；力士像全身肌肉呈块状突起，手脚上的青筋条条犹见，或张口，或瞠目，一副背负千钧的英雄气概；菩萨像端庄娴淑，面目慈祥，将一副菩萨心肠尽情地表露出来。幢身造像中反复出现的大日如来及其胁侍，风格各异，富于变化，而被天王踩在脚下的鬼奴，则五体投地，挣扎着苦苦支撑。

大理国经幢佛像雕刻之精美，为世人所惊异。滇中佛教雕刻艺术，以此为极品。

左图：昆明地藏寺经幢。经幢是按佛教想象中的世界的结构设计的：最下层石雕基础象征铁围山，中间围着大海；鼓形基座上海浪翻腾，雕有八大龙王；海中央矗立着须弥山（经幢），众神安奉其中；最高一层象征须弥山顶，安放佛母像（供图/李东红）

右图：力士（供图/李东红）

在白族历史文化中留下深刻印迹

神话传说、文字起源、地名、姓名、葬俗、医学等，无不受佛教深刻影响

大理观音塘（1899年）。观音塘位于大理古城南，为大理著名佛刹。相传古代有兵犯大理，观音化为一老妇，用草索背一大石在路上与敌兵相遇，入侵士兵见了很是惊异，心想：老妇竟有这样大力气，何况青壮年呢？于是，敌兵不敢再犯，鸣金收兵。这就是著名的观音"负石阻兵"的传说。后人为纪念观音保境安民，便在大石上建了一座观音阁，阁内供奉观音像，继而扩建为观音塘（供图/杨士斌）

阿吒力教对白族的影响极为深远，已渗入到白族文化的各个层面，举凡白族的神话传说、葬俗、文字、起名习俗、医学等，均曾带有浓重的阿吒力教文化色彩。

家喻户晓的阿吒力教题材神话

白族神话数量繁多，种类庞杂。这些神话题材广泛，产生的时代有先有后，流传的地域也不尽相同。但其中有一部分，如"观音伏罗刹""观音负石阻兵""望夫云""大黑天神"等阿吒力教题材的神话，与其他如"开天辟地""九龙神话"等，在白族社会中家喻户晓，妇孺皆知。可以说，深受阿吒力教神话的影响，是白族神话的一大特征。

"观音伏罗刹"神话，在白族中流传广泛。这个故事的大意是：古时候大理坝子是一个水乡泽国，这里居住着专吃人眼的恶魔罗刹父子，人民不堪其苦。观音大士（梵僧）来到此地决心为民除害。观音设计向罗刹借"袈裟一铺，白犬四跳之地"，罗刹欣然应允，并立券为

熏染佛教色彩的地名

天竺僧人为弘传佛法，将佛经中的神话故事，附会于他们栖游之地，也经常将印度佛教中的灵山圣水之名，移植于别地。因此，白族地区的一些地名也带上了佛教的色彩。

《新唐书·南诏传》说："南诏或曰鹤拓"，此说亦见于《资治通鉴》《五代会要》《册府元龟》等文献。由此可知南诏称鹤拓，由来已久。《滇略》中又说："世传苍洱之间，在天竺为妙香国。"因此，大理往往又有妙香国之称。事实上，鹤拓与妙香国，分别是梵语Ganhalaraj的音译和意译。方国瑜先生认为，鹤拓之名，是乾陀罗（Ganhalaraj）的异译。因此，南诏大理称鹤拓、妙香国，是将乾陀罗之名移植到洱海区域。后世的梵文文献中，仍以乾陀罗称云南。

位于洱海东岸的鸡足山以佛教圣地著称于世。鸡足山一名的由来，后人多从"前有三距，后起一支，形若鸡足"而得名之说。其实，鸡足山这一名称也是被人为地从印度移入洱海区域的。相传佛陀的大弟子迦叶在鸡足山入定，这座鸡足山在中印度，位于王舍城南。对于这座鸡足山，曾游历印度的高僧法显、玄奘、义净等在他们的著作中都有记载。然而，大理鸡足山也有迦叶尊者在此入定的传说，而且言之凿凿，深入人心，成为其在佛教界享有盛名的重要因素。不能不说，这一神话和地名的移植获得了极大的成功。

此外，点苍山又称灵鹫山（原型为印度王舍城东北的灵鹫山，为佛陀说法之地），各地多有"灵鹫寺"等，不胜枚举。

东南亚佛教圣地鸡足山（图/杨士斌）

凭。后来观音施展法术，袈裟一铺，白犬四跳，占尽了大理坝子。罗刹父子被囚禁在上阳溪石洞之内，永世不能见天日，不能再为害民众。至今大理喜洲上阳溪箐口，仍有罗刹阁遗迹，当地白族认为这就是当年观音收服罗刹的所在。

“观音伏罗刹”，成为颇具白族文化特征的神话而在民间代代相传。其实“罗刹”本是印度原始宗教中的恶魔，又称罗刹婆、罗刹裟等。女罗刹称为罗叉私。相传罗刹本为印度土著的族名，雅利安人进人印度之后，征服了当地土著，从此，罗刹成了魔鬼与邪恶的代名词。据说罗刹常作犬形、秃鹰或其他鸟形，可与人为夫妻、兄弟，残害人命，有的则以人肉为食。男罗刹为黑身、朱发、碧眼；女罗刹为美女。天竺僧人在洱海区域传播密教之时，将“罗刹”神话移入，以罗刹代表白族巫教中的“鬼主”“耆老”，观音代表密教，并编织了观音收服罗刹的神话，象征密教征服了巫教，佛法战胜了巫术。罗刹成了十恶不赦的魔鬼，观音（梵僧）变成了为民除害、普渡众生的救世主。

盛极一时的火葬习俗

密宗之所以能在洱海地区迅速传播，并在民间历久不衰，其中一个原因是由于阿吒力僧一杖一犬，深入民间，“功行艰苦”的传教活动，赢得了下层群众的信赖。原因之二则是密宗具有神秘色彩，其书符念咒、禳灾祈福等神秘法术，很容易为下层群众所接受，于是，白族几乎全民信仰密宗。火葬及火葬墓遗存，便是在这一社会历史背景下发生的。白族火葬墓表现的是一种较为典型的受阿吒力教影响的文化现象，与氐羌民族自古行火葬有着本质的区别。

汉族在唐代以前，视火葬为“惨虐之极，无复人道”，而自唐末五代开始，历宋代至元、明，由于受佛教“戒火自焚”主张的影响，从寺僧到民间，火葬十分盛行。这一时期的火葬墓遗存，在东北、北京、山西、河南、福建、四川、贵州各地均有发现。

顺荡火葬墓群（图/杨士斌）

从考古学材料看，南诏以前，白族先民并不实行火葬。隋末唐初，伴随着佛教的输入，白族先民的葬俗才发生了较大的变化。从目前掌握的考古资料推断，至迟在大理国时期白族共同体正式形成时，白族已在佛教密宗的影响下，普遍实行火葬。据文献记载，当时人死后被置于正堂，请阿吒力僧念咒三天，然后将遗体在野外焚化，取残骨贴上金箔，并在金箔上写上咒语，再装入瓷瓶埋葬。

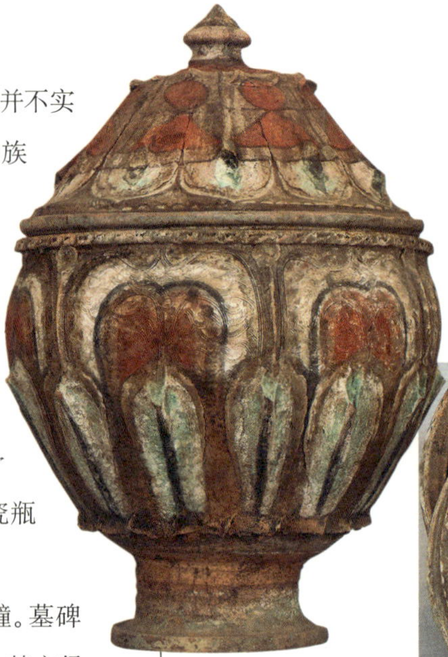

左图：大理国时期火葬罐，红陶彩绘，宝珠纽，盖面阴刻双层对顶的履莲瓣纹（供图/李东红）
下图：罐盖细部（供图/李东红）

火葬墓在地表上一般立有墓碑或墓幢。墓碑为长方形，竖立于底座之上。碑身刻有碑铭、梵文经咒（以《佛顶尊胜陀罗尼》为多），碑铭内容多涉及死者生平，阿吒力教义理、源流，白族社会历史，火葬习俗等。墓幢幢身凿有佛龛，刻有梵文经咒及汉字铭文。

顺荡火葬墓碑上刻有梵文《佛顶尊胜陀罗尼》经咒（图/张雄飞）

墓碑、幢下面是墓坑，墓坑用特制的石板扣合成方形的墓室。墓壁板或墓砖上刻绘有诸佛菩萨像、梵文陀罗尼经咒、梵文种字与汉文“地水风火，常乐我净”“东南西北中”等。一个梵文种字即代表一尊佛或菩萨；“地水风火”为“四大”，是印度古代哲学中构成宇宙万物的五大元素的基础，代表着发生、缘起；“常乐我净”为“四德”，代表脱去人世间诸苦恼，证得佛果后的世界；“东南西北中”则代表阿吒力教的五方佛，即中尊大日如来、东方阿閦如来、南方宝生如来、西方阿弥陀如来、北方不空成就如来。

墓室内放置一个或几个火葬罐。罐盖多为莲瓣型，有塔形纽或生肖纽等多种形式。罐外表饰诸佛菩萨像、十二生肖（代表阿吒力教的十二尊佛、菩萨）、仰莲瓣、金刚杵、海螺及梵文种字等，罐内安置死者火化后的余骨，头盖骨及肢骨上贴赤金箔。

白族火葬墓遗存，其年代上起大理国晚期，下讫明代末叶，以元明时期居多。它的分布范围很广，以洱海地区白族聚居地最为普遍。只要具有300年以上历史的白族村寨，其附近的山冈、坡梁上就有火葬墓的遗迹，而现今坝区和缓坡、台地上，过去也有大量火葬墓存在。其火葬墓碑（幢）集中之处，累累相望，十分壮观。相比较而言，楚雄、昆明、保山、丽江及四川西昌、黔西北等历史上曾是白族居住之地区的火葬墓分布，则不十分普遍。白族火葬墓的分布，呈以洱海为中心、向四周扩散之势。

明朝后期，由于朝廷严厉禁止火葬，白族逐渐由火葬改为棺木土葬。随着时光的流逝，后世白族群众对自己祖先的火葬墓遗迹已所知甚少，对火葬墓所具有的文化内涵更是缺乏了解。不少人称这种火葬墓为“鞑子坟”，将它与元朝军队进入大理地区之后遗留下来的火葬墓相混淆。

催生白族文字

在上层社会通行汉文的同时，随着阿吒力教的流行，南诏社会中出现了另一种文字——白文。白文以汉字为基础，或直接使用汉字，或对汉字略作增损而创新字，以此记录白族语言。读白族语之音，解白族语之意。这种文字自南诏以来一直在白族民间流传，至今仍在白族民间宗教祭祀、曲艺创作与演唱等活动中使用。

为什么会出现白文？白文最早出现于什么时候？学术界历来歧见迭出，尚无定论。从南诏有字瓦、白文疏经（表、诰）、白文史籍及白文碑刻等方面来看，我们会发现白文的出现与阿吒力教关系至巨。

从洱海区域到滇池区域，乃至原属于南诏大理境内的绝大多数地区，都曾发现过南诏大理时期一种用于建筑的陶瓦。它一面模印细纹，另一面模印有数量不等的文字，学术界称此类瓦为“有字瓦”。这种模印在瓦上的文字，是最初形态的白文。从文字内容看，涉及到佛教的只是

南诏有字瓦残片（供图/李东红）

其中一部分，但这些有字瓦主要出自当时与佛教有很大关系的城址与寺庙遗址。可以说，白文在出现的初期，就与佛教结下了不解之缘。

民间阿吒力中，有完全用白文写成的经典，白语《金刚经》就是典型的例子。《黄氏女唱金刚经》是一部用白族语唱诵《金刚经》的民间长诗，它至今仍流传于白族民间。此外，在白族的本主崇拜之中，民间也广泛使用白语、白文的“表”“诰”。

可以看出，白文的产生，或者说应用，显然与阿吒力教有关。因为南诏的上层人士，如王室成员、大姓多数熟知汉文，不少阿吒力还通晓梵文。“释儒”阶层更是如此。但下层民众的汉文化修养不高，多数人甚至不识汉字。面对这种情况，要在广大的民众中传播阿吒力教，就只有采用为白族人所能理解的方法，用汉字记音的方式，对梵文、汉文经典进行疏注和讲解。这就是南诏大理经卷中出现白文疏注的原因。这种方法直到元代仍在延续。

尽管后来白文被广泛应用于各个方面，但其创制和产生的根本原因是为了适应阿吒力教的弘传。从这个

南诏有字瓦上的字符（供图/李东红）

意义上说，白文的产生和应用，是佛教在白族文化中结出的硕果。

不过，这种传统的白族文字并没有完全规范化，从而严重影响了它的流传与推广；而各地白族语言存在的语音差异，也导致了不同地方使用不同的汉字或符号记录同一白族词汇。所以，流行一千多年的白文，在大理地区始终处于从属地位，与通行的汉文相比，它的影响是局部的，流传的范围是有限的。

以佛为名

同其他少数民族一样，白族最初并不采用汉姓，而是流行父子连名制。自西汉以后，因与汉族的交往日益频繁，洱海周边的白族先民逐渐开始采用汉姓。白族先民在采用汉姓的同时，仍然保留着父子连名的习俗。

白族先民最早采用汉姓，在汉晋之世。相传诸葛亮南征之时，赐白王仁果之九世孙龙佑那姓张，称张龙佑那。到初唐时期，张龙佑那的后裔张乐进求曾受唐朝封赐，为三赕白大首领将军。唐代梁建方所著的《西洱河风土记》称洱海周围有数十百部落，有数十姓，杨、赵、李、董为名家。从父子连名制过渡到采用汉姓的“冠姓父子连名制”，是汉文化对白族起名习俗所产生的巨大影响。

由于白族语音节的特点，用汉字记录下来的名字中出现了“三字名”甚至是“四字名”。如《南诏德化碑》碑文中的三字名有张骠罗千、赵龙细利、罗时牟苴等十人，《蛮书》中有李波罗诺、蒙细罗勿、赵莫罗眉、杨大和眉等。《南诏图传》中有张乐进求、张矣牟楝。这些姓名之中，第一个字为汉姓，中间两个字往往代表一种含义，如“乐进”意为虎王，“波罗”意为老虎，等等。

南诏中后期，在白族的三字名中，又出现了一种带有佛号的三字名。即第一个字为汉姓，中间两个字为诸佛、菩萨或佛经尊号，最后一个字为本名。这种起名方式在大理国时期颇为流行，元、明时期也有这种风俗，见于记录者甚多。

宋代范成大的《桂海虞衡志》记载：“乾道癸巳冬，忽有大理人李观音得、董六斤黑、张般若师率以三字为名，凡二十三人至横山议市马。”美国圣地亚哥博物馆藏大理国阿嵯耶观音像，其铭文为“皇帝骠信段政兴资为太子段易长生、段易长兴等造”。千寻塔出土石刻佛像之题记上，有“李药师祥、赵观音锦、杨诸天仑”。《大理国高姫墓志铭》上有“高妙音护、段易长顺、李大日贤”。大理凤仪北汤天董氏家谱碑中有“董金刚田、董法华镛、董大藏林”。此外，像“张药师王明”之类的四字名也并不罕见。

“观音”“易长”“大日”“妙音”“诸天”等都是佛、菩萨的尊号，而“般若”“法华”“金刚”等，则是经典名称。不难发现，上述姓名中的佛号，均属于阿吒力教。在这些名号之中，以观音为名者最多，这也是阿吒力教特别崇拜观音的缘故。总之，以修行本尊或经典为名的习俗，是深受阿吒力教影响所致，是白族起名习俗在阿吒力教流行之后所起的巨大变化。

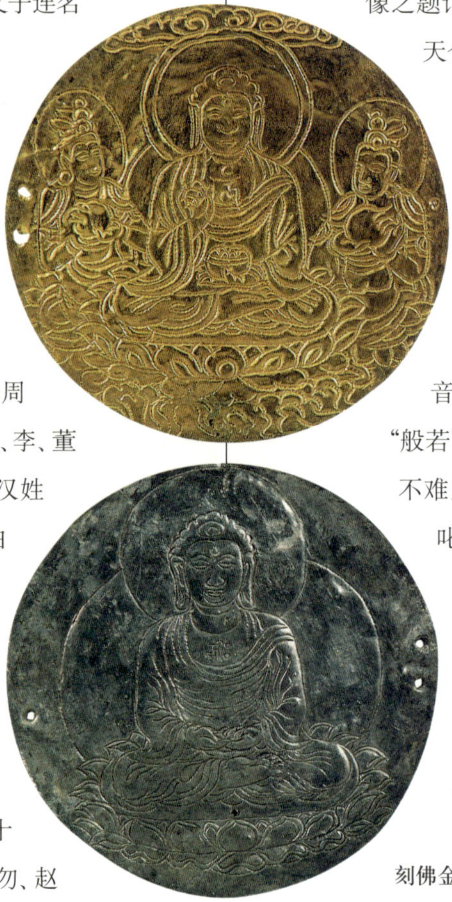

刻佛金、银饰片（大理国时期）（供图/李东红）

云南最早的医学图

1956年，在凤仪北汤天发现了古本佛教经卷《佛说长寿命经》。这部经用佛教密宗的医学理念，对人体骨骼系统和内脏进行了详细的描述，对人体的病理情况进行了说明。在经卷中，有一幅密宗曼陀罗图像，用诸佛、菩萨名号标示人体生理解剖知识，这是云南地区发现的最早的医学图，有人称它为“生理解剖图”。

图中人体呈马步状站立，双手肘部弯曲向上举起。人体的双手掌心与双脚背上标有“地、火、风、水”——四大；双膝、双肘、双肩及大腿与腹部相连处分别标有“西北、西、东北、南、东、东南、北、西南”和“东南、西南、西北、东北”；额部有一圆圈，上面所标的字现已无法辨认，以密教的义理推断，应该是“中”字。图中所标的“东南西北中”与“东南、西南、西北、东北”为佛教密宗的“五方佛”和“四方之神”。人体的胸部、大腿内侧等处标有梵文种字；人体左右两侧分别墨书汉文菩萨、八大明王尊号；对心、胆、肝、肾、胃及消化、泌尿、生殖系统均有较为准确的描述。这种标示法与中医的穴位有很大的差异，因此，有学者认为它来自古代印度密教的生理解剖学。

“四大”为古印度哲学中的基本概念，是组成事物的元素，在佛教密宗里，它同样具有构成万物的元素之意。“五方佛”与“四方之神”，是佛教密宗的主要神祇。这幅“生理解剖图”中，还有墨书降三世、无能胜、大轮、马头、六足尊、不动尊、步掷、大笑等“八大明王”尊号。

很显然，所有标示的文字，都是为了说明八大明王的尊号及其所代表的诸佛、菩萨。在密教的义理中，人体内部有独特的气、脉，如若气、脉阻滞，就会产生各种疾病。祛除病痛的方法，以修身为主，辅之以药物。密教认为，人世间充满了各种各样的妖魔，这其中就有“使人疾病之鬼”，为了降魔除孽，诸佛、菩萨就化现为狰狞可怖的明王。明王都有三头六臂，呈愤怒状，要以比魔鬼更为可怕的形象来降服各种妖魔。因此，在阿吒力教的医术中，常以明王来降魔，并辅之以“色”“味”，即各种药物进行医治，或劝导病人根据人体气脉的特性，进行“修身”“走气”，从事实修，进而达到防病治病、强身健体之目的。

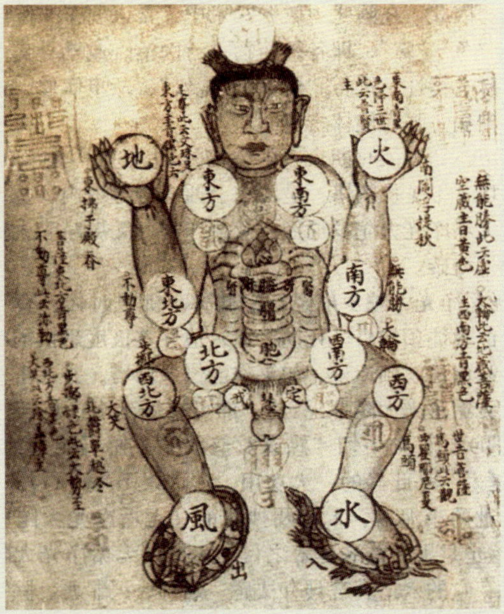

医学图（供图/李东红）

撰稿专家

李东红，云南大学教授。

剑川石窟第二窟“阁罗凤议政图”局部，展现的是清平官、羽仪长及执旗侍卫威风凛凛的形象(供图/李学龙)

第6章

佛教艺术与白族历史的绝代交响

南诏大理国绘画与石窟艺术

本章主撰稿人：大理大学研究员　李学龙　　云南大学教授　李东红

白族历史悠久，在创造着丰富物质文化的同时，也把自己的精神追求，把自己对宗教、历史和生活的理解，以艺术的形式淋漓尽致地展现出来。

早在新石器时代，生活在洱海区域的白族先民，就已制作出精美的陶器，并在陶器的表面施以各种纹饰。进入青铜时代，白族先民将自己的艺术追求，最大限度地体现在精美的青铜文化中。这个时期的青铜文化艺术，多以写实的手法，将当时人们的生活场景和对大自然的观察，浇铸或镌刻在贮贝器、铜鼓、编钟、铜棺等青铜器上，极具艺术感染力。

南诏大理国是白族形成的重要时期，因为佛教的的传入，也因为各种文化的碰撞，更因为有一个统一的地方王朝，这一时期的艺术具有十分鲜明的民间特点和宗教特色的同时，也展现出一种帝王之气，一种君权神授的神秘性。这个时期的艺术，具体表现为两个方面的内容：一是表现南诏大理国国王；二是表现佛教文化。这些精美绝伦的艺术作品，无论是绘画还是雕刻，都是白族艺术的巅峰之作。

南诏大理国留下了许多珍贵的艺术遗产，《南诏图传》《张胜温画卷》和剑川石窟可以说是其中最具代表性的。即使是放在整个中国艺术史之中来看，这三份遗产也是熠熠生辉的传世之作。《南诏图传》是珍贵的南诏历史和宗教画卷，《张胜温画卷》是被视为可与《清明上河图》相提并论的旷世巨作，而剑川石窟则被誉为“西南敦煌”，在我国的石窟艺术中独树一帜。

元明清时期，随着中央王朝将云南纳入完全的统治之下，白族文化由国家文化变成地方文化，白族艺术也逐渐由国家化向地方化发展。

图文并茂的南诏历史画卷

《南诏图传》流传千年

南诏王朝的珍贵档案

南诏中兴二年（899），曾经盛极一时的南诏王朝已经走到历史的尽头。南诏末代王舜化贞年纪尚幼，不了解佛教传入南诏和南诏开国的历史源流。他想虔心供养诸佛菩萨，祈求佛菩萨佑护国家；更想通过追念祖先开国的传奇经历，重振王室的权威。于是他发布诏书，向通晓儒释和国史的耆老征求一幅展现南诏开国历史的图卷。

不到一个月，王奉宗和张顺两位官员就呈上了奏章和《南诏图传》。它是依据记述南诏起源及佛教传入洱海地区的《巍山起因》《铁柱记》《西洱河记》《国史》等南诏图书绘制、撰写的。

然而，这幅画并没有挽救南诏的国运。仅仅4年之后，权臣郑买嗣公然篡位，杀死南诏王族八百余人，南诏就此灭亡。这幅《南诏图传》更像是走过近300年历

《南诏图传》第7段“祭铁柱”描绘的是洱海地区九大首领铁柱会盟的历史事件。这次会盟是由唐王朝组织和策划，洱海地区白子国主云南大将军张乐进（尽）求、西洱河右将军杨农栋、巍峰刺史蒙逻盛、勋公大部落主段宇栋等九大首领按当地铁柱祭天的仪式举行的选举盟主、奉唐抗蕃的大会。大会推蒙舍诏诏主蒙逻盛为盟主，标志着张氏白子部落联盟时代的结束，蒙舍诏正式成为了洱海地区附唐联盟的盟主以及地方第一大势力

史的南诏国的一曲挽歌。

《南诏图传》由“图”和“传”两个部分组成。“图”全长573厘米，高31.5厘米，分为9段：第1—6段为观音（以梵僧形象出现）幻化故事，讲述细奴逻全家乐善好施，于是观音点化细奴逻为南诏开国君主的传说，同时也描绘出佛教传入南诏的艰辛历程；第7段为祭铁柱的传说；第8、9两段为南诏诸王礼佛的形象及作画臣工的题名，后附“西洱河记”图。整个图卷用类似连环画的方式，展现了观音幻化、南诏立国等南诏国史。全卷为纸本设色，线描彩绘。“传”又称“文字卷”，是附在“图”之后的2000余字文字说明，是对“图”的文字解说。它详细地记述了佛教密宗传入南诏的经过、舜化贞的敕书以及有关“阿嵯耶观音”的神力。“图”与“传”相互印证，构成了一幅图文并茂的南诏历史画卷。当然，画卷上的“历史”并不是真实的南诏历史，只是为后人研究南诏历史提供了一份极为宝贵的资料。

《图传》问世以后，长期不为外界知晓。宋、元、明时期的文献著录里找不到任何关于它的记载。直到清雍正时，崇信佛教的贵族琳光松园老人购得此卷，后来被收入清王室或皇宫收藏。画卷卷首有清人张照于雍正五年（1727）写的长篇题记，叙述南诏史及他本人对画的意见。卷末有清室成亲王爱新觉罗·永瑆于1820年所书题记：“嘉庆二十五年岁在庚辰九月二十二日成亲王观”。据此可以推测，至迟在公元1820年以前，《图传》还收藏在成亲王府或皇宫内。

在《南诏图传》的卷首，观音第一化图中，可以看到南诏开国君主细奴逻家的屋角两侧种植着两株古老的云南山茶花，右侧一株只有树梢，左侧一株清晰可见全树，树上有金色的凤鸟。整棵树枝叶繁茂，花开如火，有的含苞欲放。种树的花坛分三层向内收缩，这种花坛及种花方式至今在巍山及大理喜洲一带仍可见到相似的式样。这幅图可以说是迄今为止所见关于云南山茶花最早、最完整、最可靠的图像记录

1900年，八国联军侵华并攻占北京，慈禧太后携光绪帝逃往西安。联军焚烧圆明园，并大肆掳掠清宫及诸王公大臣府邸。《图传》在这一年落入侵略军手中，流失海外，被日本山中公司获得，后来山中公司又将它卖给了日本的私人收藏家。《南诏图传》现在收藏在日本京都藤井有邻馆内。

民族艺术珍品，稀有历史档案

《南诏图传》作为反映南诏历史、佛教及社会生活的绘画艺术珍品，它所描绘的栩栩如生的众多古代西南边疆民族人物形象，尤其是画卷与历史文献相结合以

是原作，还是摹本？

《南诏图传》成画于中兴二年（899），因此画的内容应该止于中兴二年，但现存的画卷，在中兴皇帝之后，又有“文武皇帝”的图像，还有文经元年（945）的纪年。“文武皇帝”指的是大理国的开国之君段思平，“文经”是大理国第二代国王段思英的年号。《南诏图传》怎么会有大理国时期的国王与纪年呢？有一种解释是，《南诏图传》作为“国史画卷”，具有记载南诏重大历史事件的功能，大理国得到此画，在段思平逝世后，便将段思平也绘入画卷之中，表示王权继承的合法性。这种宗教认同，实际上是表示王权的认同，即大理国的段氏王族认为，大理国是南诏的合法继承者。有学者认为，“文武皇帝”图像是后来补绘的；也有学者认为，现存的《南诏图传》并非原作，而是一个47年后（945）的摹本。

表述一定故事的创作方法，在古代并不多见。画卷受唐代中原佛教壁画风格影响很大，同时又具有很强烈的云南地方和民族特色。虽然与大理国时期登峰造极的《张胜温画卷》相比，《南诏图传》的“艺术造诣似乎略差”（李霖灿先生语），但它仍然在中国美术史上占有重要的一席之地。《南诏图传》又是一件难得的图文并茂的古代民族风俗艺术品，它将南诏国丰富多彩的服饰、生活用品、生产工具、飞禽走兽、神灵崇拜等等都非常生动、形象地再现在我们眼前。

《南诏图传》的文字卷为我们研究南诏历史纪年、南诏职官设置、行政建置等各方面提供了第一手的资料。文字卷楷书工整，字体匀称秀丽，可以看出唐代云南边疆民族的汉文化造诣已经很高，其书法艺术在中国书法史上亦占有重要的位置。文字卷在文字叙述方面，条理清晰，很讲究对仗和韵律，具有浓郁的辞、赋风格，不失为云南古代民族保留至今的为数不多的散文佳作。

《南诏图传》不仅是遗留至今的一件重要文物，同时又是一份极为罕见的南诏时期的珍贵档案，它是南诏时期政治、经济、军事、文化、宗教等方面的真实历史记录，具有极高的档案价值。

奇异而神秘的“西洱河记”图

《南诏图传》的卷末是一幅奇异而神秘的图像——“西洱河记”图。“西洱河”就是洱海，图上画出了洱海和注入洱海的三条河流，并标出了方位；洱海中有雌雄两条毒蛇，作交尾状；在两蛇围成的圈中有一条金鱼和一只金螺，金鱼头为白色，头上有轮。画上的题记表明，金鱼和金螺都是西洱河的河神，而对两条交尾的蛇则没有做解释。

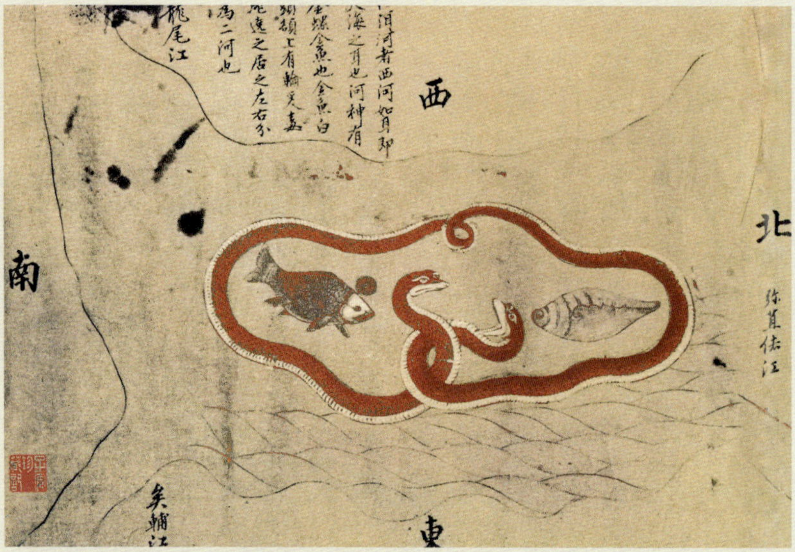

《南诏图传》中的“西洱河记”图

令人惊奇的是，同样的题材也出现在大理国的《张胜温画卷》中，不同的是，这一画面被放置在观音脚下，而金鱼和金螺也被放在了两蛇围成的圈外。

这幅图究竟有什么含义？《南诏图传》文字卷中说，祭奠西洱河河神，可以平息灾难。有学者认为，交尾的蛇、金鱼和金螺反映的是南诏时期的生殖崇拜和图腾崇拜：金鱼多籽，金螺形似怀孕妇女的腹部，雌雄二蛇交尾，都是生殖崇拜的反映；同时，蛇也是洱海地区古代居民的图腾。而《张胜温画卷》中这一画面被放置在观音脚下，可能象征着到了大理国时期，本土的原始崇拜已经被佛教所战胜。

“观音六化”故事——《南诏图传》的核心内容

《南诏图传》的核心内容是白族地区广泛流传的“观音六化”故事。第一化至第三化描绘细奴逻全家乐善好施，虔诚信佛，于是化身梵僧的观音点化细奴逻为国君。第四化至第六化描绘化身梵僧的观音在传播佛教的过程中受到当地人的强烈抵制，屡遭劫难，最后显出真身，使众人皈依佛教。这是南诏“君权神授”的自我神化，同时也折射出当年佛教传入南诏地区时曾受到本土宗教的强烈抵制。

这是第一化。观音化为一个梵僧到细奴逻家里乞讨，当时细奴逻和儿子逻盛正在田中耕田，他的妻子正准备往田里送饭。当他的妻子看到梵僧时，毫不犹豫地把饭都给了梵僧。

细奴逻的妻子又做了饭，但梵僧又来乞讨，于是她又把饭给了梵僧。这是第二化。

当她第三次做好饭后要把饭送到山脚下时，又看到了那个梵僧，不同的是僧人前有青牛，左有白马，右有白象，云中还有两个童子，一派祥瑞之气。梵僧再次向细奴逻及其妻子乞讨，细奴逻毫不犹豫地把饭给了梵僧。这是第三化。

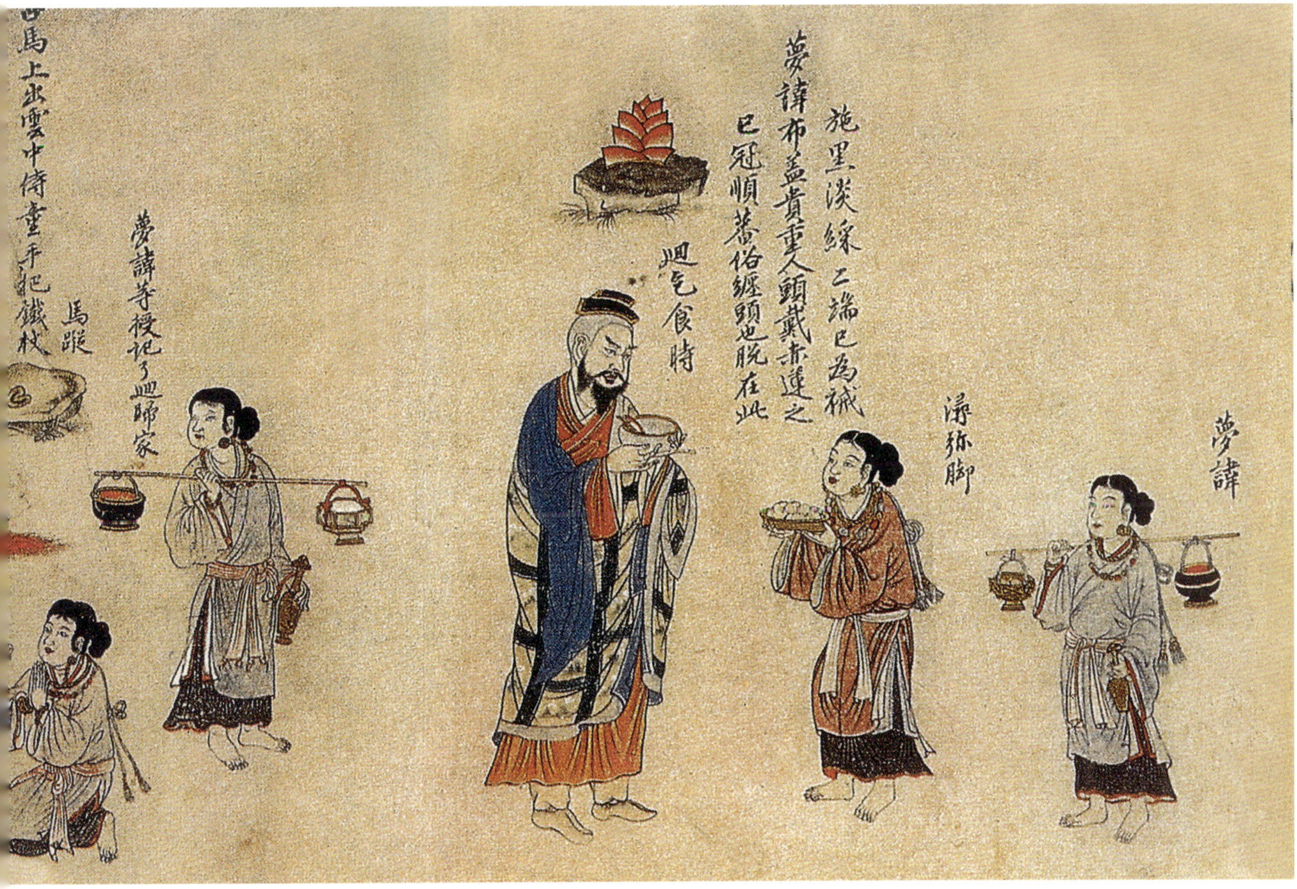

观音又到了李忙灵的地界，李忙灵不信观音。于是观音现出真身，村民大惊失色，敲铜鼓召集村人。有一老人熔铸了观音的铜像，村人从此皈依佛教，相互告诫不要作恶。这是第六化。

后来观音又变化为梵僧，牵着一只白犬，到开南郡穷石村乞讨。村中人向来以盗为业，善杀人，梵僧的白犬被村人偷走烹食。梵僧也受到村人的虐待，还被肢解焚化，骨灰被盛在竹筒里抛入江中，但观音又马上活了过来。这是第四化。

观音见这个地方的人凶狠刁蛮，品质恶劣，拂袖而去，村中人不依不饶，骑马追赶观音，但越追离观音越远。于是村人用弓箭射他，结果都射不到，箭落地后都变成了莲花。村人猛然醒悟，不再追赶，各自回家去，放弃偷盗，以务农为生。这是第五化。

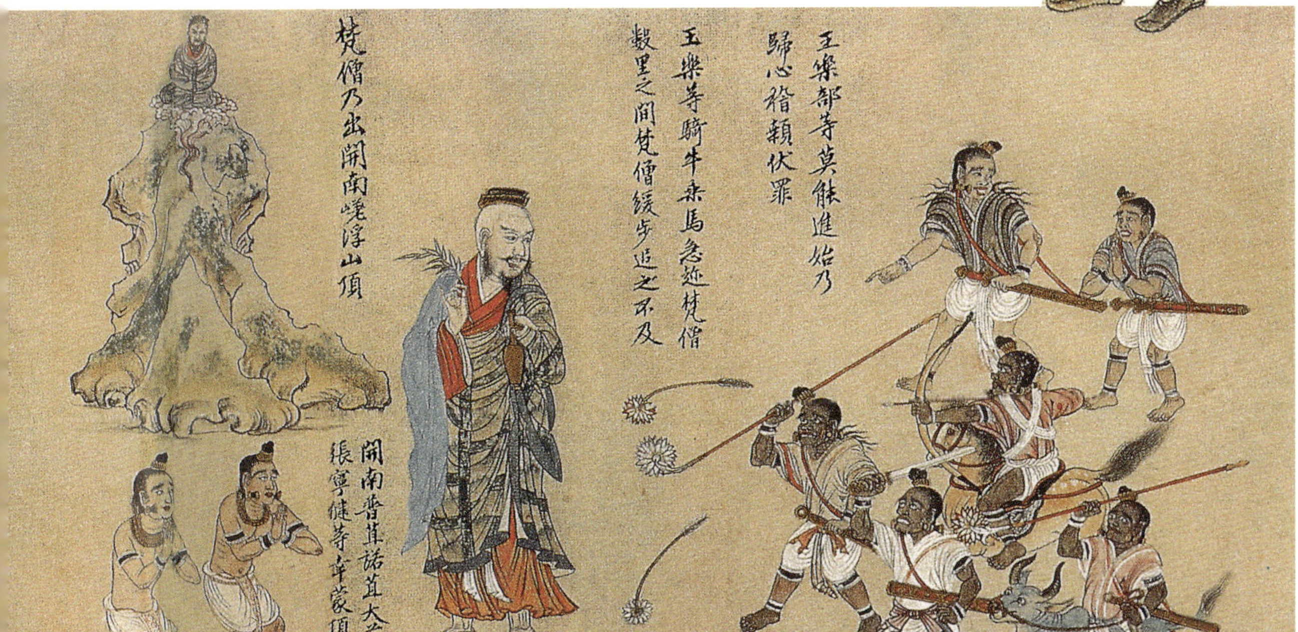

中国艺术史上的金玉瑰宝

足可与《清明上河图》相媲美的国宝《张胜温画卷》

“张胜温氏真能做到心手相应意到笔随的上乘功夫，……顶礼膜拜之余，真不敢再赞一辞！”

——著名民族学家、美术史家李霖灿

白族绘画艺术的巅峰之作

1944年，历经7年艰难跋涉，23000多箱故宫博物院国宝从北平完整地转移到重庆。院方精选出几件国宝，在重庆两浮支路中央图书馆展厅进行了一次小规模的展出。

展厅里有一件艺术瑰宝吸引了所有人的注意力，人们站在这件长1636.5厘米，宽30.4厘米的金碧灿然的作品前，无不感受到巨大的震撼。张胜温是谁？这位名不见经传的大理国画家怎么能创作出如此恢宏而又精妙的作品？这是《张胜温画卷》问世近800年来第一次与普通观众见面，也揭开了国内学术界研究画卷的序幕。

《张胜温画卷》又称《宋时大理国描工张胜温画梵像》《宋时大理国张胜温画卷》，是大理国著名画家张胜温奉利贞皇帝段智兴之命主持绘制的长卷佛教画，目的是“以利苍生”，祈盼“家用国兴，身安富有”。目前一般认为，此画卷应该是在张胜温主持之下，由一批大理国时期的画家集体绘制而成，而非出自张胜温一人之手。画卷内容庞杂，但它所反映的是南诏大理国时期的佛教状况，这一点是没有问题的。

这幅长卷是白族绘画艺术的巅峰之作，全卷纸本设色，共分为134开，绘制时间应不晚于题跋所记的盛德五年（1180）。画卷内容可分为三个部分：第一部分为“利贞皇帝礼佛图”；第二部分绘诸佛菩萨、天龙八部、金刚罗汉、中土禅宗法系及大理国高僧等，由印度原始佛教、中原佛教和南诏大理国特有佛教这三类不同的图像组成；第三部分为“十六国大王众”，描绘前来大理国朝拜的十六国国王、使节的形象。

《张胜温画卷》所绘的内容，与剑川石窟的内容是十分相似的。在佛教造像部分中，除了白族阿吒力教派所崇拜的观音诸像、佛母、毗卢遮那佛、大日遍照佛、大理国高僧、金刚护法、舍利宝塔、曼陀罗图像、经幢等外，还有中土显教禅宗、华严宗法统的造像，另有南诏13代国王出现在“十一面观音”之下，为供养人。同时崇拜供奉密宗、显宗之神，道教之神，本主神祇乃至山川自然之神，是白族阿吒力教派一贯的传统，而显密皆修则是阿吒力教派重要的修习方法。这一点在画卷中得到了充分的展现。

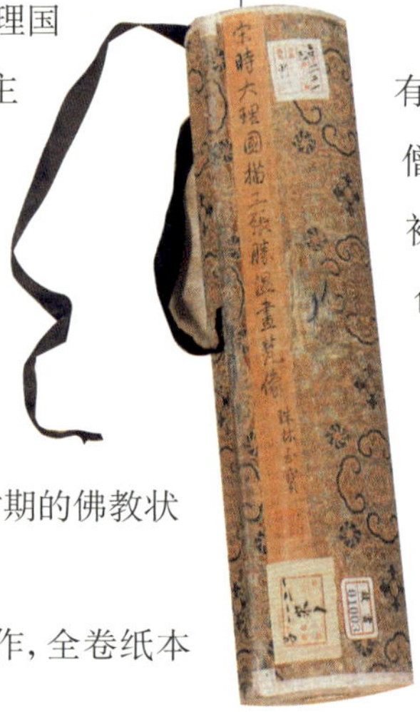

南天瑰宝——张胜温画卷（供图/李东红）

历代收藏者对《张胜温画卷》的艺术价值均有很高的评价。与作品同时代的人，12世纪初叶僧人释妙光的评语是“妙出于手，灵显于心”。明初洪武年间的翰林院大学士宋濂的评语是“施色涂金，皆极精致”。同时代的释宗泐的评语是：“绘事工致，诚佳画也”。另一位僧人释豫章的评语是“设色精致，金碧烂然”。画家出身的当代民族学家李霖灿教授将《张胜温画卷》称为“中国艺术史上的一件金玉瑰宝”，并对张胜温这位12世纪的白族伟大艺术家佩服得五体投地，在“顶礼膜拜之余，真不敢再赞一辞”。

由于《张胜温画卷》集佛像、人物、动物、山水于一卷，而又达到炉火纯青的地步，因此，这部作品不仅在云南艺术史上占有崇高地位，而且在中国艺术史上也极为重要。

辗转曲折的流传史

《张胜温画卷》的流传过程颇富传奇色彩，七篇跋文大致勾勒出了这一流传过程。

这幅绘制于大理国时期的长卷，原来收藏在大理国宫中。1253年大理国灭亡，长卷可能流入民间。元代的近100年间，长卷不知流落在何处。明军攻入云南时，原南诏大理国宫廷珍奇流失四散，这幅画可能就在那时流落到中原地区。洪武年间，江南天界寺僧人德泰从民间购得此画，收藏在天界寺中，并请翰林院学士宋濂、天界寺住持释宗泐、灵隐寺僧释豫章在画卷结尾部分题跋。正统十四年（1449），天界寺遭遇水灾，画卷被水浸渍，散乱脱落，重新装裱时改成了册页形式。不知何年又另行装裱，改为卷轴。正统之后的近200年间，画卷又不知所终。

清代初期，此画卷被收藏入宫廷。十分喜爱书画并对古字画有着极高鉴赏力的乾隆皇帝十分欣赏这件旷世奇珍，并在卷首作了题跋，给予了很高的评价：“卷中诸像，相好庄严。傅色涂金，并极精彩。”乾隆皇帝十分珍爱这一画卷，他便以藏地密宗大活佛章嘉呼图克图指导，命令画师丁观鹏将此画卷临摹成两份，佛教部分临摹为《法界源流图》，大理国历史世俗人物部分临摹成《蛮王礼佛图》。

继乾隆之后，清朝的嘉庆、宣统等皇帝都曾观赏过此画，并在画上留有钤印。辛亥革命后，皇宫改为北平故宫博物院，此画成为院藏品。抗日战争时期，此画和其他部分国宝一起，颠沛流离于多难的中华大地。1944年，画卷在重庆展出，引起不小的轰动。1949年，《张胜温画卷》与故宫其他国宝一起，被运往台湾，收藏在台北故宫博物院，成为“所藏名画中的镇院之宝”。

带你欣赏这一旷世巨作

初次观赏这幅长达16米有余的画卷，观者一定会有目不暇接、眼花缭乱的感觉。这一卷佛教画与《清明上河图》并称“南北双绝”，却远不如后者一目了然。欣赏这幅巨作，首先要熟悉全画的结构。

画卷的基本结构

历来研究画卷的学者，都把画卷分成三段，但这三个段落，绝不能等量齐观。因为首尾两段的开数，合在

《张胜温画卷》与《清明上河图》之比较

《张胜温画卷》和《清明上河图》是两件国宝级的文物，被誉为“南北双绝”。从长度上看，《张胜温画卷》是《清明上河图》的3倍有余。从题材上来看，《清明上河图》纯粹是世俗内容，不涉及宗教，而《张胜温画卷》是一卷宗教画，与前者形成鲜明对比。《清明上河图》以写实见长，《张胜温画卷》则展现了作者令人惊叹的艺术想象力。《清明上河图》绘有814个各色人物，《张胜温画卷》绘人物、佛像774躯，两者可说是不相上下。但在人物描绘的精细程度上，《张胜温画卷》远胜《清明上河图》。巧合的是，这两大传世名作均完成于12世纪后半叶，前后只相差大约十几年，而且两位作者也都名不见经传，只留下极少的资料，后人只能从两幅画后的题跋中获得他们极简略的生平介绍。

《清明上河图》由于其题材通俗易懂，早已家喻户晓；而《张胜温画卷》只有第一部分《利贞皇帝礼佛图》有着较高的知名度，整个画卷则鲜有人知。其实，就艺术造诣而言，《张胜温画卷》较《清明上河图》还要略高一筹。

上方是金刚杵与铃交替出现

下方是云与花交替出现

一起，还不足全卷总数的十分之一。除数量之外，还应该从内在联系上认识首尾两段的作用。打个比方，画卷好比一部大型的乐曲，首尾两段分别是序曲和尾声，中段是主体，它包括若干乐章。

半个多世纪以来，许多专家学者为理清中段的内容进行了许多有益的工作，但原卷的标目颇有脱落、漫漶、错乱之处，给复原工作带来了相当的难度。概括地说，画卷的整体结构，由段落、组合、单元、画面、“开”等层次组成。

第一个层次是段落。首段原有标目：“(奉)为利贞皇帝骠信画”。这一标目画龙点睛，它隐含着本卷创作的目的，可视之为全卷的总标目。尾段标目为“十六大国王众”，与两宝幢相连接，装帧上和中段略有距离，表明为另一段落。首尾两段虽然遥遥相隔，但同为表现帝王崇佛护法，前后呼应，使结构更为完整，也有助于观者领悟全卷之主题。中间大段是全卷的主干，描绘大量神佛。合起来看，全卷是由序曲、主体、尾声三大段落组成的对称框架。

第二个层次是分组（或组合）。首尾段都只有一图，无需分组，但中段内容复杂，如不分组，便眉目不清，难辨主题。仔细研究便会发现，“释迦佛会图”和“药师佛会图”居于全卷的正中，为中组，两画往右为右组，往左为左组。

第三个层次是单元。各组之下可划分为单元，各组单元的数量略有不同。单元按题材内容而集结起来，但有多种情况。有的单元只有一个画面，如佛会图。有的单元由许多画面构成，如“十六罗汉”图，因为都是罗汉，所以合为一个单元，但没有总标目。还有一种单元是由相近的题材集结而成，即包括几个子单元者，也没有单元、子单元的标目。

第四个层次是画面。“大圣三界转轮王众”“南无如意轮菩萨”“梵僧观世音”等尊像都有画面标目。但个别画面也可能出现两个标目，如“文殊问疾”，便有“文殊请问”“维摩大士”两个标目。

第五个层次是“开”，这也是画卷最小的分割单位。上方有杵（或铃）、下方有云（或花）的画幅称为一“开”，全卷共有134开。一个画面可以只占一开，也可以占多开。如卷首的《利贞皇帝礼佛图》就占了6开。

这样，画卷的总体结构就基本清楚了，可以用图表示意如下：

就大布局而言，首尾两段的人物行列，均自外而里，形成内聚的向心力。全卷结构的实质，是中段制约着首尾，首尾面向中段向心对称。向心的对称框架还制约着段落以下的分组、单元、画面，使之形成一个和谐的整体，并以内容和形式的统一而显示出结构本身的美。

整幅画卷的框架设计十分缜密，表现了高度的统一，统一中又颇多变化。在梳理全卷的结构框架时，我们似乎能感受到一种“音乐”的美——一个主题旋律以多种多样的变奏形式反复出现，显得余音绕梁，耐人寻味。

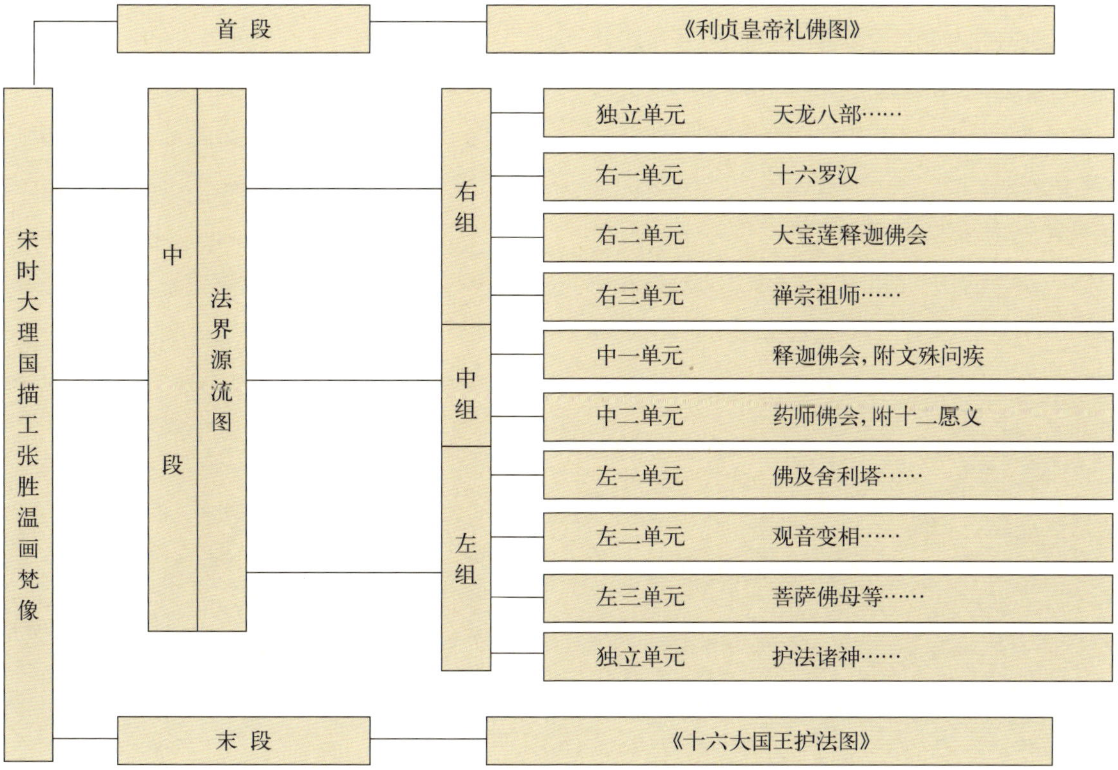

“文殊请问”图

极富变化的构图和表现形式

画卷中有故事情节的图，数量不多。但就其所取得的艺术成就而言，却是很重要的。这些内容还可细分为三种，即表现崇法礼佛的礼佛图，描绘说法场面的佛会图，叙述佛经故事的经变画。三者在构图上的共同点是：人物众多而主次分明。构图的“中心”即主题的关键。不同点是，礼佛图和经变画的布局较为自由，根据不同情节选择相应的构图形式，作者发挥创造性的可能较多；佛会图有点类似群体尊像，无论场面大小，都偏重于严肃的对称形式，规范性强，受粉本（即画样）的影响较大。

礼佛图表现帝王崇法礼佛的场面，缺少画样可资依据，作者可充分发挥其创造才华。如“利贞皇帝礼佛图”为了周详描绘盛大的礼佛仪式，切取了队伍行进中的瞬间。人物以纵队排列为基础，按六开进行分组，每开人数有多有少，既注意全画的整体效果，又兼顾各开的相对独立；再通过人物的容貌表情、衣冠佩带、高低聚散、向背开合、主次呼应……去说明情节，表现主题，

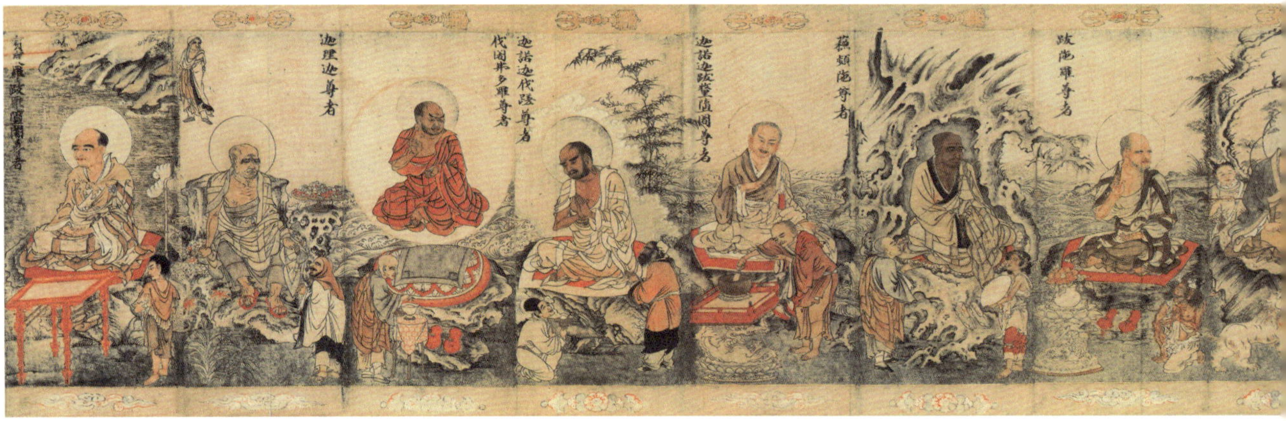

确是一件谋篇缜密的典范作品。“利贞皇帝礼佛图”和卷末的“十六大国王众”，虽然题材雷同、构图形式相近，在全卷中又处于首尾呼应的情况；但作者并不平均使用力量，有意在人物数量和细节繁简上，作出明显的差别，十六国王实际上是利贞皇帝的陪衬。前者只是绿叶，后者才是牡丹。

经变画的情况有简繁之别，其构图形式也相应不同。“文殊请问”一图4开，是根据《维摩诘经·问疾品》上的故事而创作的，画文殊舍利借问疾为由，与维摩诘居士辩论佛法的场面。主题是通过辩论来表彰维摩诘的多智善辩。因此，布局设计必先确定维摩诘的主导地位：文殊合十趺坐于莲台之上，两侧跟随佛弟子五人，只占一开；另三开以维摩诘居中，其躯体较诸人为大。他虽然容貌清癯，显示有疾在身，但双目有神，凝视对方，上身略向前倾，右手上举指前，似乎正在说：“菩萨疾者，以大悲起。”其前置一须弥座，下跪小比丘，天空中有飞天及持钵天神；其后除胁侍天女外，另有四听众，可能是表示维摩诘广弘佛法。构图的特色，是利用开数的多少，人物的大小，造成强烈的对比，使维摩诘居于绝对的优势地位。

佛会图表现佛赴会说法的场面，虽然有繁有简，但都受到佛法庄严观念的制约，其构图形式趋于一致。由于行业的世代相传，粉本积累下丰富的群体经验，佛会图的章法，一般是很完善的。至于《大理国梵像卷》，是经过了张胜温及其他“描工”的努力，当然更加非同凡响。具体说，“释迦牟尼佛会图”“药师琉璃光佛会”，都是五开的画面，但前者的胁侍除迦叶、阿难之外，还有观音、文殊、普贤、势至，护卫为金刚力士、天龙八部，其他有飞天，转轮王七宝、供养人……共48尊，构图特征是有许多“垂直线”；后者比较简单，胁侍为日光、月光两菩萨，护卫有十二天将、帝释梵天等众39尊，构图特征是下边有两个明显的三角形“兜角”。同时，药师佛会图附有图文对照的“十二愿文”，所以差别就更大了。

以描绘神佛的圣容仪表为目的的尊像画，在画卷中所占数量最多，共100开。如果每开都只画本尊，章法就很难有所变化。因此，作者在画面形式和构图方法上，作了很大的努力。如十六罗汉（23—38开），他们都是受佛的嘱托，常住世间广弘佛法者，是一个“群体”，因此用背景的山水将其连成统一的画面。由于各位尊者的年龄、容貌、性格、姿态、动作、表情的差别，再加上胁侍、山石、流泉、仙鹤、神兽、禅床、锡杖等等的不同点缀，各页的布局并不雷同，有着丰富的局部变化。类似的例子还有第42—57开：画的是迦叶、阿难、禅宗六位祖师及大理的高僧古德，共十六开，每开一像，也以园林山水连接起来。再如，第88—90开，是根据《妙法

“十六罗汉”图用背景的山水树木将这一“群体”连成统一的画面，其中的局部变化极为丰富

莲华经·观音普门品》而制的变相，以坐于莲花之上的观世音居中，好似从水面冉冉升起；本尊之外，又于其左右及下端，环列八个情节不同的“解除诸苦难”的场面，以表达观音大悲救诸苦难的主题。这个画面，是采用放射形式而略呈对称的构图。

即使是单开的尊像画，其构图也是丰富多样的。例如，画卷中的菩萨像虽有地藏菩萨、普贤菩萨等，但主要的崇拜对象却是观世音菩萨，多达16开。在众多的观音像中，既有相貌姣好、体态丰满，状如慈母的“寻声救苦观音”，也有多面多臂、手执各种法物、按密宗轨范而作的“大悲观世音”，变化极多。构图最为复杂的是第103开“十一面观音”。本尊较小，多面多臂，背光上端有雷公电母及三爪龙于云间飞腾，胁侍右二左三；下画供养人共十五身，分列两行，为南诏十三代之帝王及“奇王妇”二人。从题材上可以看出南诏政权与观音崇拜的密切关系。从构图上看，也很特殊，主要是本尊小而供养人多，左右奇偶有别，雷公电母和飞龙藏于云端，显得轻盈而空灵，与供养人的密集方块恰成对比；上排的供养人分成右四左三两组，下排两组虽也各为四人，但右组中有三个较矮的女性。尽管全图人神杂处，但组合得宜，由于奇偶对比、大小错落，因此构图丰满而不失于呆板，方整之中颇多变化。

多闻天王、大力金刚、大黑天神以及其他的护法神像，构图充实，本尊站立或乘坐骑，火形的背光极为夸张，并以泼辣强劲的粗线表现运动和力度，通过咄咄逼人的气势显示了阳刚之美，受到密宗绘画很明显的影响。至于摩梨支佛母、南无莲花部母、诃梨帝母众

103开“十一面观音”

等女身神祇，则布局灵秀，画面留有较多的空白，在单纯恬静之中流露出阴柔之美，是纯粹的中土画风。如第120开三头六臂护法神坐于奔牛之上，通过其张弓、挥剑的动作及腾云驾雾的凶牛、蛇状舞动的火焰背光，而产生强烈的运动感和震撼人心的威慑力量。而第110开珠圆玉润的莲花部母，安详坐于宝莲之上，右手持花，左手下垂，神情自若，圆光之上飘出轻盈灵秀的鲜花。右后侧的一堆花石，与左下侧的落红遥相对比，一对孔雀则于其身前身后互相呼应，画面上的诸种视觉因素——线条、色彩、浓淡，处理得如此和谐，就像一首优美的抒情小曲。

120开护法神

精妙绝伦的线条

整幅画卷的基本画法是勾勒填色。无论是佛陀菩萨、天龙八部、罗汉高僧、帝王将相还是飞禽走兽，一般都是先用勾勒法画出形态，然后才根据内容填上色彩。所谓勾勒法，当然以线为主，但并不排斥点、染、皴、擦，以丰富其表现力。不过，根据佛画的特殊审美要求，在线描方法上，是以用力均匀的铁线描作为基础，再结合对象的具体需要而加以变化。

作者线条的精妙，是给予观赏者的最为深刻的印象之一。例如第86开下端所画的白马，不仅线条富有弹性，充分表现骏马皮毛肌肤的质感，而且通过略为内收

第114开“诃梨帝母众”在轻描淡写中，流露出女性的秀美

释迦牟尼佛会局部，线条结实而绵密

的马头、微动的马鼻，似乎使人听到它吸气的声音。然而，画卷的白描技巧所达到的水平，并不限于用流畅而有表现力的线条去塑造各种不同的形象——梵天帝释的不同性别、不同身份，十六罗汉的不同年龄、不同表情，当然还有佛陀的庄重、菩萨的慈悲、护法金刚的勇武……线条的精妙，还在其超越再现功能的感染力。如“释迦牟尼佛会”，便是以结实而绵密的线条作为基调，通过紧贴躯体的衣纹、沉重下垂的瓔珞飘带，与释迦身旁笔直站立的迦叶、阿难、菩萨和护卫等，许许多多的垂直线，汇合成画面沉重的坐力，给人以静穆的感觉。线条不仅是状物的手段，还可以传导感情“信息”。

画卷并非罗列许多冷冰冰的偶像。在创造过程中，通过以形写神，画家会给描绘对象注入生命。如果暂时抛开具体的形象，从抽象的感觉来看，画卷所用线条可概括为两类：以“金钵迦逻神”（第121开）为代表，是以雄健而激情的粗线，去表现男性的壮美；“诃梨帝母众”（第114开）则在轻描淡写中，流露出女性的秀美。两种不同的线条、两种不同的审美感情，是基于题材的特殊要求，也出自画家创作时的心态。这是两个极端的例子，因此差别明显。也有另外的情况，即题材本身并无特殊要求者，也可能出现不同的线条：“利贞皇帝礼佛图”和“十六大国王护法图”的题材相似，但前者的线条严谨，后者比较轻松；“梵王帝释”用笔认真，“十六罗汉”挥毫恣肆。最有趣的是，即使纯为装饰性质的图案花纹，线条也有差别——如果认真比较，便可看出62开之前的杵铃花纹，与62开以后，特别是116开以后的杵铃，不仅形状不同，而且用笔也有区别。这可能是制作时间有先有后，也可能是出于不同作者之手。

富于层次感的色彩

相对而言，色彩在画卷中的作用，似乎单纯一点。从整体来看，画卷是以暖色去统驭全局的，但没有忘记以色相和明度的对比、色感的冷暖和轻重等，去配合线条，共同建构特定的审美效果。

用色方法也分两类，即淡妆和浓抹。淡妆是指色调雅洁，略带凉味，而近于浅绛画法者。如图文对照的“药师十二愿”，便是以青灰、浅绿作为主调，只在个别地方使用少量的朱砂。还有第110开、第114开等，色阶虽有小变化，但整体看来，却是近于银灰调子，更由于纸质变旧，增添了一层梦境般的悠远感觉。

116—128开的设色恰好相反，“音调”响亮，是属于所谓“浓抹”者：深红、胭脂、朱红、橘红、浅红、淡赭、橙黄等不同浓度的暖色为主调，再用适量的青绿作陪衬，但为保证色调的和谐，常减弱了冷色的饱和度。

不过，设色上的两类之分，是指其两极而言，就画卷的整体来看，并非泾渭分明，不仅有许多界于浓抹与淡妆之间的画面，而且有各种不同的差别。“十六大国王护法图”全用红的类似色，统一之中略有变化；“十六罗汉”明度对比稍强，看了使人兴奋；“药师琉璃光佛会”以单纯的赭红为主，显得朴实稳健。

此外，画卷的色彩虽然说不上“金碧辉煌”，但用金的例子却不少，贴金、描金都有。用金的目的有三：一是增强装饰效果，如袍服上的描金花纹；二是表现器械的质地，如兵器甲胄上的用金；三是体现人物的特殊身份，例如神佛的金身，太子的袍服等。

丰富的局部变化

画卷的局部变化极为丰富。仅以“十六罗汉”为例，作者在背景中画了山水作为衬托。但作者不甘于简单“完成任务”，而是给每棵树赋予不同的性格。修竹的潇洒、棕榈的秀逸、古松的苍劲、夹叶的华茂，甚至对几棵枯树的姿态，也不忍使其雷同。42—57开，佛弟子、高僧、古德皆坐禅床。其结构有繁简之分，用料有竹木之别，形式无一相同。禅床造型朴实，手法简练，注重实用功能而不滥用装饰，有明显的时代特征，似乎已露元明家具简洁风格之端倪。

令人惊叹的艺术想象力和装饰技巧

佛和菩萨的座位，虽与椅子相似，但意义却大不相同。画法也就不能像禅床那样贴近生活。但画家也不限于画样，而是充分发挥其想象能力。宝座分两式：菩萨所坐者，常作莲花形，有单层、多层和简单、复杂之别；佛所坐者主要为须弥座，计有方、圆、椭圆、八方、亚字形

“药师十二愿”局部

（俯视）等，其上常描绘精致的金花，十分富丽。

佛光也并非世间实有之物，本来只是作为佛法的象征。但妙笔生花，创造出许多好看的样式，实际上是炫耀画家想象能力和装饰技巧。就佛光所在的部位而言，有颈后光和背后光，但也有两者兼而有之。佛光的形状，则有圆形、蛋形、翎形、舟形加圆形等。再看其装饰方法，更有单色、复色，白描、贴金，火焰形及其他描花。

百看不厌的艺术精品

释妙光在跋文中说过：“张胜温描诸圣容，以利苍生。”作为大理国描工的张胜温，不过是奉命为利贞皇帝“种德求福”而画。画卷无法摆脱大理国当权者的制约，当然也不可能背离佛教经典的轨范。从这些方面说，画家的创作的确不自由。但从另外的方面来看，即使是“佛画”，也不能不遵守绘画创作的客观规律、不得不依赖画家的创作经验和艺术技巧。无论政治、宗教的限制有多大，张胜温等画家还是按照创作规律去进行工作。也就是说，他们可能透过统治者的意愿、宗教题材和佛经轨范，而折光式地反映生活、表现作者的主观感情，从而创造出“有利苍生”的优秀作品。

“音调”响亮的116开

高超的表现技巧，深刻的观察能力，丰富的生活经验，三者有机结合，提高了张胜温的创造力，使得他通过全卷、单元、画面、各个局部，多层次地体现多样统一的美学原则，因而极大地增强了画卷的可视性，使观赏者从中得到无穷的审美乐趣。张胜温等匠师，特别重视作品的可视性。所谓可视性，和文章的“可读性”相似。《张胜温画卷》的可视性，便是能看、好看、耐看，有着百看不厌的艺术魅力。

道信大师座椅
四祖道信坐椅由带有许多节疤的树枝制成，这种手法在今天的家具上仍有继承和发展。道信坐椅的设计可谓是煞费心机，这主要体现在坐具的出头搭脑和出头扶手的装饰上。为了不使这种树枝家具显得单调，除了在它的一些结构交接处使用铜片加固与装饰外，还在搭脑和扶手出头端的关键之处加以雕琢，使搭脑左端呈现出龙头造型，右端呈现出龙尾造型，使椅子搭脑看起来犹如一条弓起脊背的龙在游动；又使右扶手末端呈现出龙头造型，左扶手末端呈现出龙尾造型，这样看起来就像一条龙特意使身体游过靠背而露出头尾形成扶手。另外，靠背的装饰也与众不同，体现在靠背以树木截面的年轮为纹样，而且一圈一圈相互生发，别有异趣

94–96开的佛光，展现出画家极为高超的装饰技巧

《利贞皇帝礼佛图》赏析

《利贞皇帝礼佛图》（以下简称《礼佛图》），虽是“序曲”，但于全卷的主题却是画龙点睛，可能是张胜温亲笔画成的。赏析《礼佛图》，具有窥斑见豹的意义。

《礼佛图》是表现利贞皇帝段智兴崇法礼佛的情节性绘画，6开，画面的比例约为6：2的扁长形（类似宽银幕）。此类横长形的画面，便于铺陈事物，有如文章中的赋，既与卷中诸佛会图的对称布局有别，又可以和卷末的《十六大国王众》相照应，而形成全卷的内聚力。

作者适应这种画面的形式要求，选取了礼佛队伍行进中的瞬间。

共绘帝王将相及其侍从等众36身，1—6开上分别绘有8身、7身、7身、4身、5身、3身，即右密而左疏。

1、2两开，所绘者为擎旗执兵之“羽仪”。15个侍卫排成波浪形，有向画心运动之感。羽仪虽属陪衬人物，但每开也各有其重点；第1开突出前面佩剑的“羽仪长”；第2开的重点是负犀革铜盾的擎旗者，还有执扇捧壶者、手举一鹰者。这两开人多而密集，从画面节奏来看，是以其重量去和左上角的苍山相平衡。而11件长兵器的直线“挡”住了背景，使苍山（只占4开）不再向右延伸。还应注意兵器的排列：除了牙旗是单独的之外，其他依次为4件、3件、3件为一组，但最末的一件破例斜置，在画面右方出现一个“兜角”，产生了类似于休止符的停顿作用。

3、4两开描绘文官。他们白皙的面庞夹在深色的头囊和纹饰繁缛的袍服之间，很能突出其“职业特征”。第3开所画7人挤成一堆，其中有手执毛笔文牒者，应为书判之类的小吏。

第4开仅画4人，以两个穿淡橘红衣者，去烘托前面着紫袍、持花结旌节的大臣（可能是中国公高氏）；其左侧立一披“波罗皮”（虎皮）者，应为有功之武将。这两人，特别是着紫袍者，是仅次于中兴皇帝的重要角色。

5、6两开为此图之重点。从第1、第2开的侍卫开始，至第3开的文官、第4开的大臣，“主角”终于在第5开登场。由于人数少，空白多，人物也就格外显眼。中兴皇帝居于第5开正中，其躯体较诸人为大，衣着华丽、手执香炉；身后，以侍童及持“日月障扇”者4人作为衬垫。第6开主要人物为太子，因其年幼矮小，所以以其耀人眼目的贴金衣服引人注意。盛服佩龙首刀者及一持钵僧人，均回顾中兴皇帝，其目光恰好落在小香炉上，点明主题。此三人亦组成“兜角”，与图之右角相配合，构成向心倾向。

“礼佛图”笔法严谨，勾勒纯用中锋，线条流利而精确，塑造的人物形象富有典型特征。袍服头囊上的精细花纹，特别是犀盾上的金龙，画得十分秀美，表现出作者深厚的功底。设色以绛色为主，自暗紫而到浅红，明度的变化颇多。既反映了南诏大理国“贵绯紫两色”的传统审美心理，也令画面弥漫着温馨和谐的情调。但出人意料的是，背景的苍山十九峰，却全用水墨画成。画风虽与人物异趣，但艺术效果极佳，既避免了背景与人物贴成一团，又真实地画出了腰绕玉带云的苍山，画面的空间感也得到加强，真可谓“一石三鸟”。

除开摹写技术的高超水平、严肃认真的创作态度，最使人叹服的，还是画家对社会生活的洞察能力。这一构图既无画样可供模仿，而衣冠文物又有严格要求，满足这一要求是不容易的。但更为可贵的，还不是张胜温能够忠实地再现生活，而是他能将生活升华为艺术。“礼佛图”忠实地反映了大理国时期统治者的精神生活，但它并不是生活原型的简单翻版。从生活“真实”来看，帝王礼佛的场面，是十分呆板乏味的。为了避免和佛的至高无上发生抵触，选取行进队列的形式，可以突出利贞皇帝的威仪。但行进中的礼佛队伍，其整齐严肃也是了无画意的，仍有待作者的艺术处理。结果是前景的人物排列右重左轻、衬景左重右轻，即利用数量的对比、空间的虚实、人物的聚散、姿势的向背诸种因素造成视觉节奏。主题人物放在画面疏处，特别显眼，挤成一堆堆的文武官员、羽仪侍卫，都直接或间接注视着中兴皇帝。而作为象征物的小香炉，突出地被处理在最疏处，有效地点明了题旨——礼佛。这样，便会诱导观赏者进入情境。

作者离开了真实，但成功之点也正是由于离开真实。如果一切都照搬生活的原型，那么礼佛队伍便只能是鱼贯而行的呆板形式，“中国公”背

后那个人更不可能回过头去听其后低语者的话，执笔的文吏及其同僚，也不敢转过身，去看举手擎鹰者。总而言之，队伍的参差错落、不成行列，人物的交头接耳、左顾右盼，在礼佛仪典中是不允许的，但从艺术创作的原则来看，如果不敢离开生活真实，便不可能创造出比生活更集中、更典型、更高、更美的艺术品。

（本专题改编自著名画家、美术史家李伟卿先生研究《张胜温画卷》的论文）

“西南敦煌”

极具白族特色的剑川石窟

深藏深山，连徐霞客也失之交臂

大理白族自治州剑川县境内的石宝山，属于云岭山系老君山脉的一支。它北距剑川县城25千米，南距大理市120千米。山中森林茂密，佳木成荫，兰谷幽深，众多古刹点缀其间，更有满山奇石，自然天成，鬼斧神工，令人叹为观止。这里的石头都是石质松软、渗水力极强的红砂石，雨水季节，满山的红砂石吸足了水分，到了旱季，日晒天干，石头内热外凉，内部的水汽蒸腾而出，致使石头表层绽开道道裂纹，天长日久，石头表面纹理交织，仿佛朵朵绽放的石头花，“石宝山”因此而得名。石宝山景区面积达50平方千米，被誉为“西南敦煌”的剑川石窟，就分布在景区内的石钟寺、狮子关、沙登箐三个片区。

剑川石窟如今闻名遐迩，然而自开凿以来，直至20世纪中叶，一直鲜为外界知晓。唐、宋、元三代的历史文献，不论是正史、野史还是地方志，对石窟均只字未提。只有一批批虔诚的佛教徒、香客、村夫野老来此游览、进香，并在石壁上留下了备受当今考古学家关注的“到此一游”之类的“涂鸦之作”。到了明代，贬谪云南的状元杨慎、白族学者李元阳等名士才踏入深山、探访古迹，在石钟寺留下了《重游石宝山记》和《石宝山碑记》等墨宝。

继李元阳之后，明代著名的旅行家、地理学家徐霞客于崇祯十二年（1639）农历二月十六日登临石宝山。由于当时石钟寺庙宇倾圮、凋敝，徐霞客不知道此处还有如此精美的石刻造像，他从寺旁匆匆而过，与石窟失之

剑川石窟石钟寺区（供图/李学龙）

交臂，成为一大憾事。徐霞客之后登访石宝山的数位名流学士、高僧在他们的诗文、游记中对石窟造像有所提及，但都未能细述。

1939年，纳西族学者李霖灿独自一人对剑川石窟进行了考察，并写成调查报告《剑川石宝山石刻考察记》，成为第一位系统考察剑川石窟的现代学者。自20世纪50年代开始，剑川石窟日渐受到外界的关注。如今，半个多世纪过去了，剑川石窟的调查、研究、保护工作已取得了重要的成绩。根据考古调查，剑川石窟共有17窟，233躯造像，雕刻各类用具器物138件。

历经数百年开凿而成

剑川石窟分石钟寺、狮子关、沙登箐三个窟区，开凿的时间应始于南诏时期，盛于大理国盛德年间，历经南诏到大理国数百年开凿而成。有迹象表明，石窟造像并没有完工，似乎是突然停顿下来，大理国盛德年之后，不知发生什么变故，石窟的开凿活动骤然而止，此后就再也没有恢复工程。

盛德年间，是石钟山石窟开凿的重要时期。从目前的情况推断，剑川石窟的石刻造像，开凿时间有先有后，性质也不尽相同。沙登箐区最早，造像古拙，窟龛规模小，属于供养龛，且都是单佛龛；狮子关区窟龛规模小而分散，“梵僧”“全家福”造像题记说明了供养的性质。因此，这两个区的造像，都属于个别施主供养、开凿的窟龛。而石钟寺区的造像，无论从规模、布局、技法、各窟龛之间的叠压与打破关系、内容的连续性等方面综合考察，都应该是有组织、大规模、高水平、高层次的开凿活动的结果。石钟寺区石窟中的人物造像、窟龛的布局、人物表情、宫廷仪仗、服饰器用等，都能准确地表达当时的历史事实。因此，必定有一个对当时的上层社会生活有深刻的认识，对佛教义理具有深刻研究的人规划并主持了石窟的开凿。

沙登箐区第三窟。满山的红砂石表面纹理交织，仿佛朵朵绽放的石头花（供图/李学龙）

民族特色突出的精美石窟

总的说来，石钟山石窟规模偏小，造像数量偏少，但内容庞杂，地方民族特色突出，是我国境内少有的精美石窟之一。

从题材、年代、粉本、文字依据各方面考察，剑川石窟是“南诏大理国文化一体化”的具体表现，与《张胜温画卷》关系密切，并表现出惊人的一致性。追根溯源，这种一致性也可以在《南诏图传》中找到。

大理国时期的造像与佛画，常刻绘南诏时期的观音像和南诏王者像。《张胜温画卷》与大理国时期刻凿的石刻造像，不论是题材还是造像艺术，都有明显受南诏时期成画的《南诏图传》影响的痕迹，反映了大理国对南诏宗教的强烈认同意识。各种迹象表明，主持《张胜温画卷》绘制工作的张胜温，极有可能就是石钟寺区石窟开凿工程的总设计师与总指挥。

剑川石窟的阿嵯耶观音、梵僧等造像体现了南诏时期云南佛教密宗的特点。王者、剖腹观音、愁面观音、波斯国人、阿姎白等造像，则是剑川石窟独有的。有的学者认为，石钟寺区2—8号窟是有组织、有计划开凿的密宗道场；石钟寺区的石窟，与《张胜温画卷》及《南诏图传》一样，系统反映了云南的佛教发展史。有的学者则干脆把它称为“人生一卷书”：由阿姎白出生，至地藏菩萨处而终。

任何一个石窟的出现，都有其政治经济文化背景。南诏大理国的统一与发展，是剑川石窟出现的一个重要原因。剑川是南诏大理国与吐蕃之间的战略要冲，政治和经济地位极其重要。南诏大理国地处印度、缅甸和我国西藏、四川之间，它受汉族文化的浸染，同时还融合了佛教文化、藏文化等因素。剑川石窟作为南诏大理国最高的石刻艺术成就，留下了外来文明的痕迹。

剑川石窟是开启南诏大理国历史文化神秘大门的一把金钥匙，举凡宗教仪轨、衣着服饰、宫廷仪仗、南诏王形象、建筑营造法、民间歌会等等，都可以在这里找到活生生的资料。如果与《蛮书》《南诏图传》《张胜温画卷》等文献、图典相比照，我们就能在很大程度上复原南诏大理国的社会生活，让尘封的历史走出高山深谷，走出文阁书房，重现昔日的辉煌。

国王护法：独有的石窟奇观

石钟寺区的石窟内，有三窟王者造像，这就是“异牟寻坐朝图”“阁罗凤议政图”与“全家福”。把国王议政、出巡的场面，以及生活中的形象雕刻于诸佛、菩萨中间，是剑川石窟的一大奇观，也是南诏大理国佛教特别的现象。

异牟寻坐朝图（局部）（供图/李学龙）

“异牟寻坐朝图”雕于石钟寺之后的观音岩上，观音岩即“石钟”。龛形为殿堂式，龛内共有雕像9躯，分别为王者、清平官及侍从。中间为王者，头戴“头囊”，身着圆领宽袖长袍，双手入袖，置于腹前，盘坐于龙椅之上。面容俊秀，仪态端庄。

“阁罗凤议政图”位于距“异牟寻坐朝图”不远的石钟寺石壁上，龛外形呈殿堂式，共造像16躯。从细部来判断，龛内雕刻的旌旗，武士所持的龙头剑、箭袋，王者头囊，僧人的曲柄伞，仪仗侍从的头饰、“亚”字形饰框、日月、飞龙，塔形净瓶，武士之盾牌，芭蕉叶形长柄扇等，特别是侍从的容貌，均可在《张胜温画卷》的“利贞皇帝礼佛图”中见到具体形象，在《蛮书》中找到完全相同的文字材料。其开凿年代，应与《张胜温画卷》完成的时间相当（大理国盛德年间）。

“全家福”位于狮子关区，雕刻于夹在山体岩石与窟顶石块之间的天然长方形石壁上。根据造像题记，须弥座上的5尊雕像应是南诏王细奴逻一家。第二尊为细奴逻，第四尊为王后，第一、第三、第五尊为细奴逻与王后的子女。

三窟王者的造像时间应该是大理国时期。大理国雕南诏国王的形象，说明大理国对南诏，不仅是政治上认同，而且宗教上也是认同的。南诏大理国时期，佛教相当于国教，国王护持佛法，是理所当然的事情。

阁罗凤议政图

石钟寺区第2窟的“阁罗凤议政图”，又称“阁罗凤出行图”，是表现王者外出坐朝的场面。雕像的制作，虽然听命于王者的旨意，宣扬了王者的显赫和统治的威严，但作品的历史价值和艺术价值，仍是非常突出的。

“阁罗凤议政图”全窟共雕了16人，为剑川石窟中人数最多的一窟。窟高1.46米，宽1.52米，整个窟形仿一间木构堂屋。窟檐雕成三重，第一重雕花纹图案，第二重雕连珠纹，第三重雕垂幛纹。檐内挂起人字形幔帐，左右两头高高收起，与雕花槅扇相连，构成一所富丽堂皇的大厅。由于雕刻匠师们非常熟悉南诏的宫廷生活和风俗习惯，又掌握了熟练的石雕技巧，所以能够将南诏宫廷的一个宏大场面栩栩如生地呈现在观者的面前，使作品成为当时社会生活的一个真实的写照。

这个石窟的历史价值是毋庸置疑的，它的艺术价值也是毋庸置疑的。

雕刻采用圆雕和浮雕相结合的手法，更多的是采用浮雕的手法，背景旗帜等则用线雕。雕像损坏较严重，头部全毁者就有六像，半毁者一像，但从残存的身躯看，仍可见造型的优美。

在构图的处理上，王者居中，而且雕得比较大，这可能是受佛教艺术的影响。但本窟雕像的构图组合，显然要比佛像复杂得多，丰富得多。构图饱满是一个显著的特点。对称丰满，但又不呆板，而是富于变化。比如王者两侧人数众多的侍从和武士，他们的姿态和头部的方向是各有变化的，有的注目王者，有的看向前方，但总的趋势是向王者集中，烘托了这个全窟的中心人物。再如风卷旗帜，舒展转折，旗尾交错穿插，作者摆脱了如实描写的束缚，发挥了大胆的想象，使八面旗帜各向左右方向，在厅堂内部飞舞起来，庄严肃穆之中，增加了满窟风动的活泼气势。

这一窟非常生动地刻划了一组形象，画面有着复杂的构图，人物间有着错综的关系，但在多样中又有着完整的统一的气氛。特别重要的是艺术家们巧妙地在雕像上处理了现实生活中人物之间的相互关系，表现了庄严而隆重的宏大场面，反映了南诏的宫廷生活和各种人物的风貌。而艺术家们又特别注意了捕捉形象的民族特点和地方色彩。同时我们还可以看出艺术家们在对构图、线条、形体的表现力以及装饰等方面所作的努力。在整体设计上，以及某些雕像的艺术风格上，这一窟都显示了当时南诏雕刻艺术发展的高度水平和独特的民族风格。

大厅中央的双龙头椅上盘坐着南诏王阁罗凤，相貌颇为端正庄严，可惜头部半边损坏，虽经修补，已非本来面目了。头上戴着的南诏王冠，就是《蛮书》中所说的“头囊”，却保存得很好。《南诏图传》画的南诏王像戴的就是这样的帽子，《张胜温画卷》也画了南诏的十三代国王，其中十二人戴的也是这样的帽子。另外，《张胜温画卷》中大理国利贞皇帝的龙冠，形制也是相同的。王者身上穿着圆领宽袖的长袍，稍稍露出内衣的领子和袖口，椅上垫褥是周边雕花，附着复杂齐整的缨带，椅背上边又铺着一层毡毯。

阁罗凤在位期间基本上完成了云南各部的统一，同时又曾联合吐蕃与唐朝发生战争。据记载，在当时联络吐蕃以及对唐作战中，他有一个弟弟阁陂和尚起过很大的作用。这个石窟中王者右边正面椅子上坐着一个和尚，面部已被铲毁，大领僧衣，罩着袈裟，手执念珠，椅子背后插着一把曲柄伞（俗名扛伞）。这个地位不平凡的和尚，正是阁罗凤的弟弟阁陂和尚。

王者右手前方一尊侍从的雕像，双手持一长剑，从有关历史记载来看，可能是羽仪长，身体微向前倾，而胸部挺起略向后仰，肩上披着披肩，就是立功者所披的老虎皮。虽然头部已经毁了，但仍然可以看出威武的神态。衣纹用线刻，简练而疏密有致，衣褶自然而有规律，完全适应动作的变化，能恰当地表现出人体微妙的动态来。

王者右侧执长柄扇的武士和阁陂和尚身后双手捧瓶的侍者，都是两耳穿环，不仅在服饰上反映了当地的地方习俗，同时在形象上也有明显的民族特点。

阁罗凤和阁陂和尚的头部都遭到了损坏，但王者左右拥簇着的侍从和武士们却保存得比较完好，有的举着旗子，有的拿着长柄扇，形象塑造得孔武有力，虎虎有生气。特别是王者左侧前排第二个武士，大鼻子、宽嘴唇，再配上圆圆的脸形，形象具有鲜明的民族特色。

阁陂和尚和窟门两侧对坐的两个清平官，头部也都毁了，衣纹处理得都很流畅，清平官的长袍线条非常细密，衣服紧贴着肌肉，褶纹稠叠多皱，好像是从水里出来一样。

“剖腹观音”与“愁面观音”：源于生活的佛教艺术

石钟寺区第7窟的甘露观音，当地人称为“挖心观音”“剖腹观音”。这尊菩萨坐像高1.52米，左手捧钵置膝上，右手上举，似执杨枝。此窟的观音造像，体态端庄，神情安详，手中柳枝将甘露洒向人间，把观音那种关爱民生、救渡世人的菩萨心肠表现得淋漓尽致。甘露观音容貌端庄而不浅薄，美丽而不轻佻。雕刻家们在雕刻这尊佛像时，汲取了现实生活中美丽妇女的特征，通过面部表情细微的变化以及姿态和服饰的处理，细致入微地创造了一个充满人间生活气息的形象。她的胸口被挖损了一个长方形小洞，所以民间叫她“剖腹观音”。民间还流传着这样的故事：观音虔心修行，可是有人讲闲话，说她心不诚，她急了，就说：“那我把心掏出来给你们看。”说着撕开胸脯，把心掏出来放在前面。这个故事正如这尊雕像一样，美丽动人。

第7窟“甘露观音”（供图/李学龙）

第5窟“愁面观音”（供图/李学龙）

甘露观音的左右两侧有两个侍女，圆圆的脸形，厚重中有点秀丽，娴静中又有点腼腆，从造型风格上看显然是唐代的。这两个侍女的比例、动态、表情都非常好，浓厚的生活气息，掩盖了宗教枯燥的说教，匠师们有意无意地突破宗教造像仪轨的束缚，把他们心目中熟悉的人物带到雕像中来。在雕刻手法上，作品虽然是圆雕，但结合了浮雕和线雕的手法，只塑造出大的体与面，然后加以排列整齐的衣褶线条，匀称而富有装饰趣味。在造型上直线用得比较多，有许多接近方形的棱角，着重描写了安详娴静的姿态，看起来单纯朴素，又有一种庄严肃穆的感觉。这两个侍女的雕像在艺术上是成功和成熟的，可惜脸部被烟熏黑了，大大影响了作品的艺术效果，非常令人遗憾。

在表现人物心理活动方面，石钟寺区第5窟的雕像是最为成功的。这个雕像民间俗称“愁面观音”，民众用“愁面”两个字来概括此像的内心感情。“愁面观音”雕像身体微向前倾，目光俯视，眉宇之间有点忧郁，无言地凝视着悲苦的人间。背景是悬崖峭壁，雕有小径，有佛龛，有塔，有持杖的长者，有抱琴的乐师，有步行上山的樵夫，有入山修道的苦行者，有互相呼唤的童子，有仙鹤，有猴子等等，点明了深山苦修的环境。但他并未出世，双目微蹙，流露出一种缄默的发自内心深处的悲苦之情，在他的“愁面”上，反映了人世的悲苦和对苦难众生的慈悯。“愁面观音”只有43厘米高，但就刻划人物心理活动方面来说，是剑川石窟中最精彩的一尊雕像。

在“愁面观音”的窟座下，雕着两个力士，举手扶座，一足踏至地，一足向后跪，筋肉暴起，动作紧张，有不胜重负的样子。人体的比例是准确的，雕刻匠师们只是对解剖结构作了适当的夸张、强化和变形，飞舞的飘带又增强了形象的动势，虽然面部已经受到损坏，但全身的动态仍给人以强烈的生命力之感。和塑造佛像的慈悲及安详不同，和刻划菩萨女性的优美相反，雕刻者在塑造天王力士的形象中表现了男性的刚毅和力量。

独一无二的“八大明王”

按照佛教的理论，佛和菩萨都有两种化身，一是“自性身”，即我们平时常见到的那种神态安详、面容温和的标准佛像；二是“忿怒身”，即用于降魔伏鬼的威严、怖畏形象。

石钟寺区6号石窟中的“八大明王”造像就属于佛和菩萨的“忿怒身”。何谓明王？明王是佛教密宗术语，指佛和菩萨授教令时所现的“忿怒身”，是降服各种邪道和魔障的化身。6号窟所刻的八大明王，分别是除盖障菩萨（不动明王）、普贤菩萨（步掷明王）、虚空藏菩萨（大笑明王）、观世音菩萨（马头明王）、弥勒菩萨（大轮明王）、地藏菩萨（无能胜明王）、金刚手菩萨（降三世明王）、文殊菩萨（六足尊明王）的化身。它们面目狰狞可畏，三目竖眉，青面獠牙，身挂骷髅，三头六臂，手持法器，脚踏鬼奴，蛇缠手足，呈现出愤怒恐怖的样子，以威猛愤怒大悲相导化众生。

如此大规模且完备的明王造像，全国独一无二。作为佛教密宗特有的神祇造像，除剑川石窟之外，明王造像仅在西藏和重庆大足石刻中出现，而大足石刻中的明王像与此“八大明王”是有显著区别的。

第6窟“明王堂”（供图/李学龙）

步掷明王与脚下的“象首人身”像（供图/李学龙）

值得一提的是，步掷明王脚下的“象首人身”像只出现于古印度密宗的“欢喜天”中，这是西藏、重庆等地明王造像中都不曾出现的特殊造像，说明南诏大理国时期的佛教密宗，吸收了古印度密宗的某些特色。

佛堂上的女根

石钟寺区8号窟造像分上、下两层，下层居中的一龛为主龛，雕作圆拱形，龛顶有长方形榜题，榜内有左行直书墨书题记。此窟即通常所称的“阿姎白”，意思是“女性生殖器雕像”，它是剑川石钟山石窟中最富有特点的石刻造像之一。

关于“阿姎白”的探讨，由来已久。“阿姎白”是20

神秘的“波斯国人”

狮子关一块岩石底部的拱形龛内，雕刻着一躯立像、一条棒形器物和一个小烟袋类器物。造像头发卷曲，两耳坠环，上身裸露，身披一物，下垂及脚踝。腰上系裙，裙带下垂于两腿间。像右侧腰部挂有一环，上有叶形牌状饰物。雕像脚着长靴，双腿分立，左腿微曲向左摆。双手交于胸前，拄着一卷尾状棒形器。造像面部残损严重，已不能识其面目。像右侧龛壁刻有“波斯国人”四字。

这个“波斯国人”到底是什么人？各方争议颇多。观点大致可归纳为梵僧说、波斯国人说、婆罗门人说、猎神说、密宗护法说等。有人认为，此造像的面貌装束，与《新唐书》所记波斯国人的面貌装束无一相同之点，而与印度婆罗门人相同。因此，此像或为婆罗门人像。

值得注意的是，与石钟山石窟有莫大关联的《张胜温画卷》中，多次出现与此“波斯国人”像相近似的造像，也持与此像所持器物相同的“法器”。这就说明，“波斯国人”造像的出现，不是随意之作，而是有依据的。

（供图/李学龙）

世纪50年代学者在剑川白族中调查所得的称谓。我们能见到的是造像榜题之内，原墨书题记之上，后人刻有“西匹乃”三字。“西”为白族语“死的”意思，“匹”为白族语对女性生殖器的称谓，“乃”是白族语中的量词，意思为“一个”。事实上，白族民间称此雕像为佛，而并不称其为“阿姎白”。

最近几年，有的学者对此窟雕凿的女性生殖器产生怀疑，认为本窟的主像刻的是“三世佛”，后来中间一龛的释迦牟尼造像被毁，才出现了所谓“阿姎白”。还有一种观点认为，石钟山是白族原始生殖崇拜的祭祀地点，阿姎白崇拜早于佛教，佛教传入后在石钟山造像，本地文化和外来文化之间发生冲突，经过漫长的磨合，两种文化逐渐重合，所以阿姎白石刻与佛像同时出现也是很自然的事。

祈雨与求子：沿袭千年的石窟风俗

久旱无雨的年景，靠天吃饭的农民只能把希望寄托在石窟内的诸佛菩萨身上，这是石钟山一带相沿成习的风俗。石钟寺庭院内，石山上的小亭子，即被称为“龙王阁”。祈雨的人都要到这里焚香、祭供三牲、耍龙。老妇们爬到石山顶部，用自己的身体来擦石头。有时，求雨活动也在石窟顶部的玉皇阁进行。以前求雨者都要到石窟内祭祀，膜拜诸佛菩萨。如今为保护文物，文管所已禁止善男信女到石窟内祭祀，但每逢久旱无雨时，老妇们还是要来石窟附近举行跳神祈雨的仪式。

求子是石钟山民间信仰的又一重要内容。剑川及其周围地区的白族民众，凡新婚夫妇，或婚后久不育者，都要到石钟寺8号窟膜拜阿姎白。其方式，先是在阿姎白造像前的石盘上跪拜，诵念祈语，然后由祈祷者亲手将香油抹在阿姎白雕像上。天长日久，造像前供人跪拜的石盘上，人们双膝下跪、双手扶地的地方，出现了深深内凹的四个印迹。石头无语，却默默地告诉世人，阿姎白是白族人心中最神圣的佛，是剑川石窟中最受崇拜的造像。石宝山歌会期间的求子、寻偶、觅友及男欢女爱，与这里“广集化生路，大开方便门”的阿姎白之间，有着不可分割的联系。

事实上，阿姎白造像并不是出自“好事者”之手，也不是“二手货”，最初的造像就是这样。在佛教密宗的义理之中，女阴为诸佛、菩萨、罗汉、金刚乃至世间有情的“来去处”，具有至高无上的法力和威严。古印度佛教遗迹中，至今仍能找到女性生殖器崇拜的踪影。简单地说，此窟的女根造像，实际上是佛、菩萨的化身，这就是当地人称它为“佛”的原因。

那么，阿姎白是哪一尊佛或菩萨的化身呢？据研究，在印度密教中，人们以女根作为“大自在天”的化身而加以供奉。而《张胜温画卷》中，有一尊手抱公鸡的独特造像——“守护摩醯首罗众”菩萨，它就是“大自在天”。这就是说，以女性生殖器作为大自在天的化身，在南诏大理国佛教中并不罕见。所以，阿姎白、守护摩醯首罗众都是大自在天的化身。阿姎白造像，具像为女性生殖器，法身为大自在天，它是创造世间万物及诸佛菩萨的“自在天”。造像两侧的“广集化生路，大开方便门”联，可谓一语中的。当地民众来此“求子”的风俗，应该说更具有佛教信仰的意义，而较少带有民间信仰或原始崇拜的成分。

撰稿专家

李学龙，白族，大理大学民族文化研究院研究员。主要研究方向为民族考古、民族历史及民族文化。主要著作有《新华白族手工银铜器制作》（与杨伟林、王金灿合著）、《中国白族村落影像文化志·龙珠村》（与赵树兴合著）等。

李东红，云南大学教授。

《二十世纪大理考古回眸》

扫描二维码，
阅读专家代表著作的电子版

"三月街"传承千年,是白族最盛大的传统节日(图/杨士斌)

第7章

开放包容，祈祥纳福

节庆

本章主撰稿人：云南民族大学教授　杨国才

节日是展示民族文化的舞台，是民族生活的集中表现。节日也是一个民族的历史、文化的发展结果，是一个民族传统文化得以传承的重要媒介。

白族人可谓一年四季都有节日，他们常说："愁愁苦苦过一天，欢欢乐乐也过一天。"人生的苦难虽然无法避免，但创造快乐去战胜苦难，靠的却是人类的智慧与创造，白族就是这样的民族。白族的许多节庆活动都具有创造快乐、舒缓压力、释放忧苦、娱乐身心、增进融洽的功能，同时又寄寓着祈祥纳福的美好愿望。

白族节日除与汉族大同小异的春节、清明、端午、中元、中秋、重阳、冬至外，最富民族特色的有绕三灵、三月街、栽秧会、耍海会、火把节、石宝山歌会、骡马会、渔潭会等。至于村村寨寨的本主节，更是时间各异，异彩纷呈。

这些大大小小的节日，又可分为时令农事节日、祭祀宗教节日、纪念节日、庆贺节日、社交游乐节日、集市贸易节日等。在这些节日中，最具有代表性的，无疑是白族的狂欢节绕三灵和最盛大的集市贸易节日"三月街"。

地处西南边疆交通十字路口的白族地区，既是四方物资的汇集地和中转站，又是各种文化的交融和碰撞之地。这一特点也体现在白族节庆文化中。千百年来，白族地区形成了许多传统集市贸易节日，如三月街、渔潭会、骡马会等。各种文化和宗教在大理都有存在的空间，并体现在诸如绕三灵等容纳了多种宗教文化的节庆之中。

历史上，白族是一个以农耕文明为主的民族。因此，在白族节庆中，与农事活动有关的节日占有很大比例，如栽秧会、庄稼会、尝新米节等。即便是其他节日，也包含了大量与农事活动和祈望丰收相关的内容。

多元而广博的白族节庆文化

伴随白族的生产劳动和繁衍生息流传千年

源远流长，兼收并蓄

白族的众多节日中，有些是本民族的传统节日，它伴随着白族先民的生产劳动、繁衍生息，对自然界的认识和精神文化活动而产生，并随着白族共同体的形成和发展而逐步形成，经过长期沿袭演变，最终形成有鲜明民族特色的传统节日。有些是由于历史上各民族经济文化的相互交流和民族人口的融合，吸收了其他民族的节日，主要是汉族的节日。这些外来节日同样经过长期流传，并融入了一些本民族的文化，而使节日活动内容既基本上与汉族相同，又有一些本民族的特点。

白族的节日，有大节和小节，有全民性的节日，也有地域性、村寨性乃至家庭自己活动性的节日，真正有组织、规模盛大的节日并不多。其中规模较大、远近闻名和民族特色浓郁的节日主要有：过新年、三月街、绕三灵、火把节、耍海会、渔潭会、石宝山歌会、栽秧会等。许多节日在千百年传承过程中不断发展和演变。有的节日由于在各时期不断增添了新的活动内容而变得很复杂，由单纯性质的节日变成综合性质的节日，如绕三灵；有的节日则因被新节日取代而从历史上消失，如元代以前，白族在腊月二十四日祭祖，后来被清明节、中元节取代。

节日内容极为丰富

白族的节日从其活动内容和起源的角度来分析，大体可分为六类：时令农事节日，如过新年、三月节（桃花节）、栽秧会、火把节、尝新节、田家乐、插柳节等。此外，还有吸收汉族时令二十四节气并行的节日，如春节、端午节、中秋节、重阳节、冬至节等，都属于时令农事节日的范围；祭祀宗教节日，如各地本主庙会、朝鸡足山会、观音会、敬山神会、祈雨会、朝斗会、龙王诞、太阳诞、送灶神及清明节、中元节等；纪念节日，如青姑娘节就是为了纪念美丽正直聪明善良但却被家庭婚姻迫害致死的青姑娘而举办，火把节是为了纪念白洁夫人，许多本主庙会都是为了纪念为人民做出贡献和牺牲的本主；庆贺节日，如怒江白族的过年节、其他地区白族的春节等综合性大节，虽然这些节日与时令农事有关，也有祭祖、祭神等活动，但主要活动是庆贺丰收，祝福新年喜庆吉祥、万事如意，所以，过年节又叫庆新春，是一个大喜大庆、尽情欢乐、过节时间较长的盛大节日；社交游乐节日，如绕三灵、石宝山歌会、耍海会、蝴蝶会、海西歌会、茈碧湖歌会、海灯会、赛花船（赛龙舟）等；集市贸易节日，如三月街、渔潭会、剑川骡马会、松桂骡马会等。

大理三文笔村正月初五葛根会　摄于1990年（图/杨士斌）

白族地区重要节庆一览

节日名称	时间（农历）	地 点	内 容 简 述
过正月（春节）	正月	全州各地	各种民间文艺活动，有的直至正月十五
朝鸡足山会	正月	宾川鸡足山	各地各民族群众上鸡足山拜佛
葛根会	正月初五	大理三文笔村	品尝葛根风味，欣赏白族民间艺术表演
青姑娘节	正月十五	剑川甸南、羊岑	白族姑娘载歌载舞演唱“青姑娘”的故事
花灯会	正月十五	弥渡弥祉	花灯歌舞盛会
天子庙会	正月十五	鹤庆	有白族、汉族等民族对歌活动
接佛母	二月八	剑川城	有佛教密宗唱经歌舞“游四门”等活动
打歌会	二月八	南涧、巍山、祥云	各县彝族群众至巍宝山通宵达旦“打歌”
花朝节	二月十五	大理古城	各家各户在街道边展出自家种植的花卉盆景
庄稼会	二月十五	洱源	春耕农具买卖，并有白族民歌对唱及歌舞活动
观音会	二月十九	大理观音塘	佛教善男信女朝拜观音的盛会
小鸡足山歌会	三月三	大理湾桥保和寺	白族对歌及大本曲演唱，是每年“开头曲”的日子
石宝山会	三月十三、十四、十五	鹤庆	有汉、白等民族对歌活动
大理三月街	三月十五至二十一	大理古城西	有各民族民间文艺体育活动的盛大商品交易会
蝴蝶会	四月十五日	大理蝴蝶泉	蝴蝶聚集的自然奇观，青年男女集会对歌
绕三灵	四月二十三日至二十五日	大理	三天三夜的歌舞、对歌，被称为“白族狂欢节”
栽秧会	栽秧季节	大理、洱源	伴随年初栽插农事进行的田间吹打对歌活动
卖花会	五月初五	永平老街	彝族赶街买卖花卉，并踏歌跳舞
杨梅会	五月初五	南涧黑龙潭	青年男女以采摘杨梅为由，打歌、唱曲子
绕海会	六月十二至十五	剑川剑湖	白族群众绕剑湖朝拜十八坛神，唱曲、赛歌
火把节	六月二十四至二十五	全州各县	二十四日为彝族，二十五日为白族。村村竖火把
赛花船	六月二十五	大理海东	彩画木船，划船比赛
海西海歌会	六月二十五	洱源海西海	白族群众聚会赛曲、对歌
松桂骡马会	七月下旬	鹤庆松桂	骡马物资交流，同时举办民间文艺活动
海灯会	七月二十三	洱源茈碧湖	浮送海灯，白族民间赛歌对调
石宝山歌会	七月末三天	剑川石宝山	大理、怒江、丽江三个地州八县的白族对歌大会
剑川骡马会	八月初	剑川县城	骡马物资交流、白族民间文艺表演
将军庙会	八月十五	大理市下关	庙会上有唱乡戏、民歌、上刀杆等活动
渔潭会	八月中旬	洱源邓川	骡马物资交流、白族民间文艺表演
菊花会	九月九	大理、剑川	展示菊花盆景艺术，并有诗、书、画比赛
尝新米节	秋收时节	白族聚居县	田间谢神、家庭宴乐等活动
白族本主节	一年四季	白族聚居村	本主庙会各村各寨时间不同，并有民间演唱

白族的狂欢节——绕三灵

大理白族最具民族特色的古老民俗节庆和宗教盛典

四月里来绕三灵，
一绕绕到太和城。
绕到东门唱一调，
绕到西门停一停。
绕到湾桥歇一歇，
绕到喜洲谈谈情。
绕到庙头才歇下，
一夜唱到大天明。

这首广为传唱的白族民歌，唱的是白族独特的节庆活动——绕三灵。绕三灵以白族本主崇拜为主要内容，以娱神、娱人的歌舞、崇祀活动为载体，是一项含有历史、宗教、民俗、艺术、商贸等诸多文化内容的大理地区白族最具民族特色的古老民俗节庆和宗教盛典，是白族独有的民间狂欢节。它所蕴含的独特的农耕祭祀、本主信仰和生殖崇拜遗俗，集中体现了白族文化的民族特性。

今天的绕三灵，既是白族各种民间艺术形式的大展演，是所有参会群众的集体艺术创作和体验，也是白族精神文化的集中展示，是白族民间历史最悠久、参与群众年龄层次和社会层次最广、规模最盛大、参与者也最热烈的自发性风俗节庆活动与文化艺术活动之一，对白族的思想精神、社会生活、民族心理以及文学艺术诸多方面都有深远的影响。

绕三灵绕的是哪“三灵”？

绕三灵也被称为“绕山林”“绕桑林”“逛山林”等，白语称为“观上览”（或写为“拐上纳”）。所谓“三灵”，是指洱海西岸的三个神灵，即喜洲庆洞村本主段宗榜、洱河河神段赤诚和佛祖释迦牟尼。他们是白族的重要本主和传入大理地区的佛教神祇，供奉他们的庙宇分别称为“神都”（大理庆洞本主庙）、“仙都”（洱河神祠）和“佛都”（大理崇圣寺）。

绕三灵是大理白族地区各种宗教活动的盛大朝会。活动中的主要祭祀对象“三灵”，体现了白族民众多元宗教信仰的特点。喜洲庆洞“神都”，又称中央皇帝

白族绕三灵之仙都河矣城（图/杨继远）

“神都”前的祭祀人群(图/杨士斌)

庙,供奉的“爱民皇帝”段宗榜是庆洞村的本主,同时也是整个大理坝子内“本主神品”最高的本主(又称“中央本主”),被称为“五百神王”。因此,“神都”便成为绕三灵的核心场所。绕三灵活动的核心,便是各村组成的巡祭队伍代表各村本主,前往“神都”朝拜供奉于此的最大本主“五百神王”。

由于白族文化的开放性和兼容性,以原始自然崇拜、生殖崇拜为主的民间祭祀,逐渐发展为包容本主、佛教、道教等多种宗教内容的活动,使得绕三灵的文化内涵不断发展,不断丰富。绕三灵主要内容之一,就是朝拜圣源寺观音阁,这也是大理地区现存一处较早的佛教建筑。圣源寺紧靠“神都”,两庙并存,同时受到绕山灵群众祭拜,并无地理的或心理的距离。

绕三灵群众不论到了本主庙或是到了佛寺,都会面对本主、佛像纵情歌唱,狂热舞蹈。嗓子唱得嘶哑,但仍大声歌唱;舞得上气不接下气,还是猛跳不停,直至热泪涌出。其实,他们所唱,多为情歌,既是对神的虔诚,又是对浪漫爱情的歌颂。这种对各路神祇的热情洋溢的崇敬,突破了各种宗教信仰的门户之见和相互排斥。

白族民众绕三灵实际绕行祭拜的对象,远不限于上述代表本主和佛的“三灵”,其余佛、道诸神,以及各村本主、神树、土地庙以及各种巫鬼等,也都香火不绝。这种有神必拜,有灵必求的态度,非常生动地体现了白族宗教信仰的开放兼容性和多元性。

四天三夜,全程40千米的盛大游行

每年农历四月二十三日至二十五日,刚好是种植水稻的农忙节令之前,又恰值天气和煦,山川秀丽,生活在苍山洱海一带数百个村庄的白族民众,不分男女,都插花戴朵,身着节日盛装。他们以村庄为单位,几十人至上百人不等,成群结队,近则从数里、数十里外,远则从一两百千米外或更远的地方,携带祭祀用具和简单的行李以及食品、炊具等,自发组成绕三灵祭拜队伍,从四面八方赴会。人们满怀热情,希望通过自己虔诚的祭

绕三灵来源的历史传说

关于绕三灵活动本身和主要祭拜对象的来源,白族民众中有几种不同传说。

一说因过去“白王”不幸失去王子,众多百姓绕行洱海,为白王寻找太子,后来发展为绕三灵。

一说因“爱民皇帝”段宗榜生前能施行仁政,死后,百姓都来奔丧,以示哀悼。后来便形成绕三灵这样固定的集会,人们手中所持树枝,就是从当时所拿的丧杖演变来的。

最普遍的一种说法,则认为绕三灵原是大理地区71个村子的村民,代表各村“本主”朝拜“神都”中供奉的“中央本主”,以祈求丰年的一种仪式。

这些传说未必可靠,但表明绕三灵作为一种群众性的风俗性节日,具有悠久的历史。从绕三灵现在的祭拜对象看,所谓最大的本主“爱民皇帝”,以及洱河神“段赤诚”等,其真人事迹距今也都有千余年,足以说明以三灵为祭拜中心的形成,至少也有千年之久。

拜，祈盼各路神灵的庇佑，使今年风调雨顺，秋后五谷丰登，也祈祷阖家平安。

绕三灵队伍通过长期的实践，形成了固定的模式，其组成一般分为三部分：前导为一男一女（有时也为两男或两女）两位手执柳树枝和牛尾的老人（称花柳树老人）；中部除了吹笛子的一人外，还有手执"霸王鞭""金钱鼓"的男女舞者数十人；队尾则由吹树叶的一人和数十位亦歌亦舞、手执扇子或草帽的妇女组成，排成"一字长蛇阵"。

整支队伍在花柳树老人的带领下，于农历四月二十三日早晨，聚集到大理古城城隍庙，点燃香烛，准备行装。当日，来自四方的白族群众，从城隍庙出发，一股股，一队队，一路载歌载舞，沿着点苍山麓向北，先到矗立着三塔的佛都崇圣寺燃香祭拜；继而又迤逦北行约16千米，到达苍山五台峰下的朝阳村本主庙祭拜"本主"，称为"南朝（拜）"，再往北到庆洞村，祭拜佛教寺庙圣源寺以及被称为"神都"的庆洞本主庙，称为"北朝（拜）"。然后，在寺院内外场地，打"霸王鞭"和"金钱鼓"，跳扇子舞、唱白族调，傍晚在神都周围埋锅造饭，当晚即夜宿庆洞庙宇和四周野地树林中。人们如痴如狂，在神都内外尽情歌舞，通宵达旦，热闹非常，使这里成为绕三灵活动的中心场所。

四月二十四日，队伍陆续从庆洞出发，向东北行进，中途绕拜喜洲古镇的本主"九坛神"。在四方街作短暂休息、对歌后，一路歌舞走出古镇，向东到达洱海边的河矣江村的"仙都"洱河神祠，祭拜象征洱海之神的斩蟒英雄段赤诚本主，村里的洞经音乐社在古戏台上谈演"洞经"，欢迎绕三灵队伍的到来。傍晚在洱海边、寺院周围安营造饭，晚上对歌、跳舞，通宵欢唱。

四月二十五日，人们选购民间布扎、泥塑、纸花等小工艺品，带回给家里未能来的亲友，让亲友也沾点绕三

"佛都"崇圣寺（图/杨士斌）

灵的“福气”，得到神灵的保佑。绕三灵队伍再陆续从河矣江村出发，向南到大理城北洱海边的马久邑村，祭拜这里的本主“保安景帝”，这天也是马久邑村本主节，村民们扎花轿将本主接到村里，供绕三灵的群众祭拜，最后再各自分散归家。

在这四天里，绕三灵的人们要行走40千米路程，而且，数万之众的一支绕三灵长队，晓行夜宿，吹吹打打，载歌载舞，对歌应答。各处庙宇香烟缭绕，歌舞之声不绝于耳。一路村庄也多设香案迎接，称为“闸坝”，以白族茶礼节“三道茶”、糖果、糕点等招待队伍，并欢迎他们在自家门前歌舞祈福。

各村庄主人认为这样可以给村庄带来六畜兴旺、人口增加的好运。各村庄也歌舞相继，纷纷举行本村祭祀本主活动；或摆设祭坛，陈列洞经乐队演奏南诏古乐，增加了绕三灵期间的节日气氛。人们饿了，便在路边溪边“三个石头搭眼灶，平地生火做一家”，集体野炊。困了，便围着篝火，男女相杂，席地而坐，裹毯御寒，对歌交谈。人们沉浸在欢乐浪潮中，沉浸在对本主和各路神祇的崇敬祈祷的虔诚中，同时也陶醉在自己歌舞才华的尽情创造展示中，痴迷在开放的男女恋情交流里。

白族人热切向往着绕三灵盛会的来临。成年的大理白族人，如果哪一年因故未能参与，心中便会留下极大的遗憾，感到这一年里自己家将因此缺乏几分吉祥如意。一位六十岁的白族老人曾风趣地说，自己一生参加过六十次的绕三灵盛会。原来，他说自己还在娘肚子里时便已经参加了绕三灵活动，而且从小到大，六十年一次不落，年年都来。

扫描二维码欣赏
白族绕三灵盛况

（视频素材由大理市非遗中心提供）

绕三灵中的执导者（图/杨国瑆）

标新立异的服饰打扮

绕三灵人的穿着打扮独具特色，极尽标新立异之能事。透过服饰装扮这个侧面，充分体现了白族人民的艺术审美观、高超的工艺水平和创作天才，展现出白族民族服饰的形成、发展历史，折射出深厚的白族文化内涵。

参加绕三灵的人都有三个明显的标志：一是太阳穴上贴有“太阳膏”（一种用彩纸做的太阳花），浸有风油精的“太阳膏”能预防中暑，同时也是对太阳的崇拜；二是左臂上扎一条红带，表示祭拜“本主”后，得到的一种赐福；三是戴插有鲜花边的草帽，起着装饰、遮阳蔽雨、对唱遮羞的作用。

白族男女老少都自由参与绕三灵活动。年轻人与意中人相约绕三灵，中老年人在绕三灵中会见自己的情人。年轻人的服饰以漂亮为准，而特点最突出的则是中老年人的服饰，尤其是中老年男性的服饰。

参加绕三灵的成年男性头戴绕三灵帽，帽为六角形，上缀数幅绣花方巾，巾角垂在帽边，角上垂缀各种花色绒球，帽底飘出三对一两尺长的绸带，白、蓝、粉红各一对，色彩十分鲜亮。上身穿着数件新衣，从里向外一件比一件短，色彩为蓝、白、黑、黄、金相互搭配。所有的衣衫都是布纽扣对襟衣，除穿在身上的一叠衣衫，外面还披挂上一件绸外套，衣襟袖管在风中飘摆。腰间系一条生白布做的腰带，布头垂到左腿膝盖上，有漂亮的绣花。腰带下，还有一个鼓鼓囊囊的麂皮肚兜，里面装着烟具、金钱和其他重要的东西。这样的人常常显示他们是出门做生意或赶马帮的马锅头，展示自己的富有。下身穿着四种颜色的绸缎缝成的长裤。有时，成年男性还特意用香火将自己新缝的裤子烙上数十个洞，露出白皙的皮肉。脚上穿麻丝或布筋草鞋，上面缀满花色绒球，草鞋里穿着刺绣的袜子，垫绣花的鞋垫。所有的这些绣品都是他们的情人精心制作的赠品。将它们穿戴在身上来绕三灵会情人，表示对情人的尊重，让一对情人在浓厚的情义中度过美好的时光，同时也是向众人展现自己拥有纯真感情的自豪。

贴在太阳穴上的“太阳膏”，用彩纸做成（图/杨士斌）

三灵帽（图/杨士斌）

此外，绕三灵的人还着重脸上的装扮，他们用麦穗做眉毛和八字胡，用两个篾圈做成眼镜架戴在眼前，形象夸张，令人忍俊不禁。

柳枝：社祭文化的遗风

在各村祭祀行列之前，都有一男一女领导队伍行进。他们的一身打扮十分奇特：男女都戴着墨镜，男子头上还戴着引人注目的伞形花帽。两人各用一手扶持柳枝，枝上缠绕红布，另一只手或持白毛巾，或持牦牛尾，边走边舞。他们显然在扮演某种超乎常人的角色，依稀体现出往昔巫、觋的特殊身份和在活动中的特殊作用。男引导者头上所戴的伞形花帽，系用彩布绣制，呈八角形，四周缀满花球，戴在头上好似一柄花伞。有学者指出它隐含对农业丰收的希冀，带有“春华秋实”的寓意，在古代它可能是巫师的特殊饰物。

往昔由巫、觋而今天由戴墨镜的男、女扶持的祭拜队列前头的柳树枝，学者们指出它实际上是各村“社树”的象征，代表各村土地和本主神，是古代“社”祭文化的遗存。起源于上古的“社”，原是古代村落组织的基本形式，大理地区的这种组织形式在明初曾被大大加强，至今仍有当时大理白族民众尊朝廷诏令立社建祠的碑记。所以，绕三灵活动的神树与“社”有关，是社的象征。绕三灵以社为单位，体现了以自然村落组成绕三灵的村祭亦即社祭的古老宗教崇拜遗风。

绕三灵时，人们一路歌舞吹打，举象征社树的杨柳枝从本村本主庙出发。行祭到庆洞“神都”后，将各村社树供上，叫做“百神上朝”，象征众多小本主前来祭拜神都大本主。这是古代社会现实在其精神文化中的一种反映，表明现实生活中洱海地区地方政权已逐渐建立起相对集中的权力结构，也体现了白族人民对建立稳定的共同生活秩序的向往。

深深植根于悠久的农耕文化

绕三灵活动的另一项中心内容，就是祈求风调雨顺、五谷丰登，反映了白族民众强烈的心理企盼，具有典型的农耕文化特征。农业生产素有靠天吃饭之说，风调雨顺是人们的最大愿望。水稻栽培尤其依赖充足的适逢节令的降雨，所以祈雨成为各村落共同的大事。绕三灵显然具有各村寨共同祈雨功用，集中体现了古往今来广大白族农耕民众对自然力的深刻崇拜和对神灵佑护的热切企盼。

农历四月二十三至二十五日，相当于公历五月下旬或六月上旬，正值大理坝子“两季同期”时节，即小麦、蚕豆已经熟透即将收割，紧接着便是插秧的时节。而据气象统计，六月又是大理地区降水最多的月份之一，正好适应水稻栽插后需求大量水源灌溉。事关农时，绕三灵正处于特殊的生产节令“黄金时段”前夕，这一时间选择绝不是偶然和巧合，所以远近各村寨，纷纷以乡村

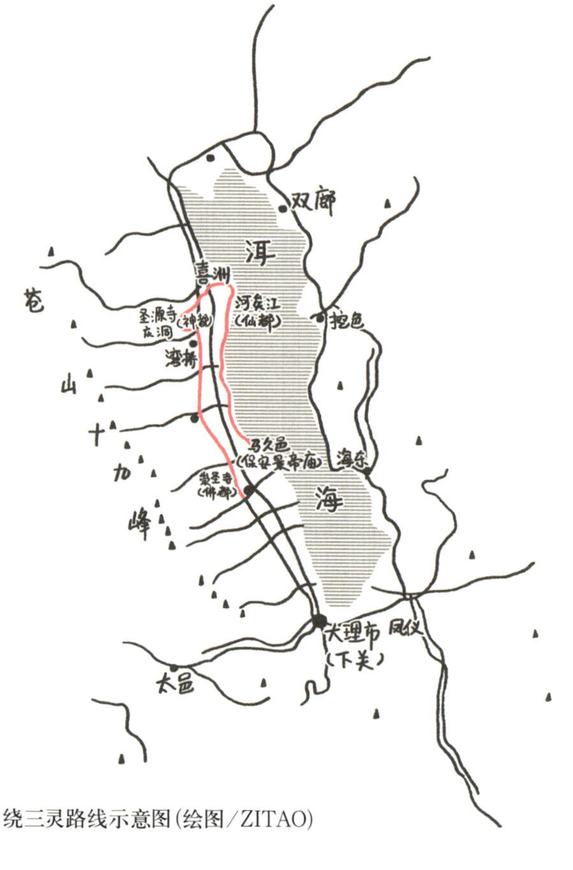

绕三灵路线示意图（绘图/ZITAO）

（实则远古“桑社”）为单位汇聚举行规模浩大的歌舞祭祀活动，以加强对本主及佛道等各路神灵祈求的声势，表达共同的期盼。

绕三灵队伍由巫觋引导，他们以柳枝代表社树即神树。树上所悬挂的葫芦，也大有深意，它实际是丰收、生殖的象征，也是祈雨的工具。云南很多民族都有葫芦崇拜，在白族人的原始观念中，葫芦是民族的“始祖物”。白族的“创世纪”传说中，兄妹二人在天神启示下躲入葫芦，从而避开了大洪水；洪水过后，两兄妹不得不成婚以延续人种。神树上的葫芦，也暗示着绕三灵精神层面深处的农耕文化特性和祈祷丰收、增殖的愿望。而观音菩萨以杨柳枝蘸玉净瓶向人间普洒甘霖的传说，无疑也助长了人们对柳枝在祈雨活动中神秘功能的信任。

参加绕三灵活动的男男女女，还要在头额两侧贴上用彩布、彩纸剪制的金光闪闪的“太阳膏”。有学者认为，太阳膏周边有象征太阳光芒的纹饰，人们贴之于额，应是对太阳神的一种顶礼膜拜。世界各民族尤其是农业民族多有对太阳的崇拜。绕三灵中的太阳膏，直接表达了人们祈祷风调雨顺的强烈愿望。与此相关，大理白族还传说点苍山十九峰之一的沧浪峰的右峰，便是太阳神的故乡，山下的阁洞塝村便奉之为一境的保护神。

另外，在白族的本主崇拜中，湖塘、水洼、泉眼等都是“龙”的居所。远古以来，中华民族对龙的崇信，一个重要信念就是“雨从龙”、龙与降雨有密切联系，龙王就是水神的代名词，对龙的崇拜隐含着农业民族对雨水的需求。绕三灵之一灵“仙都”，就供奉着斩蟒英雄段赤诚，他被民间崇奉为“东海龙王开辟乾坤畜慈圣帝王”，据说能保佑风调雨顺。

人们歌不停舞不歇，尽情发挥、展示自己能歌善舞的艺术天才和创造激情（图/杨士斌）

绕三灵绕到喜洲四牌坊（图/杨士斌）

巡祭队伍引导者手持的“牦牛尾蚊帚”，体现了牛在农业社会中的巨大功用。据《吕氏春秋·古乐篇》等文献记载，相传远古有“葛天氏之乐”，这种乐舞最突出的特征就是“三人操牛尾，投足以歌八阕”。依靠原始农业和畜牧业为生的远古先民，幻想通过结合着原始宗教巫术功能的音乐舞蹈，求得理想的收成。因此，绕三灵队列中的舞牛尾习俗蕴含着中华文化的古老信息。

民间艺术天才和创造力的自由挥洒

直到今天，在绕三灵中还保持着新石器时期的苍山岩画中所表现的一些原始舞蹈的元素，如“胯合胯”“心合心”“脚勾脚”、摇柳枝甩牦牛尾或花柳曲舞等。绕三灵中巫、觋的祭祀舞蹈（白族称“跳神”）逐步演化成了白族的手帕舞蹈，通过绕三灵中人们的艺术加工和创作天才，手帕被改为扇子、霸王鞭、金钱鼓等道具，舞蹈也从简单到复杂多样。因此，绕三灵是白族民间歌舞艺术的原始发生地、传承地和创作发展地。

绕三灵实际上是白族民间文化的大荟萃，是各种音乐歌舞艺术的大展演，它集合着流行于大理白族民间的几乎所有门类的表演艺术，充分展示了洱海地区白族民间艺术丰富多彩的存在状况和高度的艺术成就。绕三灵活动，高度集中了白族人民非物质遗产，具有突出的历史文化价值和文学艺术价值。

整个节庆期间，人们歌不停舞不歇，尽情发挥、展示自己能歌善舞的艺术天才和创造激情，数千以至上万人参加唱歌跳舞。只听见白族调、唢呐曲震天动地，不绝于耳，而金钱鼓、霸王鞭、三弦此起彼伏，伴奏着男女老少共同参与的歌舞，令人眼花缭乱。再加上巡祭路过的各村庄，不是对歌赛舞，就是谈演洞经、唱大本曲，祭祀本村本主。各种艺术形式的表演酣畅淋漓，尽显风姿。

参加绕三灵的村庄队伍，高唱白族调，相互间以白族调问候对答，个人也以白族调相互沟通，寻觅知音，传达情意。白族调是广大白族人民最主要、最普及的表达思想情感的艺术方式。各地曲调、唱法有所不同，各具风格。

绕三灵活动所体现的白族舞蹈主要是花柳曲舞、霸王鞭舞、金钱鼓舞、双飞燕舞四种，其中颇具特色的是花柳曲舞。花柳曲舞是各村绕三灵队伍前引领的男女（巫、觋）唱花柳曲时所舞，他们的舞步也是专门的，下身相互紧贴靠拢，上身摇摆后仰，有“胯合胯”“心

男女传情大帛曲

“大帛曲”亦称“花柳曲”“绕三灵调”。走在各村绕三灵队伍前面引导队伍行进的男女（过去是巫、觋担任），他们各用一手同执柳枝，另一只手分别持牦牛尾或花手巾，边舞边唱。大帛曲又称为“花柳曲”，白语称为“活恩”，即情人之意，所以“花柳曲”实际就是一种情人曲。这种“花柳曲”是绕三灵时由巫觋专门演唱的曲调，一人唱另一人和，而一般场合却不唱这种歌曲。花柳曲多以男女艳情和生儿育女为题材，歌词内容多是即兴编唱，男女互相挑逗，幽默风趣。伴奏主要用笛、树叶、月琴等乐器。下面是《三灵恋》中的一段歌词：

三月里来三月三，
四月里来“拐上纳”，
三日要南四要北，
一年耍一趟。
今天来到圣源寺，
约定幽会大寺旁，
但愿能见阿哥面，
悄悄诉衷肠。
花上花来花上花，
你也到场我到场，
哥妹双双“拐上纳”，
欢乐过时光。

合心”“脚勾脚”等名目，同时摇动柳枝，甩开牦牛尾或花手巾，略带夸张的痴情陶醉之憨态可掬，令人忍俊不禁。

霸王鞭、金钱鼓、双飞燕等打击乐器与绕三灵关系密切，20世纪50年代前，金钱鼓、双飞燕都只用于绕三灵活动，而且只由男性演奏，与霸王鞭一起组成绕三灵歌舞的打击乐器组。20世纪50年代后，金钱鼓、双飞燕才逐渐有女性使用，并逐渐用于各类白族歌舞节目。

尊重人性：情人的节日

绕三灵又被称为白族的情人节，这里的“情人”是指婚前的恋人，它是白族婚姻家庭关系以外存在的另一种男女双方之间的关系，白语称为“活恩”。有的学者称这种关系为“活恩婚姻”，即为终生的情人。在一些白族的情歌中，往往唱道“夫妻志本者，活恩妞志楞”，意为“就是做不成夫妻，也要做一辈子的情人”。谈到这种关系与绕三灵之间的联系，我们首先要追述白族婚姻家庭关系的发展变化。

历史上白族与其他少数民族一样，男女青年在婚前的交往、相恋是十分自由的，很多人在婚前就结成了“活恩”的情人关系。但不同的是，白族接受汉族文化较早。白族在接受汉文化的同时，也接受了以儒家理学为代表的封建礼教。在婚姻上必须是“尊父母之命，听媒妁之言”，这样就使很多有情人不能成为眷属。而绕三灵借用神明（本主）的感召，允许情人相会三天，这样就为不能成为夫妻的情人提供了三天社会、家庭允许、不受道德谴责的公开相处的时间，让那些有情人每年都有实实在在的三天时间来满足他们的愿望。所以，参加绕三灵又被称为“了心愿”，即了却一年一度与不能结为夫妻的情人相会、共诉衷肠的心愿。

有些年事已高的老人也由年轻的晚辈扶着来绕三灵。他们唱道：“我牙已脱落了，唱不成歌了，但我要来与你默默地坐一会；我走不动了，也要请人扶持，拄着拐杖来与你最后见一面。我们都要把双方深深的记在心中，相约下世再做夫妻。”从这些老人的歌中，我们在体会到什么是刻骨铭心的爱的同时，也感悟到了人性之美。

在古代，白族的婚姻虽有不幸，但家庭却是稳定的，在白族的生活中没有如殉情、逃婚等习俗。因为绕三灵情人相会的习俗，有效地缓解了人性与封建礼教这两大对立矛盾之间的冲突。所以，绕三灵是白族文化心理中对人性最大的尊重、对人性最大的关爱。

（文/杨晏君、杨政业）

唢呐是白族人释放情感的重要乐器（图/杨士斌）

千年赶一街，一街赶千年——大理“三月街”

中国西南地区历史最为悠久、影响最大的传统物资交流盛会

从“观音市”到“三月街”

大理三月街是中国西南地区历史最为悠久、影响最大的传统物资交流盛会，也是白族盛大的节日，节日时间为每年农历三月十五日至二十日。“一年一度三月街，四面八方有人来。各族人民齐欢唱，赛马唱歌做买卖”的描写，指的就是三月街的盛况。

三月街盛会有着悠久的历史，始于唐代永徽年间，最早是佛教的讲经庙会，后来逐渐发展成为物资交流盛会。南诏大理国时期，由于受印度和唐朝佛教的影响，白族普遍信仰佛教，连国王也皈依佛教，到处造佛殿，建筑佛塔。被人们称为“仙都”的中和寺，“佛都”崇圣寺及三塔都是在三月街旁边兴建的。因此，古代称三月街为“观音市”或者“观音节”，每年农历的三月十五日至二十日在大理苍山中和峰下，古城苍山门上边，背靠苍山，面向洱海的广阔地带举行，至今一千多年，时间、地点都没有变，因而有“千年赶一街，一街赶千年”之说。

关于三月街的传说很多，据《白国因由》记载，在南诏时期，观音到此传教，讲授《方广经》，农历三月十五

大理三月街（图/杨继远）

日驾云西去。此后善男信女年年按时到此聚集，用蔬菜祭观音，后人来此交易，故名“祭观音街”。大理凤阳邑《方广经序碑》也载：“相传方广经始自观音伏罗刹，后地方人不知修善，观音说法于三月街，演说《大乘方广经》。其时人不通汉语，悉将经文编为土音，以教民众。由是普众宣传，乃大传经文于妙香古国。”由此可见三月街的起源与宗教有关。而随着历史的发展，三月街除了商品交易外，还是大理乃至滇西的歌舞表演、民间工艺品展示、赛马竞技的场所。

据史料记载，到明代，观音市已发展成为西南地区重要的物资交流中心。明嘉靖《大理府志·市肆》中说：“府观音市，在城西校场，以三月十五日集，至二十散，十三省商贾咸至，始于唐永徽间，至今不改，以民便故也。”

明崇祯十二年（1639），大旅行家徐霞客到大理考察了观音市。他在连续两天的游记中分别记载当时的盛况：“十三省物无不至，滇中诸彝物亦无不至。”“余乃仍由西门西向一里半，入演武场，俱结棚为市，环错纷纭。其北为马场，千骑交集，数人骑而驰于中，更队以觇高下焉。时男女杂沓，交臂不辨。”明代全国只有13个省，可见三月街的影响在那时已遍及全国；而文中对赛马盛况的描写，表明至迟在明代，三月街已经有了赛马的传统。

《大理县志稿》亦载：“盛时百货生易颇大，四方商贾如蜀、赣、粤、浙、湘、桂、秦、黔、藏、缅等地，及本省各州县之云集者殆十万计，马骡、药材、茶布、丝棉、毛料、木植、磁、铜、锡器诸大宗生理交易之，至少者值亦数万。”说明参加三月街的人已经扩大到东南亚，货物交易金额和品种不断提升。

到了民国初年，仍以集市贸易为主，改称三月街，时间不变，官方还派士兵前来维持秩序，保障安全。三月街期间，省外和省内的各族人民云集而来进行物资交

“三月街”上的舞龙表演（图/杨士斌）

天上人间：三月街由来的传说

相传在大理国时，洱海边上住着很多渔民，他们世世代代都以打鱼为生。有一个老渔翁，人称“老渔家”，膝下单生一子，名叫阿善。这个小伙子手脚勤快，忠厚过人。他经常帮助渔民们做些力所能及的事情，人们都称赞他是白族人民的好后生。

洱海龙王有三个公主，大姐、二姐生性最懒，喜吃好穿。唯有三妹阿香，简朴勤劳，大小水族都十分敬佩她。

就在一个月白风清的夜晚，阿善为交官家的“渔月捐”，在海上打鱼，左撒一网，右撒一网，总是打不到鱼。他愤怒地弹起了三弦，唱起了“大本曲”，诉说着渔家的辛酸。这弦音和歌声传到了龙宫中。三公主听见了，十分同情，于是就泅水来到阿善的船上。他们互相倾吐了真情，私订了终身。

到八月十五的晚上，老渔翁为儿子扎了花船，准备了新衣服，他们把阿香接到村上，热热闹闹地完了婚。婚后，一家人辛勤劳动，生活也还过得不错。

翌年三月十五日，正当月亮里赶街。阿香变成一条小黄龙，驮着阿善到月亮里去赶月街。他俩游了“广寒宫”，拜见了吴刚和嫦娥仙子，又到大青树下去赶了月亮里的街子。那里非常热闹，但街下万物都是透明透亮，看得见，摸不着。所以他们只是到月亮里空跑了一趟，就回来了。

回到村子以后，他们把到月亮里去赶街的情况向乡亲们讲了，大家共同商量决定，要把月亮上的街子搬到人间。

于是，大家七手八脚在苍山脚下种起了三棵大青树，并定在每年的农历三月十五日，在大树周围摆摊设点，有什么卖什么，缺哪样就买哪样，互通有无。于是一传十、十传百，四乡八寨的人都前来赶街。大理“三月街”就这样一年一度地赶下来了。

流，以大牲畜、山货药材为大宗，其他各种百货、土特产品琳琅满目，应有尽有。传统三月街的物资交易主要以骡马、山货、药材、茶叶为大宗。同时，白族要对歌、跳舞，彝、白、回、藏各族还要赛马欢歌。

各民族交流的盛会

1950年以后，为了丰富人民群众的生活，三月街除保留传统的赛马活动之外，还增加了民族文艺汇演和民族体育比赛活动。

到1991年1月，根据《中华人民共和国民族区域自治法》，云南省第八届人大常委会议批准，将“三月街”定为大理白族自治州的民族节，时间由6天延至7天（三月

紧张激烈的“三月街”赛马活动（图/杨士斌）

十五至二十一日）。2008年，三月街被列入"国家非物质文化遗产"名录。节日期间，不仅进行物资交易，还开展各种民族体育活动竞赛。身着民族盛装的各族男女群众打着霸王鞭，敲着金钱鼓，载歌载舞欢度民族节日。同时，举办灯展、花展和射弩、秋千、赛马、龙舟、歌舞等活动。古老的三月街已成了增强我国民族团结，荟萃民族文化，扩大经贸交流合作与对外友好往来的盛大节日。

除贸易交流外，每年均有大型民族文艺体育表演，还有白族传统洞经古乐、白剧吹吹腔等，充分展示出白族节日文化的特色。特别引人注目的是节日期间赛马活动和男女青年相互对歌择偶，此情此景已在电影《五朵金花》和《五朵金花的儿女》中反映出来。

往日，人们穿着节日盛装，邀约亲朋好友，步行或赶着马车，一路欢歌而来，又一路欢唱满载而归；如今，三月街不仅吸引了东南亚各国人民的关注，而且也吸引了世界各国人民的参与，这千年不衰的盛会，万民欢聚的佳节，又在新时代焕发出新的生机和活力。

正如白族学者施立卓先生所言，白族三月街已经成为白族的一种民族精神，正是这种精神对边疆民族地区经济的发展，促进各民族的交流、互动及和睦相处，推进与东南亚、南亚国家的经济交往与合作都发挥了重要的作用。所以，三月街就是各民族交流、融合的盛会，也凸显出白族"包容""开放"的民族性格。

"三月街"是各民族欢庆和交流的盛会。图为白族和彝族共同参与的舞蹈表演（图/杨士斌）

三月街的记忆

在我的记忆里，20世纪60年代，每到农历三月十五日这天清晨，天还没亮，阿爹阿妈总是给我穿上最漂亮的衣服，约上亲戚朋友，赶着小马车去参加一年一度的节日。在马车上，大人们对歌，打情骂俏；孩子们欢声笑语，热闹非凡。

到了会场，人们最喜欢的就是看赛马。三月街附近的赛马场内人山人海，姑娘们打着遮阳伞，老大爷们嘴里叼着旱烟袋，大家穿着民族盛装，小孩子坐在父亲的脖子上，欢呼雀跃，人声鼎沸。比赛开始，参赛者跃马扬鞭，强健的骏马，矫健的骑手在赛道上奋勇争先，观众不断欢呼、喝彩。我被阿爹举起来骑在他的脖子上观看，激动不已，而阿妈最关心的则是食品调料草果、八角、花椒，还有山区出产的木耳、白芸豆、荞面。

“三月街”上的药材交易（图/杨士斌）

在月街上，阿妈一定会拉我去药材市场，不管我愿意还是不愿意，都要从一袋袋的三七、天麻、鹿茸、藏红花、菊花、甘草前面走过，有时还要抓一把，闻一闻。在阿妈的观念里，认为在药材市场上转一圈，闻一闻百草味，这一年都不会生病。因此，赶三月街一定要到药材铺前转转，在白族人的观念里已经根深蒂固，为的是祈求自己健康平安。

月街期间阿爹是最辛苦的人，他不但领我看赛马，还得帮助亲朋好友去买卖大牲畜。因为大理马是西南边疆著名的古老马种，体型矮小，行动敏捷，性情温顺，耐力强，适应在崎岖的山路上长途驮运；而黄牛是山地犁田的能手，走得快犁得深；水牛又是大理坝区重要的稻作生产工具，是白族地区稻生产犁田不可缺少的。历史上云南交通不便，大理马、牛在生活中起到了非常重要的作用，受到白族人民的青睐。至于怎样挑选马和牛，又是一门艺术，正好阿爹年轻时候赶过马帮，具有丰富的经验，是买卖大牲畜的能手。

小时候，我在月街期间尽情地去参加各种活动，看赛马、射弩、打陀螺，听洞经古乐、对歌，还要品尝各民族的名特食品。那时在月街上我最喜欢的是酸角，因为酸角是热带产品，只有在月街上才能买到。到了20世纪70年代初，我在大理古城上高中，月街期间我和同学成群结队，都要到月街上排队买酸角、看赛马，在那物质、精神匮乏的年代，赶月街无疑也是人们物质和精神的追求与满足。

白族火把节

火把节是白族最重要的民族传统节日之一，也是彝、纳西、傈僳、哈尼、拉祜等彝语支各族的共同节日。火把节在汉文典籍中最早被称为“星回节”，是白语xil（柴）huix（火）jia（节）的音译。

白族的火把节在每年的农历六月二十五日举行，白族男女老少届时要聚集一堂祭祖，并通过竖火把、点火把、耍火把、跳火把等活动，预祝五谷丰登、人畜兴旺。

火把节的起源，无疑与白族先

大理白族火把节盛况（图/杨士斌）

民的火崇拜和祈求丰年的习俗有关，但学术界众说纷纭。在此后的流传中，白族人民赋予其新的意义。民间广泛流传的起源是"火烧松明楼"的故事。相传在唐代，大理地区六诏之一的邓赕诏诏主被蒙舍诏诏主皮逻阁设计烧死在松明楼，邓赕诏主夫人白洁凭一对铁手镯认出丈夫尸首，将丈夫埋葬。后来，白洁夫人率众与围城的南诏兵浴血奋战，弹尽粮绝后于六月二十五日投水而死。

传说在她死后，白族人民连夜打着火把去寻找她的遗体。后来每年到了这一天，人们都要点起火把，纪念白洁夫人。久而久之，火把节就在白族地区流传开来。

全村同竖大火把

在白族聚居区，每到火把节前夕，白族村落都在准备竖火把，但在

大理火把节之夜（图/杨士斌）

大理洱海区域流行全村落同竖一根高约一二十米的大火把。火把用山上砍下来的松树制作而成。

小孩忙着和大人一起准备扎火把的麦秆、竹子；姑娘们忙着把从山上挖来的凤仙花根捣碎，包在手上染成红指甲，寓意是纪念当年白洁夫人星夜奔赴蒙舍诏，双手刨地，十指流血；大人们在村寨广场中央，用麦秆、竹子、松枝等捆扎大火把，顶端安一面旗。旗杆用竹竿串联三个纸篾扎成的升斗，意为“连升三级”。每个升斗四周插着写有“国泰民安”“风调雨顺”“人寿年丰”“五谷丰登”“六畜兴旺”之类字样的小纸旗，升斗下面挂着火把梨、海棠果、花炮、灯具以及五彩旗。

夜晚的火把节盛会

太阳落山前，除参加村落集体拼伙的人外，各家提前吃完晚饭，扶老携幼出门去参加火把节盛会。夜幕降临时，村中老人带年轻小伙到本主庙祭献，供献祭品、祷告、叩头后，用小火把在本主塑像前的香炉里取火，取到火种后，来到村落大火把前，开始祭大火把。祭台上供奉水果、猪头和一只大公鸡。在村落老人的带领下，参加火把节的人们向大火把叩头。

在大火把点燃之前，几个勇敢矫健的小伙子，一个接一个地攀上高竖的大火把，将小火把逐人上传至大火把点燃。刹时，烈焰腾空，鼓乐大作，鞭炮齐鸣，响彻云霄，全村

大理火把节之夜（图/杨士斌）

的大人、小孩子、年轻的媳妇们打着伞，背上新生婴儿在火把下转三圈，以示祛邪得福，场面壮观。与此同时，人们聚集在大火把下，奋不顾身地去抢悬挂在大火把上掉下来的火把梨、海棠果，以及竖火把人家围着大火把抛的包子、糖果；特别是当火把上悬挂升斗的竹竿被烧断时，人们争相抢夺从空中飞下的升斗。抢到者被视为大吉大利，有福禄之喜，受到全村人的祝贺，被簇拥着回家，由主人用烟、酒、茶款待簇拥的人们。有的村落规定下一年度大火把上的升斗由抢到升斗的人家备办，备办人家不亦乐乎。

耍火把祈福祛邪

火把节的高潮是耍火把。男女老幼人人手持火把，在夜色中的大火把下穿梭挥舞。孩子们各自举着小火把，在村里、田野上奔跑、喊叫；大家挎包里备有松香，见人就抓出一把松香往火把上撒去。只听“轰”的一响，腾起的火苗燎向对方，民间称之为“敬上一把”。传说火苗可以燎去人身上的晦气，给人带来吉祥和喜气。接着，青年人成群结队地举着小火把来到田间地头，向火把撒松香粉，给水稻照穗，其意是消除病虫，祈求水稻丰收。午夜前后，人们把火把堆成一堆堆的篝火，男女青年一个接一个地从篝火上来回跨越两三次，祈求火神禳灾祛邪，人人百病不生。最后，男女青年唱歌对调，直至深夜。

岁岁年年，白族传统的火把节就这样传承。丰富多彩的节日活动不仅承载了白族重大历史信息和原始记忆，还体现出白族人民回归自然，追求五谷丰登、人畜兴旺、社会和谐稳定、追求生活美满、爱情自由的美好意愿。这个美好的节日直到今天仍然充满活力，世代相传。

火把节之夜，白族群众围着篝火载歌载舞（图/杨士斌）

农耕文化的生动展现——栽秧会

集劳动和娱乐于一身的盛会

“栽秧会”流行于洱海周围大理古城以北地区及洱源、剑川等地，尤其以大理喜洲、周城的栽秧会独具特色。历史上，白族是以农耕稻作生产为主的民族。传统的稻作生产方式是共耕和伙耕，发展到今天成为互助协作式的换工劳动栽插，这在栽秧会中得到了生动的展现。

相传大理白族栽秧会起源于东汉末期，形成于南诏时期，兴盛于明代，距今已有1700多年的历史。1000多年过去了，“栽秧会”还一直在大理白族人民中传承。它既是白族人民为祈祷五谷丰登、农业丰收而举行的一种祭祀活动，也是人们把紧张的劳动融入欢快歌声中的盛大节日。将劳动和娱乐结合在一起，体现了白族人对劳动的独特理解和感受。

每当四五月间栽插季节来临，在大理地区的白族，一般几十户人家或整个村庄的劳动力自愿组合起来，以换工的方式进行集体栽插，称为“秧会”。在每个“秧会”里，必须推选出一人担任“秧官”，秧官既是村落里的生产能手，又是村落中富于幽默风趣的人，还应是在村民中有一定感召力的人物。秧官不仅负责栽插前的祭

风调雨顺好栽秧（图/杨士斌）

祀，准备贡品祭祀山神、土地神，到村落本主庙祭祀本主，还要负责全村落劳力的安排、调度及质量把关等各项生产指挥。

开秧门，祈求风调雨顺

“栽秧会”的第一天，白族人称为“开秧门”。首先举行祭祀活动。“栽秧会”的祭祀活动由本村“秧官”主持，祭祀程序为先对上苍进行祈祷，再祭村落的本主，同时祭“秧旗”。其后由本村中德高望重的长者为“主秧旗”挂红，“主秧旗”顶上配有五彩雉尾的栽秧主旗，随后紧跟着七杆各色栽秧大旗。旗帜的颜色不同，含义亦不同。蓝色象征雨水，红色象征干旱，绿色意

民间乐队引导着前去栽秧的人群（图/杨士斌）

风趣幽默的秧官（图/杨士斌）

味着秋水泛滥。人们究竟插何种颜色的旗帜，据当日天气而定。如果天气干旱，就插蓝旗，意为祈求雨水；而雨水多时，就插红旗，祈望天气晴朗。不同颜色旗帜的选择，寄寓着白族祈求风调雨顺、稻谷丰收的愿望。

秧旗后面是唢呐、锣鼓组成的民间乐队，其后跟着穿民族节日盛装、背着秧苗的白族妇女和扛着秧担的小伙子。人们敲锣打鼓，唱起白族民间曲艺吹吹腔，一路上吹吹打打、浩浩荡荡，沿村落巷道，走向田间。

在田边先由秧官手执催秧锣，催促群众插上绣有“五谷丰登”的三角旗和扎有大斗、饰有彩球雉羽的“秧旗”。接着由秧官将第一把稻秧扔进秧田，并做起

“鹭鸶伸脚”（即一腿向后伸）、“白鹤展翅”（双手做飞翔姿势）等动作，唢呐模仿布谷鸟叫声，吹起“布谷报春”曲调，算是开了“秧门”。

金花和阿鹏在栽秧中结下情缘

在栽秧过程中，秧官不时敲起催秧锣，催促大家赶快插秧，并吟诵：“春光泛泛下稻秧，今天秧囡嫁田头，多子多孙（穗）压弯腰，秋后喜庆大丰收。”这时盛装的挑秧阿鹏小伙子和栽秧的金花姑娘就在唢呐吹奏声中开始了栽秧劳动。栽秧手在田里栽秧，唢呐手在田头吹奏。

栽秧手按照“秧官”的锣声快慢来调整栽秧的节奏，锣声快则栽得快，锣声慢则栽得慢。在既紧张又愉快的劳动中，众人还会“惩罚”在劳动中不努力的人：周围的人栽得快，留一大片给落后者，让他们追赶不上大家，最后让他们头顶秧苗跳舞逗趣，称为“捉懒婆懒汉”。

田里丢秧的阿鹏和栽秧的金花也相互逗乐，阿鹏丢秧时故意将泥水溅到金花身上，金花也不断将泥水撩向阿鹏。他们还意味深长地对起白族调，唱起悦耳动听的白族情歌。苍山为盟，洱海为誓，欢乐难忘的“栽秧会”播下一年一季的稻种，也播下了金花、阿鹏一生一世的情缘。按白族民间的说法，田间栽秧越热闹越欢畅，栽秧调子唱得越动听，水稻的长势就会越好，这年就会大丰收。

以欢乐的歌舞庆贺栽秧结束

栽秧结束这一天，通常又称为“关秧门”，有的称为“谢水节”。这天还会吃“洗脚豆”，也就是炒蚕豆。因为栽秧时人们都是赤脚站在水田里，而豆子是热性的，

秧官锣声催人忙（图/杨士斌）

民间乐手模仿布谷鸟叫声用唢呐吹起“布谷报春”曲调(图/杨士斌)

据说可以驱寒防病，消灾辟邪。妈妈们总是自己舍不得吃，带回家给孩子吃，传说吃过栽秧“洗脚豆”后，可以保佑孩子不生病。最后，人们手持八角鼓、霸王鞭围着秧官跳舞，并把他从田间引回村子，边舞边打秧官，以表示对他的敬重和感谢。在秧旗引路下，人们边走边吹唢呐、敲锣打鼓回村。

晚上，栽秧会的乐队在村中古戏台上表演吹吹腔和大本曲，表演“田家乐”，即由扮作渔、樵、耕、读的不同角色轮流上台表演，语言逗趣，边说边唱边舞，乐曲响彻云霄。大青树下，金花打起了霸王鞭，阿鹏敲起了八角鼓，人们舞起龙、耍狮子，衷心祈愿四季平平安安，日子红红火火。在欢乐的歌舞中，白族人民将辛勤的栽秧劳动化作了欢腾的村庄，化作了喜庆的节日，化作了斑斓多姿、源远流长的民族历史文化活动，以此庆贺栽秧结束。

撰稿专家

杨国才，白族，云南民族大学人文学院二级教授，博士生导师，云南民族大学少数民族女性与社会性别研究中心主任。主要研究方向为少数民族女性学、性别社会学和民族伦理学。主要著作有《情系苍山，魂泊洱海——白族女性》《白族传统道德与现代文明》《女性学学科建设与少数民族妇女问题研究》等。

《白族传统道德与现代文明》

扫描二维码，
阅读专家代表著作的电子版

大理市大关邑洞经古乐会（图/杨士斌）

第8章

雅俗共赏的乐舞文化

音乐戏曲舞蹈

本章主撰稿人：云南大学教授　董秀团

早在青铜时代，洱海地区的先民们就开始使用铜鼓、编钟和葫芦笙等乐器。南诏大理国时期，大理地区与中原、东南亚等地的交往不断，中原乃至西域的音乐文化对白族产生了重要影响。元代平定大理国后，北方民族音乐也随之传入大理。至今白族民间仍广泛使用的唢呐、号角等，就是在元代传入的。

元明以来，白族地区稳定的农耕生产方式，以及市镇商贸的繁荣，为白族民歌的传播与发展创造了有利的条件。早在明代中期，白族民歌的唱词格式和押韵方式已趋于规范化。清代和民国时期，白族民歌的种类之多，内容之广，对歌活动之普及，达到了一个高峰。如今的白族民歌，大部分是这一时期传承下来的。

元末明初，大量汉族移民流入大理，也带来了当时流行的戏曲“弋阳腔”。经过白族的本土化，并吸收其他戏曲的成分，“吹吹腔”这一新的戏曲品种逐渐在白族地区兴起和流传。清代，白族乡镇广建戏台，吹吹腔日益繁荣，至今不衰。而另一种影响极大的白族曲艺——“大本曲”，也是在清代开始发展起来，成为一种长于表现复杂曲折的故事情节的说唱艺术。

源于道教文化的大理洞经音乐产生于元代，至明代嘉靖年间正式走向民间，并流传至各地，兴盛一时。大理洞经音乐传承至今，保留了大量中国古代音乐精品，成为中国古代音乐的“活化石”，备受海内外瞩目。

白族的舞蹈源远流长，独树一帜。唐贞元十六年（800）南诏国派出大型演出队伍，在长安献演《南诏奉圣乐》，轰动一时，成为我国民族文化交流史上的一件盛事。从古至今，依托于白族民间丰富的民俗节庆，白族舞蹈长盛不衰，并发展出丰富的种类。其中，“霸王鞭舞”在白族地区流传最为广泛，最具代表性。湖南桑植白族的“仗鼓舞”，则以其粗犷、刚劲的风格，在众多白族舞蹈中独具一格，引人注目。

白族民歌：飘落凡间的歌曲

以爱情为主题的民歌数量最多

1959年，长春电影制片厂出品的电影《五朵金花》上映，风靡一时。电影讲述的是白族青年阿鹏与副社长金花在一年一度的大理三月街相遇时一见钟情，次年阿鹏走遍苍山洱海找金花，经历一次次的误会之后，有情人终成眷属的故事。影片先后在46个国家上映，创下当时中国电影在国外发行的纪录。在影片中，重要情节的对话都是以对歌的方式唱出来的，而其中最为著名的插曲《蝴蝶泉边》更是脍炙人口，深入人心。这首插曲，是著名作曲家雷振邦先生采用两首不同风格的白族民歌加工而成的。

山花碑（原件），竖于大理市博物馆内（图/杨士斌）

白族是一个能歌善舞的民族，来到白族地区，你会为白族民众的乐观、豁达、平和而感动，而这些，在很大程度上又是从白族的民歌当中传递出来的。白族民歌题材广泛，举凡历史故事、山川景物、生产生活、爱情婚姻等都有涉及，其中以爱情为主题的民歌数量最多。

白族民歌的形式非常多样，这是白族民歌很突出的一个特征。当我们听到那么多不同风格、种类的民歌时，必定为白族民众的创造力所折服。从形式上说，既有短小精悍的山歌小调，也有篇幅较长、融入叙事的打歌、本子曲等，它们都采用歌唱的方式来表现，都可以归入白族民歌的范围之中。此外，白族民间的白祭文、踏丧歌、儿歌等也是白族民歌的重要内容。

白族民歌独特的格式——山花体

从诗体格律上而言，白族民歌多采用白族传统的“山花体”格式。当然，这也是白族民间所有的诗歌所惯用的一种体式，包括长篇说唱的大本曲、吹吹腔、白剧等也多采用山花体，民间婚丧嫁娶等场合的祝词、祭文也都几无例外地采用此体式。关于山花体，目前能见到的可资印证的最早文献记载就是明代《圣元西山记碑》碑阴所刻著名白族诗人杨黼创作的白语长诗《词记山花·咏苍洱境》，以及《杨寿碑》碑阴的《山花一韵》一联，由于明代用白文所写的这种词名之曰“山花”，因而现通称这种民歌体式为“山花体”。

文献资料的留存足以说明当时很可能在白族民间已经流行此种体式，因此被杨黼这样的大诗人运用于自己的创作当中。山花体的基本格式为“三七一五”，即前三句为七个字，第四句为五个字。有的分为上下两阕，则又有“三七七五，七七七五”和“七七七五，七七七五”两种体式。第一种体式即上阕的第一句是三个字的曲头，第二、三句为七个字，第四句为五个字，下阕的第一、二、三句为七个字，第四句为五个字；第二种体式是上下两阕均为前三句七个字，第四句五个字。

山花碑（复制品），竖于其“娘家”上阳溪村（图/杨士斌）

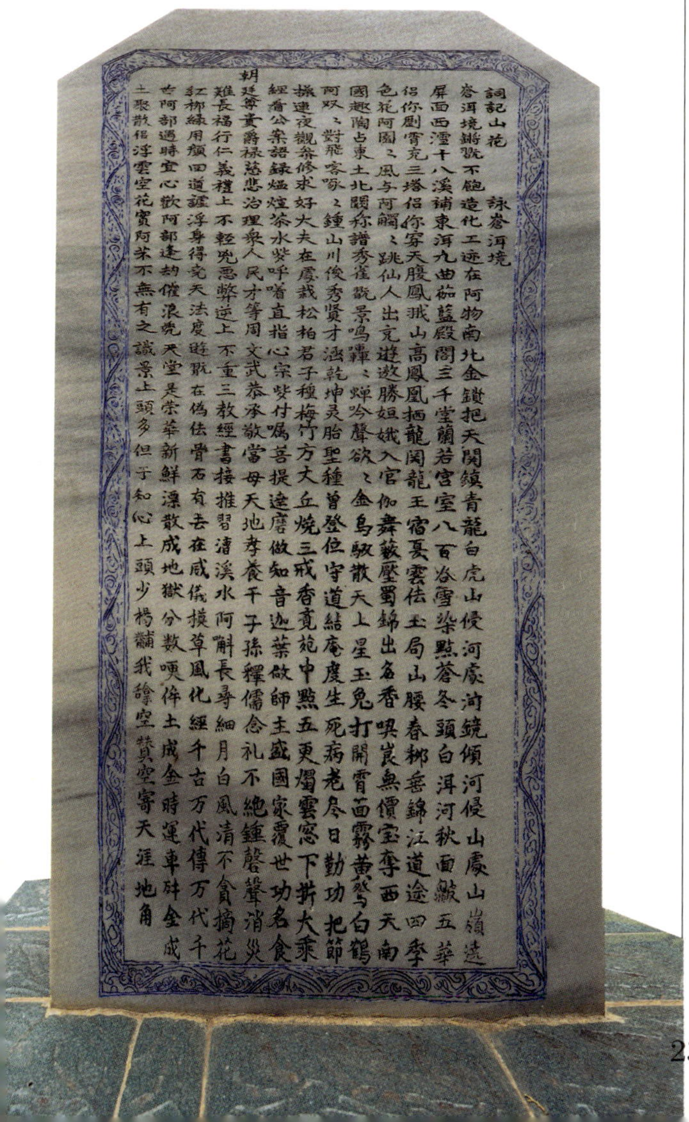

大理州祥云县红土坡石棺墓出土的战国时期铜葫芦笙（供图/董秀团）

至今，山花体在白族民歌中得到广泛运用。比如白族调《三弦无嘴会说话》：

龙头三弦响铮铮，
曲如流水不断根；
三股丝弦拉一起，
悄悄诉心声。
三弦无嘴会说话，
曲到无声胜有声；
今日见妹相会后，
情爱日日深。

这属于“七七七五，七七七五”式。而“三七七五，七七七五”式的如《只要见着妹一面》：

翠茵茵，
小妹你是启明星；
一表人才逗人爱，
赛过观世音。
芍药见妹红了脸，
牡丹见妹让十分；
只要见着妹一面，
有病也减轻。

在这种体式中，“翠茵茵”“花上花”“油勒油”“心肝票”“小蜜蜂”“连心索”等都是常用的曲头。

一字歌·反意歌·串枝连

白族民歌中还有很多独具一格、别出心裁的形式，比如一字歌、反意歌、串枝连等，这些独特的表现形式是白族文学中无可替代的创造力的典型体现。“一字歌”要求每句唱词中都有一个白语中发音相同的字重复出现。

如《新》：

新娘子做客多喜欢，
新衣新裤身上穿；
新人新客羞答答，
躲在薪垛边。
薪垛一垛坍下来，
新娘压在薪下边；
新郎吓得慌了神，
心跳好半天。

“反意歌”把现实中不可能出现的事物说成可能，让听众忍俊不禁，同时也借此讽喻世事。歌曲中蕴含着歌者的丰富才智，因为唱词虽然是以“反意”的形式出现，但并非是胡编乱造，放在一起对举的往往是有关联的事物。

如《小老奶》：

今年活到九十九，
百岁只差一年头；
水豆腐我咬不动，
只吃炒豆豆。
平平大路走不来，
高山顶上能跑步；
绊着小草也跌倒，
走尽天边路。

“三月街”上的白族民歌对唱（图/杨士斌）

这种反意歌与情歌中的无情曲有一些相似的地方。无情曲中除了伤情之声，还有一种对唱双方互相挖苦讽刺、故意贬低对方的民歌，在幽默中体现了白族人民的乐观、豁达和机智，生活的千斤重担都在这举重若轻中化为无形。

比如无情曲《鹰与雀》在比喻中嘲弄对方：

小小麻雀站房头，
想同飞鹰交朋友；
飞鹰直上蓝天去，
麻雀后面丢。
南飞能把金鸡捉，
北飞能把孔雀收；
你是墙头小麻雀，
可笑不知羞。

串枝连又叫串珠连，这种民歌要求下一诗段的首句与上一诗段的末句相同，有的是全句同，有的是半句同，也有的是意思相同即可，如此一段连一段，一环扣一环，一直到全篇结束。一般都是在对唱的时候采用此种形式，对唱的过程也就是赛歌的过程，歌手在每次转换的时候都把自然界或社会生活中相生相克的事物和现象引进对唱当中，正所谓“一物降一物，一物克一物”，在如此生动的连环式对唱当中，一决高下，比赛智慧的高低、知识的广狭、反应的快慢，实际上比的是人们对生活的观察能力和概括能力，不仅对唱者乐在其中，旁观者亦常常被对唱的精彩所吸引，忘记饥渴。

扫描二维码欣赏
民间歌手演唱的白族调
片段

最受欢迎的白族调

白族调作为白族民歌的一个类别，是白族民众最为喜闻乐见的艺术形式，也是中国民间传统艺术的有机组成部分。在白族聚居的大理地区，以大理、剑川和洱源西山的白族调最具代表性。直至今日，这几个地方仍是白族调流传的主要区域。其中，剑川是白族民歌的发祥地，被冠以“白曲之乡”的美誉。在剑川地区，又以石龙、羊岑、东山等地的白族调最为典型。

剑川的白族调题材广泛，内容丰富，从演唱的形式上来说，多为男女对唱，也可单独演唱或多人对唱。和大理、洱源等地一样，剑川白族调讲究唱词格律，采用白族传统的“山花体”诗歌格律。当然，在实际的演唱中，白族调还有少量的变体，如加入富有变化的衬词等，其唱词也多为即兴创作，独具民族特色。

白族调有三腔之分，即高韵、中韵、低韵，表现力十分丰富。三弦是白族调演唱时的主要伴奏乐器，造型美观，也是极具白族特色的民族艺术品。

情真意切，质朴动人

形式上的独具一格为白族民歌贴上了不可复制的标签，但民歌最吸引人之处还不在于这些别出心裁的形式，白族民歌中所透露出来的情真意切、质朴动人才是最具白族特色的烙印。歌谣中常见的赋、比、兴等手法在白族民歌中被创作者运用得十分娴熟，与此同时，月亮、花、蜜蜂等意象的运用为白族民歌抹上了独特的民族色彩。白族民歌中常常用白月亮营造特殊的意境，也常用蜜蜂采花等意象暗示男女相恋，表达情感。比如在剑川地区广泛流传的这首《白月亮呀白姐姐》就是把

石宝山歌会——弹弦唱曲情不尽（图/杨继远）

爱慕的姑娘比作皎洁的明月，在月明星稀的夜晚托明月传情：

白月亮呀白姐姐，
真心话儿说给你；
我想和你成婚配，
怎好亲口提。
不开口是心不定，
开口又怕得罪你；
答不答应在于你，
何必害羞呢！

打歌：远古的追寻，集体的狂欢

“打歌”也称“踏歌”，白语意为玩耍、游戏、娱乐等。“打歌”流传于鹤庆、剑川、洱源、丽江一带，是一种集演唱、舞蹈、饮酒或饮茶为一体的综合性的文学艺术活动。“打歌”融诗、乐、舞为一体，充分体现了原始文学混融一体的特征。流行于洱源西山地区的“打歌”较为完整地保存了白族原始的“打歌”形式。其形式一般是人们围绕篝火，将歌手分为两组，人数不拘，每人手里端着一碗酒或茶，一边唱一边慢慢行进，唱毕一段喝一口酒或茶，唱时有“歌头”领唱，其余人应和。两组队伍一唱一答。

严格来说，打歌已经不单纯是一种歌谣，而是一种歌舞乐混融一体的综合艺术。但我们仍将之放在白族民歌之下来进行介绍，因为在那古朴的歌诗中恰恰蕴藏了最远古的声音，记录了白族民众最底层、最原初的生命探索。在打歌的一唱一答中，会把人们带回到最远古的记忆之中。比如洱源西山打歌体史诗《创世纪》，以盘古盘生两兄弟开天辟地的壮举为主要内容，分为“洪荒时代”“天地的起源”“人类的起源”三个部分，关注的是人类早期生活中的重大问题，反映了白族先民对外界和自我的认知。在关注宏大命题的同时，白族的《创世纪》也有很多民族特色的情节，如盘古盘生降服了龙王、斩杀龙头、龙王死后变成彩虹，盘古盘生变成天地后，又化身为“木十伟”，木十伟的身体变成了万物。在《创世纪》中还植入了观音信仰的因子，本来是开天辟地的起源神话，在盘古盘生开天辟地的壮举中，却嵌入了观音留下人种于葫芦的情节，把观音置于运筹帷幄的重要地位，反映了白族地区对观音的崇信。

打歌承载着厚重的历史内涵，但却因为选择了一种集体歌舞的形式而让其严肃、沉重的话题在歌舞的步履中显得轻盈起来。所以，打歌不仅是指向开天辟地、人类起源这样的重大命题，也会涉足梁祝故事这样的世俗题材。白族民众在打歌中去唤起远古的记忆，也在打歌中释放集体的情绪。

彻夜长歌，哀挽亲人——白族“踏丧歌”

白族“踏丧歌”是至今留存于白族民间的古老口传丧歌；是白族民间歌者在亡故老人下葬的前夜，以“踏歌”形式彻夜长歌哀挽的特有仪式。主要分布在云南大理、怒江、文山、玉溪及贵州大方、湖南桑植等白族生活的区域。流行于大理、洱源、剑川、云龙等地的丧歌逐渐演变成以大本曲或本子曲的旋律演唱哀悼逝者的“五更曲”（或称“哭五更”），多数为坐唱形式。贵州大方县白族称“踏丧歌”为“唱孝歌”，湖南桑植白族称“唱祭文”，云南文山白族称“绕棺散花调”。

“踏丧歌”的曲调和仪式结构部分通过民间口口相传与师徒授受，有相对固定的程式；丧歌的大部分内容却主要由歌者之间即兴对唱完成。歌词内容与意蕴极为丰富，其中融入了许多白族民间的俚语俗谚与历史掌故，蕴含白族祖先的送魂方位、族群迁徙线路、白族人的生死观和宇宙观等诸多信息。歌词体式整齐规范，对仗押韵。歌师领唱，群体唱和，通宵长歌，出口成章，动辄数以千行计。歌者动情，听者动容，仪式过程神秘深邃，独具神韵，是了解白族传统文化和精神世界难能可贵的文化遗存。

（文/赵敏）

剑川石宝山歌会：在佛的注目下歌唱

在大理州剑川县西南部距离县城约25千米的地方，有一座古木参天、怪石林立的石宝山，这里属老君山系南延支脉。山中有石钟寺、宝相寺、金顶寺、灵泉庵、海云居等寺宇和文物遗址。石钟山石窟早在1961年就被国务院公布为全国第一批重点文物保护单位，有“南天瑰宝”之美誉。石宝山峰峦叠嶂，林木葱郁，不仅名胜古迹众多，而且自然景观优美。一年一度的石宝山歌会就在这里举行，每年的农历七月底八月初，都会吸引滇西北各地成千上万的民众前来参与盛会。

明清时期，歌会已经十分成熟，传世诗文可证歌会当时的情景。明代白族诗人赵炳龙所题的石宝山楹联中有一副写道：“弦歌犹俚俗，亭障亦边筹。”另外，清赵联元辑《丽郡诗征》中载剑川治城人赵怀礼写于嘉庆年间的《朝山曲》七绝，其一云：“香烟喷作雾迷漫，彻夜僧寮不掩关。明月乍来还乍去，可怜佳节与名山。”其二为：“三营浪子土三弦，靡曼山歌断复连。菩萨低眉弥勒笑，无遮大会奈何天。”诗中生动细致地描述了石宝山歌会的兴盛场景。

在石宝山歌会古老的赶会对歌传统中，我们看到的是这样的一幅场景：每到歌会，石宝山周围乃至更远的洱源、大理、丽江、兰坪等地的群众三五成群，蜂拥而至。石宝山漫山遍野人头攒动，背着行李铺盖，拿着锅碗家什的人们聚集于寺庙里、佛像前、山野中，歌声此起彼伏。因为那个时候的石宝山除了寺庙之外再无别的设施，所以当时赶会的人们要自己准备好行李、炊具，菜蔬粮米，这其中，以前是一块羊皮披肩，再后来是一块塑料布必不可少，下雨时可遮雨，累了还可铺于地上在上面休息一番。很多男子还要背上一把龙头高昂

石宝山歌会（图/杨士斌）

的三弦，一路上，边走边谈笑，有时弹上一曲三弦，伴着铮铮的三弦声一曲曲白族调随口而出。

到了石宝山，可以选一块阵地，一展歌喉，也可穿梭于林间小道，漫步于寺宇佛前，寻找着自己钟情的对歌对象。到了夜色降临时，人们点起火把，或打着手电筒，仍旧借歌传情，表达着自己内心的感受，抒发着自己内心的情感。那些因歌生情的男女，可能会双双隐没于树丛中，同披一块毯子，甚至是一块塑料布，互诉衷肠。每年的歌会上，都有一些人是专门来同旧时情人相会的，有的是年轻时互相爱慕，产生感情，但由于种种原因未能结合，便相约每年石宝山歌会时再度聚首。这时的石宝山歌会，是歌的海洋，也是情的世界，充满着欢声笑语，流淌着欲望情爱。当然，也有很多老人为还愿而来，还有很多小孩在大人的带领下来看热闹和新奇。很多人家则特意到石钟寺石窟中的阿姎白女性生殖器造像前跪拜祈祷，祈求生育，已经怀孕的在石窟上抹香油以求顺产。

每个亲临石宝山歌会、参与石宝山歌会的人都可能被歌会中的一个情景所震撼：人们不仅在山林中、岩洞里、巨石下对歌，人们还在寺庙里、佛像前、经堂中对歌，人们在神佛的注视和聆听中对歌。到了深夜，熙熙攘攘的人们在佛殿中铺开简便的行李，夜宿于佛像之前。在这样的情景中，我们看到了宗教和世俗最无间的亲密交融，人和神最零距离的自由接触。

很多地方很多民族的宗教信仰当中，都有娱神和娱人相互结合共同存在的现象，但是却很少出现石宝山歌会这样人神同歌、同眠的情景，也很难达到像石宝山歌会这样人神共娱的程度。这可能与当地信仰的主要是佛教密宗有关，也与白族民众的宗教意识和信仰态度有关。就如同白族所普遍信奉的本主也像人一样具有七情六欲，也可以成为被揶揄和嘲弄的对象，在白族民众心目中，石宝山中的神佛也会以宽容的态度接受人间的情爱，也会和人们一样从歌会当中得到满足和娱乐。

随着社会的发展，石宝山歌会与以前有了很多的不同，宾馆饭店拔地而起，政府的介入让歌会朝着文明、规范的方向发展，传统的山林野合等现象逐渐消失，赛歌台上歌手的演唱越来越具有表演的成份。但是，石宝山歌会依旧是吸引八方来客的一个盛会，也是白族民歌得以流淌、白族民众的心声得以抒发的最佳场所。

石宝山歌会盛况（图/杨士斌）

大本曲、吹吹腔：白、汉文化交流浇灌的艺术之花

白族民间戏曲曲艺的代表

汉族文化和白族文化的协奏曲

说到白族的曲艺、戏剧，就不能不提到大本曲和吹吹腔。大本曲是白族特有的民间曲艺，是一种汉白夹杂、韵散相间、唱白相和的民间说唱艺术。吹吹腔是白族民间一种独特的戏剧形式，风格古朴、表演粗放，极富乡土气息，十分贴近民众的生活和审美。

作为白族民间戏曲曲艺的代表，大本曲和吹吹腔还有一个共同点，那就是它们都是在汉文化和白族文化的共同影响下成长起来的艺术之花，在它们身上，我们仿佛听到了一首汉、白两族文化交流融合的协奏曲。

大本曲的产生受到汉族说唱艺术的影响，汉族文化中的变文、俗讲、说话、宝卷、弹词等说唱艺术和各戏曲声腔都对大本曲的兴起有直接或间接的促进作用。大本曲的形式和内容都与汉族传统说唱文学的鼻祖俗讲、变文之间存在大量的相似之处。剑川地区的本子曲可能是大本曲较初始的一种形式，或者说本子曲就是叙事长诗与大本曲之间的一个过渡形态。在大本曲的文本中，有90%以上的曲目都是移植自汉族的戏曲曲艺当中。其中有很多曲目连曲名都和汉族地区的保持一致，还有一部分曲目名字虽然不同，但内容大同小异。汉族地区广泛流传的《铡美案》《杀狗劝夫》、梁祝故事、天仙配等均属大本曲中的主打曲目。

听大本曲的观众（图/董秀团）

白族吹吹腔的形成和发展同样受到汉族戏曲的极大影响。吹吹腔，又称吹腔，白语称“滴呆希”，直译为“唢呐戏”。据杨明先生的考证，白族的吹吹腔源出于在云南地区早有流传的弋阳腔。明代大批汉人被迁到云南屯垦，其中很多汉人就是来自当时弋阳腔流行的浙江、江苏、江西等地，弋阳腔也随之传入大理。除此之外，吹吹腔还受到了明清时期高腔、乱弹的影响。这些都已经说明了吹吹腔与外来的汉文化及汉文学之间的关联是十分紧密的，也可以说白族吹吹腔的生成就是得益于汉族文学的渗透和影响。由于与汉族戏曲的渊源关系，白族的吹吹腔中也保留了大量汉族戏曲中观众耳熟能详的剧目，如《董永卖身》《薛丁山征西》《二度梅》《大破天门阵》《回窑》等。

当然，不论是大本曲还是吹吹腔，虽然都受到了汉文化的重要影响，但也都具有不可替代的民族性特征，它们已经成为白族文化中的标志性符号。大本曲和吹吹腔的表演已经与白族民众的日常生活和民俗生活融为一体，就内容而言，大本曲中，不仅有《白王的故事》《火烧松明楼》等民族题材，而且还将一些汉族的戏曲曲艺剧目予以“本土化”和“白族化”，增加了许多富有民族特色的情节和内容，融入了大量白族人民生活中的风俗习惯，体现出白族民众生活特有的韵味。在很多曲本中，描写到庭院房屋的时候，往往按照白族特有的民居形式加以想象，将之描绘成三坊一照壁、四合五天井式的住宅。曲本中人物的服饰、饮食、风俗往往也都体现出白族地区的特色。曲本中还有关于白族的婚丧嫁娶、节日、信仰等方面的描写。吹吹腔中也有《牟伽陀开辟鹤阳》《火烧松明楼》这样的极富地方色彩的剧目。

白族人的生活离不开唢呐

白族唢呐独具特色，在白族人的生活中有着重要的地位。白族唢呐从构造、演奏方法到音色、旋律等都与汉族唢呐有很大区别：背面无音孔，正面只有七孔，采用借音吹奏法，音程跳进，音域宽阔，其粗犷和豪放其他乐器难以企及。白族唢呐流传的曲牌十分丰富，仅已故老艺人杨学仲留存的曲目就有90余种。白族唢呐在婚丧嫁娶、戏曲曲艺、迎神社火中都必不可少，还常常作为劳动生产的伴奏乐器，如在白族栽秧会中就是以唢呐曲调来配合栽种动作的。

白族唢呐
（图/杨士斌）

神圣与世俗的交融：三斋不抵一曲

白族民间流传着一句话“三斋不抵一曲”，意思是说求神拜佛办三次斋还不如请人唱一次大本曲。从这句话中，可以看到在白族民众心目中，唱大本曲不光是娱乐自我，而且也具有重要的敬神祈愿的功能。大本曲的表演，包含着娱神的因素，具有祈福禳灾的宗教功能，一方面是祛邪除煞，另一方面是祈福趋吉。也就是说，民众通过演唱大本曲，来取悦于神灵，进而使村社民众与神灵之间建立起一种良好的关系，让民众获得神灵的照顾和护佑，得到降福消灾的结果。

大本曲演出的场合多是年节，特别是春节、火把节和本主节，是在特别的场合为神献上的特殊祭礼。海东地区在春节“接佛”时演唱大本曲，有的地方在火把节、中元节时演唱大本曲，有的则是在本主节时唱大本曲酬谢本主，这其中无疑含有娱神的因素。此外，各家各户如遇红白喜事或“做房生日”（新房落成的纪念日），也要专门请歌手来家里演唱大本曲。

从演唱的场所来看，本主庙是大本曲演唱的重要场所。在白族村寨中，很多本主庙中都建有戏台，成为大本曲演唱的场所之一。有的时候，即使本主庙中没有戏台，也可将曲台搭建在庙中。这也从一个侧面反映出大本曲的娱神性质。

艺人在演唱时，要焚香、点烛、点灯、供奉瓶花、燃起香炉以敬神，艺人在演唱正本前，往往要先用半个小时左右的时间演唱一段或者几段短本的庆贺、祈福、劝化性的唱词。有的时候是演唱一些扫台曲、庆贺曲，如《劈财神》《八仙庆寿》之类，祈福禳灾的意义十分明显，具有强烈的仪式性。

当然，大本曲对民众心理上的宣泄功能也是毋庸讳言的，民谚说“不放盐巴的菜吃不成，不唱大本曲的日子过不成”。笔者在调查中不止一次听到老人们回忆以前某某村演唱大本曲时相邻村寨奔走相告、蜂拥而至的盛况，笔者也曾在现场观摩大本曲艺人的演唱，感受到艺人的全情投入、观众的兴致盎然。

吹吹腔的演唱也是同样的，一方面民众将之作为娱乐放松的最好方式，另一方面也将之作为取悦于神的中介。在洱源、云龙等地的农村、山区，不仅逢年过节要唱吹吹腔，而且生产劳动的过程中也会唱吹吹腔，更不用说迎神赛会的场合也是少不了吹吹腔的。吹吹腔的演唱很热闹，艺人表演往往情绪高昂，很多喜欢吹吹腔的白族群众认为滇剧不够热闹，所以他们更爱看吹吹腔。在这热闹的气氛中，不仅艺人和观众的情感得到表达和宣泄，神灵也会被取悦，得到满足，这样的乡土艺术如何能不受到群众的热爱和追捧呢？

三腔九板十八调

大本曲的唱腔，按传统的说法，有“三腔九板十八调”。“三腔”指的是三个艺术流派：流行于大理城南的称为南腔；流行于大理城北的称为北腔；流行于洱海东岸的称为海东腔。“九板”指的是九个曲牌，是大本曲的基本唱腔，如正板、平板、高腔、脆板、大哭板、小哭板、阴阳板等。“十八调”指的是十八种来自民间的民歌小调，是大本曲的辅助唱腔，如老麻雀调、螃蟹调、放羊调、花子调等。

具有鲜明民族风格和地方色彩的“吹吹腔”剧目《火烧松明楼》在云龙长新乡演出（图/杨士斌）

功不可没的白族戏曲民间精英

大本曲和吹吹腔能成为白族文化中的代表性符号之一，离不开白族文化的滋养，离不开白族民众的哺育，更离不开民间艺人的付出。虽然大本曲和吹吹腔都是植根于民间的艺术，具有浓郁的乡土气息，但毕竟它们都是独立发展的艺术形式，它们成长壮大的过程中，艺人的贡献功不可没。这些民间艺人在大本曲、吹吹腔兴盛的年代或许曾经唱遍了白族的村村寨寨，曾经是观众追捧的明星偶像。

如今，大本曲和吹吹腔也像所有的戏曲曲艺那样，兴盛场景已大不如前，但是，在民族文化发展的道路上，外部环境的影响只是暂时的，而“来自血肉、来自空气与土地、来自头脑与感官的结构与活动”的民族性才是永久的。近几年来，丰富多彩、形式多样的演唱活动在广大城乡依然盛行。虽然老一辈的艺术大师们已相继去世，但新一代的歌手又纷纷脱颖而出。人们永远不会忘记那些承前启后的民族艺术之星。

大本曲有“三腔”之分，从地域角度指的是南腔、北腔和海东腔。杨汉先生是南腔最具代表性的艺人，他出生于清光绪甲午年(1894)，1984年去世。杨汉号弦萱，系大理市原七里桥镇大庄村人，在十二三岁的时候开始拜被誉为“南腔师祖”“唱曲泰斗”的老艺人杨旺为师，边学边唱，开始了半农半艺的民间艺人生涯。杨汉被誉为大本曲演唱“苍洱第一人”，在中华人民共和国成立以前早已成名，在民间极有名望，到中华人民共和国成立后，又为大本曲事业的新发展做出了极大的贡献。杨汉在大本曲演唱、弹奏上造诣很深，对南腔“九板、十八调”的每一腔每一调都十分熟悉和精通。白族民众也非常喜欢他的表演，曾编出顺口溜说：“弦萱三弦响，百姓脚底痒。听他把曲唱，心中实舒畅。”这生动地说明了杨汉的演唱对于民众的强烈吸引力。

杨汉成名后就曾无私地向慕名前来学习的人传授大本曲方面的知识，大理各村的赵玉珍、张本、张以怀、沈来忠、杨正昌、杨士达等人，以及大理州白剧团的许多演员、演奏员、编导和音乐工作者均受过杨汉先生的指导，他们中的很多人都成为了大本曲艺术的接班人。

杨汉在大本曲曲本保存和曲目核实方面功不可没。他从年轻时开始抄录、收集曲本，加上后来自己移植、改编的一些曲目，积累了约一百多本曲本。到20世纪80年代初，云南大学的张福三和傅光宇两位学者为修订《白族文学史》特意找到杨汉协助核实大本曲的曲目，当时他们在杨汉家看到了老人在十年文化浩劫后收藏下来的50多个传统曲本，并在老人的帮助下甄别出大本曲的116个传统曲目。杨汉在大本曲创作和丰富大本曲曲目方面也做出了很多的努力。杨汉曾改编、创作了《白王的故事》《火烧松明楼》等曲本，后来又创作了《社会主义好》《农业纲要四十条》《大理好风光》《八十老人唱新歌》等大本曲作品。

黑明星被公认为是北腔代表，大理市湾桥镇下湾桥村人，被誉为“白云峰下画眉鸟”。他生于1921年，去世于1997年，16岁开始登台演唱就获得了群众的认可和欢迎。与南腔的委婉悠扬不同，北腔以高亢激昂著称，形成了独特的风格和艺术特色。黑明星具有较强的记忆力，有的艺人回忆说他能将很多大本曲曲目的内

白族大本曲北派传承人赵丕鼎和他珍藏的大本曲手抄本（图/杨士斌）

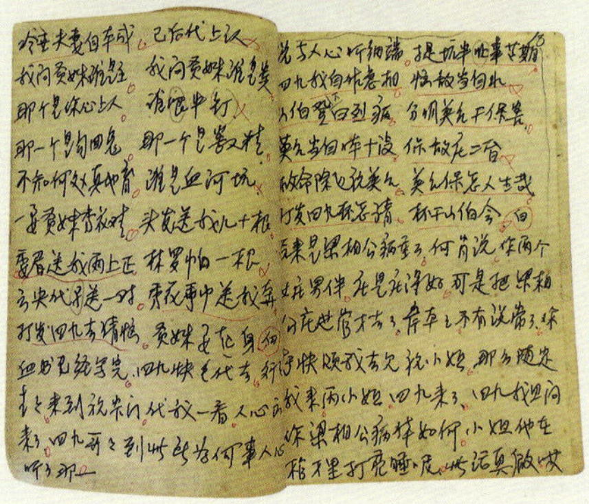

云龙大达村白族“吹吹腔”剧目《血汗衫》表演（图/杨士斌）

容记在心中，而无需看曲本。黑明星也具有较高的创作才能，他能触景生情、出口成章，创造了大量脍炙人口的大本曲唱词。黑明星还积极移植、改编和创作了《恩仇难忘》《双枪老太婆》《龙王庙》等曲本。在培养人才方面，黑明星同样做出了较大成绩，他曾被大理州白剧团等聘为教师，向文艺工作者和民间艺人传道授艺。

李明璋的年纪相对更小一些，他是海东腔的代表人物。他于1936年出生于大理市海东镇名庄村。1985年去世。李明璋于20世纪60年代初开始步入职业半职业艺人的行列，此后，一直活跃在大本曲的舞台上，直到逝世前发病的当晚，还在为群众演唱。除了积累和保存了大量传统曲本之外，李明璋也移植、改编和创作了一些现代题材或与白族民间传说有关的曲本，其中，《望夫云》曲本取材于白族传统民间故事，受到了群众的喜爱。李明璋对大本曲艺术的影响还表现在他对大本曲唱腔的发展和演唱形式的变通上。从前者来说，他将许多白族民歌、小调等引入了大本曲的唱腔，形成了独特的艺术风格，受到许多艺人的仿效，因此，他也被人们认为是海东腔的新一代代表艺人。就后者而言，他改变了传统坐唱的表演形式，首创了站唱的形式，同时还加入了走步、小跑等动作和更多的身势语言，有时还利用道具增强表演的效果，这样的表演形式显然更受群众欢迎，所以也为他在民间赢得了更多的观众。

上述的老一辈艺人都为大本曲的发展做出了重要贡献，他们的努力和付出共同为大本曲艺术撑起了一片广阔的天空，正是他们，搭建了从20世纪初叶到20世纪80年代白族大本曲的舞台，并成为这个舞台上最光彩耀人的舞者。在他们之后，目前大本曲舞台上的中坚力量有刘沛、赵丕鼎、杨振华、杨兴廷、杨学智、董学飞、奚志南、段凤清、杨嘉元、李丽、王祥等，他们也是目前在大理坝子中仍有演艺活动的、比较活跃的艺人。

与大本曲一样，吹吹腔当中也曾涌现过不少的著名艺人，他们同样为吹吹腔在白族地区的发展做出了不可磨灭的贡献。这其中有洱源吹吹腔艺人杨永桐、云龙吹吹腔艺人李春芳、剑川吹吹腔艺人李根吉等。

尽管现阶段大本曲和吹吹腔的演唱频度和观众的兴趣已经不可与以前同日而语，但这些艺人仍然坚守在他们热爱的这个舞台上，他们对大本曲和吹吹腔的热情仍然没有减少，也许大本曲和吹吹腔早已融入了他们的血脉，成为他们生命中不可或缺的组成部分。

云龙大达村白族“吹吹腔”艺人（图/杨士斌）

汲取传统、不断创新的白剧

白剧是在吹吹腔和大本曲基础上形成于1960年代的新型民族剧种。它在内容和形式上不断创新，受到白族等各族人民的喜爱。1962年，大理白族自治州白剧团正式成立。剧团创作的现代戏《红色三弦》《苍山红梅》和神话故事剧《望夫云》，先后三次赴北京汇报演出，受到首都各族观众和文艺界人士的高度评价。创演的大型剧目《苍山会盟》《白洁夫人》《阿盖公主》，1992年分别参加第三届中国艺术节演出和全国“天下第一团”优秀剧目展演，获文化部文华新剧目奖。大型现代白剧《情暖苍山》于2000年参加云南省迎接新世纪新剧（节）目展演，获优秀剧目等九项奖，其中有六项一等奖。该剧2001年11月赴广西柳州参加第七届中国戏剧节演出荣获曹禺剧目奖等六项奖，该剧还曾在日本、新加坡、缅甸等国家演出，在国内许多省、市、自治区和香港特别行政区演出，获广泛赞誉。

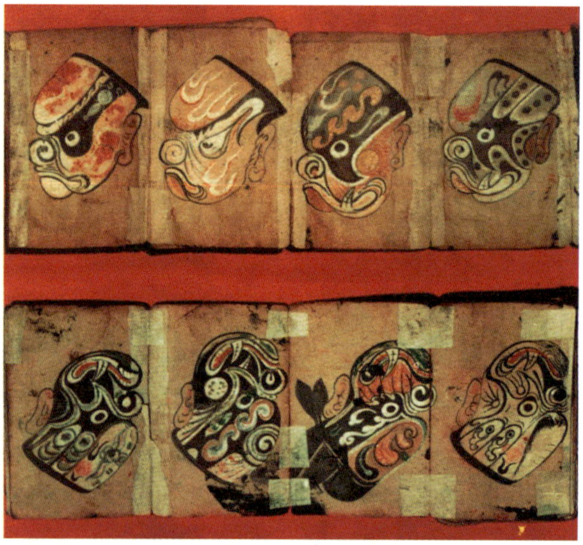

上图：吹吹腔脸谱。吹吹腔用红、黑、白、蓝、紫五色脸谱，以表现人物的不同性格

下图：白剧《望夫云》剧照（1980年）

扫描二维码欣赏
大本曲演出片段

中国古代音乐的“活化石”——大理洞经音乐

聆听洞经音乐，仿佛沐浴在唐风宋雨之中

走进大理，不论是城镇还是乡村，是节日还是平常日子，只要有心，常常会听到一阵阵古意斑斓的音乐，从一座座古朴典雅的白族本主庙、文昌宫，甚至是白族庭院节日舞台上飘然而来。那音乐时而庄严，时而静肃，时而激越，时而飘逸，时而柔婉，时而轻曼，时而悠扬，时而舒缓。渐渐地，你的心灵深处，一种飘飘欲仙的超脱感、神秘感、净化感便油然而生。那感觉仿佛置身于遥远的古代，沐浴在唐风宋雨之中，让人久久回不过神来。这种音乐其实就是具有一千多年历史、至今仍在大理流传的、被音乐界称为“广陵绝响”的中华民族音乐瑰宝——大理洞经古乐。

大理洞经音乐是一种既有道教音乐的飘逸、宫廷音乐的典雅、江南丝竹的柔美、儒教音乐的浑厚，又有各种民族民间音乐风韵的独特民族民间音乐品种，堪称中国古代音乐的“活化石”。洞经音乐以其独有的艺术魅力，排遣人们心中的忧烦，平衡心理，滋养身心。它提供给人们的是一种纯精神的、淡而悠长的愉悦，一种自然恬淡的人生情趣，一种偏于含蓄的审美情趣。它摈弃了宗教的冲动、迷狂，也淡化了传统哲学的正统、庄严，而充满了艺术的浪漫色彩和绚丽想象。

2002年，作为洞经古乐的发源地，大理市被国家文化部命名为“中国洞经古乐民间艺术之乡”。

《文昌大洞仙经》书影（图/杨国兴）

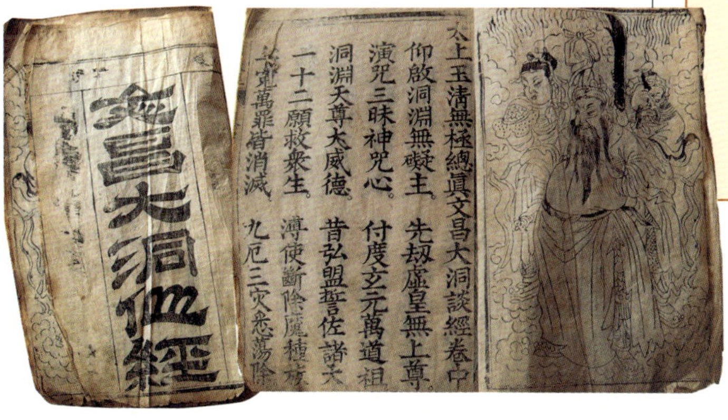

什么是“洞经”？

在洞经音乐中，“洞经”指的是声乐部分的唱、诵本。“洞经”原本是道教名词，是一切道教经典的总称，也称“三洞经”或“大洞真经”等。“三洞”是南北朝时期道教经典的一种分类法，即洞真、洞玄、洞神三类经书，合称“三洞经”，简称为“洞经”。

道教的“洞经”在洞经音乐的产生和形成过程中起着主导作用，是最初的洞经音乐的根本载体，甚至到了今天，它依然在很大程度上制约和规范着洞经音乐的内容和形态。然而，随着洞经音乐的发展和演变，其道教色彩已明显淡化，而音乐部分的地位日渐上升，“洞经”逐渐成为洞经音乐中一个有机的、甚至是附属的部分。通俗地说，“洞经”在洞经音乐中的地位也就相当于一首歌的歌词。

另一方面，洞经音乐中的“洞经”并非全都是道教的，也有少量佛教、儒家的经典。其道教部分，也并非囊括所有的道教经典，仅仅包含《三洞谈经》《文昌大洞仙经》等几十部经典，且主要集中于《文昌大洞仙经》一部。

扫描二维码欣赏
大理洞经音乐《关圣会》

（视频素材由大理市非遗中心提供）

源于大理苍山，流传七百余年

据考证，大理洞经古乐，肇始于南诏大理国时期（故又称南诏古乐），产生、形成于元末明初。大约在元大德至至大年间（1297—1311），大理籍全真道道士陈玄亮入主苍山中和峰玉皇阁。陈玄亮天资颖悟，精通音律，为弘扬道教，他主张以音弘道。他选择了古道经中的《三十九章经》《黄庭内景经》《太上大有妙经》三部经典，并按道经的一贯称呼，统称三经为《三洞谈经》，进而为它谱成乐曲。元延祐年间（1314—1320），陈玄亮又专程到道教胜地四川梓潼七曲山取经，带回了大量的道教音乐。回到大理后，他把这些音乐和经谱与《三洞谈经》糅合，并在玉皇阁创立了最早的洞经会——道源社，进行演奏和传播。

大理市大关邑洞经古乐会（图/杨士斌）

洞经音乐产生之后不久，文人士大夫便开始参与到这一活动中。同时，一些极具地方特色的民族民间音乐开始进入洞经音乐体系，如代表唐代云南音乐最高成就的南诏宫廷音乐《南诏奉圣乐》和南诏古乐《诏王操戈》，元代大理总管段功与其乐师谱写的《兰津渡》，段府乐工赵胜霄谱写的《五华晓钟》，明代白族著名文人杨黼谱写的《点苍叠翠》等古琴曲，早在明初就已成为洞经音乐中最具特色的雅乐部分。

到了明嘉靖年间，四川新都状元杨慎与白族文学家李元阳、赵雪屏等分别在大理、下关成立了叶榆社和三元社两个洞经音乐组织，从而使大理洞经音乐真正走向了民间，并广泛流传到了周边的丽江、楚雄、保山、昆明等地。洞经音乐组织完全脱离了道观，成为文人雅集型的民间音乐组织。大量的外来音乐成分，包括历代宫廷音乐、儒释音乐、江南丝竹、南北曲以及众多的地方文人雅乐、民间音乐等全面进入洞经音乐体系，从而使洞经音乐走向成熟，成为一种既有别于道教音乐，又不同于一般民族音乐的独立的民间音乐品种。

明清两代，叶榆社和三元社的活动时有兴废。到清末和民国时期，两社规模不断壮大，三元社已发展成为三元、礼仁、感应、观音、崇文、宏仁、里仁、千福等八个洞经会，叶榆社也发展成叶榆、尊圣、洪仁、福缘、鹤云五个洞经会。此外还有大量的洞经音乐组织，如喜洲聚真会、周城周德会、古生兴儒会、挖色辅国堂等，广布于乡村各地。

走向成熟的洞经音乐呈现给我们的是一种极为独特的景象：它以道教鬼神观念和仪式为基本框架，以道、儒、释汇融为文化内涵，以儒学及士大夫性、命兼修的人生哲理和生活情趣为文化内旨，以文人雅集型的民间团体为组织载体，以音乐为最终表现形式，是一种似教非教、似俗非俗的多元文化整合的复合型民族民间音乐文化。

受道教影响，洞经音乐在正式演奏前，有一整套完整的开坛科仪。这是洞经音乐文化中最具宗教色彩的部分（图/杨国兴）

多元汇流，广采博收，蔚为大观

大理洞经古乐保存完整，音乐内容丰富，音乐形式多样。就内容来说，主要吸纳了道教音乐、儒教音乐、唐宋音乐、南诏大理国宫廷音乐、龟兹乐、佛教音乐、南北曲、江南丝竹及各种大理文人雅乐和民族民间音乐等十多种音乐成分。就其形式上来说，又主要分为声乐和器乐两部分：声乐部分有领唱和伴唱两种，演唱时有两种乐队伴奏，一种是丝竹乐，一种是吹打乐；器乐部分则分为大乐曲牌（吹打乐）、细乐曲牌（丝竹乐）和锣鼓曲牌三类。

大理洞经古乐的曲牌十分丰富。据统计，历史上流传下来的独立成套的各类曲牌多达1000余首，其中有表示开经威仪的《三通鼓》；有虔诚请圣的《诗章》《南洋洲》等唐宋宫廷音乐；有来自唐宋诗词、江南丝竹的《小桃红》《浪淘沙》《越调》《朝天子》《甘州歌》等；有见于南北曲的《十样锦》《清和颂》《一江风》《山坡羊》等；有来自域外的《龟兹乐》；有见于南诏时期的《南诏奉圣乐》《诏王操戈》等；有歌颂孔子、元始天尊的《孔子歌》《元皇赞》；有道教音乐中的《十供养》《玉皇赞》；有大理文人雅乐《五华晓钟》《点苍叠翠》和大理民族民间音乐《蜜蜂过江》《酸辣子》等等。

这些曲牌在长期的演奏中有机结合，既形成了大理洞经古乐古朴典雅、庄严崇高、礼乐兴邦、教化育人的独特主题，又形成了柔美清正、飘逸悠扬、超凡脱俗，若空谷之风、天外之响的艺术风格。同时，这些乐曲完整地保存和再现了中国古代音乐精品的原生形态，因此洞经音乐也被誉为中国古代音乐的“活化石”。

（文/何显耀）

集传统乐器之大成

文/何显耀

大理洞经音乐的乐器种类繁多，其中既有传统乐器，也有宗教法器，还有各地各民族的乐器。洞经音乐使用和历史上曾使用过的乐器，几乎囊括了全部中国传统乐器。

大理洞经音乐的乐器早在明初就已有三十余种。随着历史变迁，许多古乐器渐渐失传。最突出的如七弦琴，它是洞经音乐创始人陈玄亮最为擅长的乐器，明代白族著名文人杨黼也对它情有独钟，是大理古代洞经音乐中的首选乐器之一。但如今，七弦琴在大理洞经音乐中几乎绝迹。另外，如蒙骨都、马骨胡、四弦琴、筚篥、毛埙鼓、都昙鼓等众多古代民族民间乐器也很难见到了。

据调查，大理各洞经会使用的打击乐器主要有大鼓、小鼓、板鼓、小锣、大锣、拍板、金钟、玉磬、铜磬、碰铃、法铃、铓锣、钹、木鱼、铙、云锣、大镲、小镲等，管弦乐器主要有唢呐、笙、排箫、曲笛、洞箫、管子、二胡、四胡、高胡、板胡、中胡、三弦、碗胡、筝、琵琶及小提琴、手风琴、口琴等。

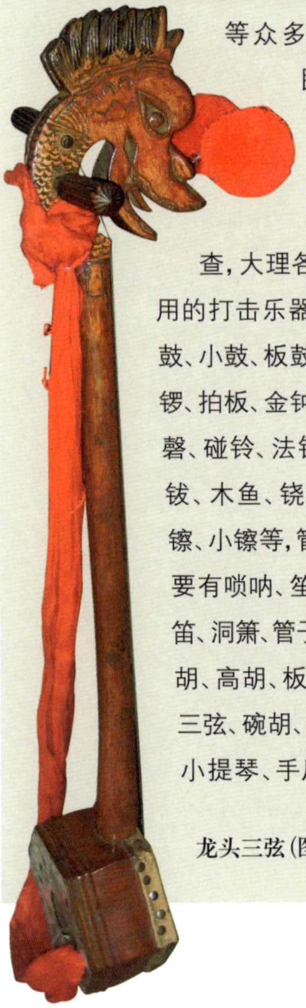

龙头三弦（图/董秀团）

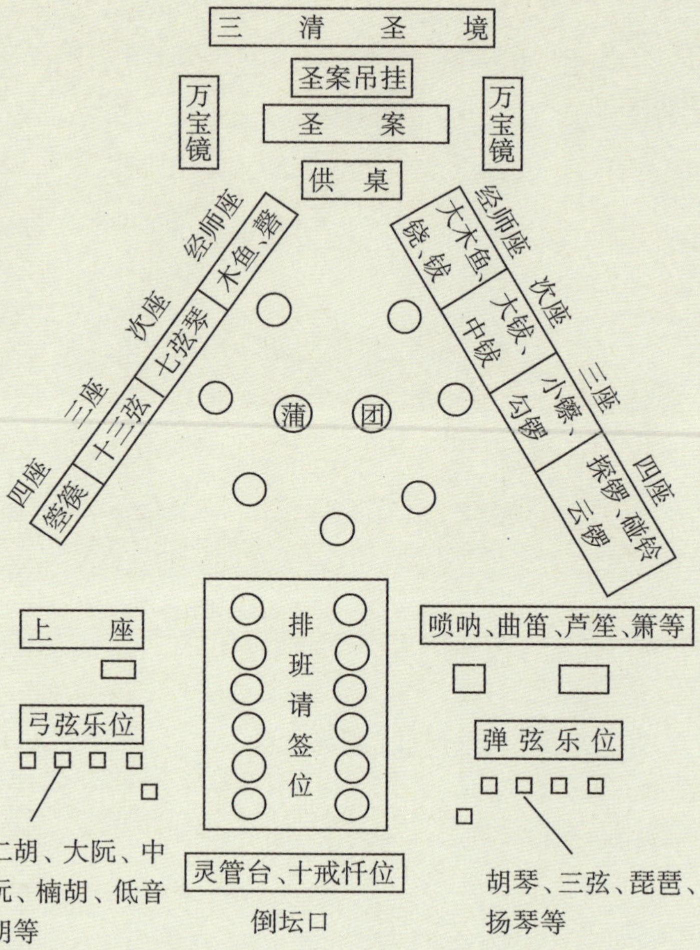

洞经音乐乐器摆布图（下关），选自《大理市民间器乐曲集》（云南民族出版社1997年版）

在演奏中，这些乐器的摆布是十分讲究的，一般要遵循经堂布置而定，呈八卦形摆布。同时，由于各地乐手多寡不一，乐手席位也常有所变化，一般有八座、十六座、二十四座乃至三十六座的排法。但无论何种排法，大鼓、小鼓、拍板、木鱼、玉磬、笛子、唢呐、金钟、碰铃、三弦、二胡等常规乐器是必不可少的，席位也基本固定。

跨越千年历史的白族舞蹈

白族节庆离不开舞蹈助兴

《南诏奉圣乐》轰动长安，永载史册

唐贞元十六年（800）六月，南诏王朝派出一支大型民族歌舞演出队赴唐朝都城长安敬献大型歌舞《南诏奉圣乐》，以示南诏国永远臣属唐王朝，永不叛逆之意。《南诏奉圣乐》在唐都长安的演出，产生了极大的轰动效应，唐朝天子唐德宗亲自在皇宫麟德殿观看了演出，并令宫中的乐工舞女学习南诏乐舞。这场空前的表演还被载入史册，在《新唐书》《旧唐书》中均有详细记载。

从各方面记载的资料情况来看，《南诏奉圣乐》是在唐十四部乐舞之一《圣寿乐》的基础上，注入西南少数民族乐舞的特点，加以改编而成的，同属唐代摆字舞类。所谓摆字舞，就是通过变换队形、变换衣服颜色或举出写有字的牌子等方式，形成特定的字列的一种舞蹈形式。

《南诏奉圣乐》虽在《圣寿乐》的基础上加以发展，同属摆字舞类，但它已不是一种简单的重复。《南诏奉圣乐》的演出规模之大，已远远超过同时期摆字舞的规模，用工将近800多人。演出中包含的艺术种类较多，有小女子舞，有大丈夫舞，有群舞，有独舞，有领舞。除舞蹈之外，参演的乐队十分壮观，使用乐器有30多种，演奏人员有200多人，并分龟兹部、大鼓部、胡部、军乐部四部。各部根据不同的演奏风格，分别配制不同的人数与乐器。《南诏奉圣乐》除了大型表演，也可小型表演，演出形式非常灵活，含坐、立部伎，“自是殿廷宴则立奏，宫中则坐奏”。

从摆字的方法来看，据史书记载，是舞者执羽而舞，相继摆成“南诏奉圣乐”字样，同时歌唱特定的乐章。《南诏奉圣乐》用了少数民族最传统的表达感情的方式——载歌载舞，在道具的使用、服装的设计上尽量突出西南少数民族地区生态环境的特点——“鸟兽王国”及地方民族特色。舞者运用的道具有“野鸡尾”等，舞者的服装也有设计成鸟的形象的。这类打扮的舞蹈形象至今还在白族民间流传，如洱源凤羽地区所表演的民间舞蹈《百鸟朝王》，就属这一类型。

在整个摆字过程中，舞者尽量突出地方民族特色。如装扮上：“舞人服南诏衣，绛裙襦，黑头囊，金佉苴，画皮靴，首饰抹额，冠金宝花鬘，襦上复加画半臂。”这类南诏特色的装扮，在《中兴二年画卷》及《张胜温画卷》中，都能找到原型。在音乐的设计上，也突出西南少数民族的民族音乐特色：“歌《天南滇越俗》四章，歌舞七叠六成而终。”据有关专家考证，《天南

《南诏图传》中天女奏乐的场景，为研究唐代音乐提供了珍贵的图像资料。6名天女跪坐于祥云上，前5名分别演奏琵琶、横笛、箜篌、方响及一竖吹乐器

滇越俗》就是西南少数民族的民间民俗音乐。

不难看出，虽然《南诏奉圣乐》与《圣寿乐》同属摆字舞类，但从演出规模的大小、表现使用手段的丰富、突出西南地方特色等方面，都远远超过唐十四部乐舞之一的《圣寿乐》，并在《圣寿乐》摆字舞的基础上，大胆创新、发展，注入新的内容、表现形式，融民族歌、舞、乐及坐立二部表现形式为一体，这种大型民族歌舞，以崭新的面目展示，而引起唐王朝的重视与青睐，并详细记录、载入史册。

霸王鞭舞：最具代表性的白族舞蹈

“霸王鞭”，白语称“的切杆”“代金尺”。鞭系直径三厘米左右，长约一米左右的竹棍，两端对称地挖四至六个长条形孔，两头嵌入用铁丝穿着的铜钱数枚，柱上纸花，舞时发出响声。

霸王鞭舞，通常与八角鼓舞一同表演，也可单独表演，是最具代表性的白族舞蹈，一般在喜庆节庆活动时集体表演。白族传统节日三月街、绕三灵、田家乐、火把节时都有霸王鞭舞、八角鼓舞表演。男女各为双数，男的以“八角鼓”（实际为六角形，单面蒙皮，边缘嵌着铜钱和铜铃）或双飞燕（竹板两副，上系彩带，左右手各执一副）为道具，女的以霸王鞭为道具，同台演出。

舞蹈时，步伐、队形、花样很多，种类有“打一条街”“打四门”“五梅花”“金鸡打架”“二龙抢宝”等。表演时，有单个表演，集体表演，男女交错，旋转对舞，“背靠背”“心合心”“脚钩脚”，演员随着霸王鞭、八角鼓在身体各部位敲击的节奏，双膝轻轻颤动，肩、胸、腰随之晃动，并用白语唱各种小调，同时还有唢呐、叶子、笛子或三弦伴奏，节奏鲜明，步伐整齐有力，气氛热烈欢快。

霸王鞭舞起于何时，目前尚无确切表述。民间传说很多，有洪水时期打猎工具说，有大理国时期白族奔丧用的杵丧棒演变说，还有楚汉相争时项羽兵器说。但从史料记载来看，南诏时期因为开疆拓土，全民尚武，许多竞技性体育运动都含有练兵习武的元素。今天，在远离故土700多年的湖南桑植白族的仗鼓舞和大花棍等民俗中，依然可以看到当年南诏全民练武的遗风。

在大理地区，大理国偏重守成，习儒拜佛悟道之风很盛，相反，尚武精神趋淡，以娱乐健身为主的霸王鞭舞很可能是南诏时期从有练兵习武元素的仗鼓舞和大花棍习俗演变而来也未可知。《大理县志》记载的清代诗人段位的《绕三灵竹枝词三首》中写道：“金钱鼓子霸王鞭，双手推敲臂转旋。”清代

老来犹喜霸王鞭（图/杨士斌）

喜洲人赵来五用《竹枝词》描述绕三灵盛况时也写道："三塔寺前新梦杳，一夜钟声，敲到天初晓，真好心情哥也嫂，三灵约着同来绕。人山人海争大道，十里塘前，还让人家早。四月清和天气好，一场兴趣知多少，曲唱民家随口到，竹杖斜抱，歪挂葫芦小。一路打通真不老，霸王鞭向长街扫……"可见，清代霸王鞭就在白族地区盛行了。

童稚也习霸王鞭（图/杨士斌）

扫描二维码欣赏
白族霸王鞭舞片段

霸王鞭舞因地域的不同，有山区、坝区和沿洱海地区之分。因环境因素，表现形式，动律特征及霸王鞭的长短都各有差异。

沿洱海地区的霸王鞭舞场面宏大，气氛热烈，参加人数众多。一般伴有八角鼓舞一同表演。为适应灵活多变的舞姿，霸王鞭的长度通常在50厘米到80厘米之间。

霸王鞭舞中的"背靠背"舞姿（图/杨士斌）

坝区和半山区白族的霸王鞭舞，载歌载舞是其突出特点。舞者在唢呐音乐的伴奏下，不断加快舞鞭节奏，直至形成竞技比赛场面，跟不上节奏和体力不济的自觉退出，坚持到最后的自然受到观众的一致称赞。

山区白族的霸王鞭舞的特点是规模较小，通常不单独表演，歌舞乐合为一体，一人弹龙头三弦，一人唱本子曲，一人舞霸王鞭或舞鞭人边唱边表演，观众听唱的内容，舞鞭人只是起到围场开路的作用。

舞武合一，刚劲粗犷——桑植白族仗鼓舞

桑植白族仗鼓舞，也称为“跳邦藏”，大约产生在元朝初期。桑植白族迁始祖谷均万、王朋凯、钟迁一等和他的子孙躲避战乱，来到桑植麦地坪、马合口等一带定居，创造了白族独特的民间舞蹈——仗鼓舞。

元末明初，许多外省人来桑植外半县一带定居，给仗鼓舞发展提供了契机。伴随着社会发展和桑植白族地区人口的增加，仗鼓舞得到发展，逐渐有了“三十二连环”等完整的舞蹈套路。

“跳仗鼓”时以仗鼓为道具，仗鼓长1.2米，用木棒为杆，舞蹈音乐以打击乐器为主，同时还用横笛吹奏主弦律，夹以海螺、长号和唢呐伴奏。仗鼓舞动作复杂多变，以跳、摆、转、翻为主，共有九九八十一套路。仗鼓舞粗犷、刚劲、原始、大方又杂夹武术套路，广泛用于游神、祭祀、庙会、节日庆典、庆贺丰收等民俗活动。2011年5月，仗鼓舞被国务院列为“第三批国家级非物质文化遗产项目”。

桑植白族仗鼓舞在保留了云南白族舞蹈的基本动律同时，在民族迁徙和民族大融合过程中，经过700多年的发展，形成了自己独特的风格特征。

仗鼓舞表演随意、内容广泛。在游神、赶庙会、节日庆典、祭祀等白族大型民事民俗活动中，跳仗鼓舞不仅不受道具约束（人们参跳时，可以拿农具或生活用具如羊叉把、火钳、饭篓子等作为道具，踩着节拍翩翩起舞），而且还根据不同的场合，不同的环境进行表演。如：游神时跳仗鼓舞，人多势大，场面隆重热烈，叫“游神仗鼓舞”；在本主庙会上跳仗鼓，叫“祭祀仗鼓舞”；在过年杀猪打糍粑粑时跳仗鼓，叫“粑粑仗鼓舞”。这些随意的表现和广泛的内涵给白族仗鼓舞增添了苍老、古朴、原始的美感。

桑植白族聚居地森林密布，风景秀丽，以丘陵为主，溪流纵横，境内有大小山头5145个，18条主要山脉，

桑植白族仗鼓舞（供图/董秀团）

穿蓑衣的"耳子"(图/李雨霖)

因受地域环境影响，白族仗鼓舞基本动作带有明显的山区地域特点。白族人民长期生活在高山峻岭之中，当身负重物走在盘山小道时，只能顺拐前行；爬坡逾岭时，必须屈膝下沉，才能安全通过；走平地时，又悠放自然，步履灵活，而且保留云南大理洱海白族舞蹈船上动作的晃悠，形成了以跳、摆、转、翻为基本动作，脚步先左后右，手与脚顺向摆动(即左手左脚，右手右脚，亦称"顺拐")，屈膝、悠放、下沉的动律特征，这些动律特征带着明显的地域标识。

受战争和恶劣自然的影响，桑植白族人把能陶冶坚强意志、增强体质的武术充分运用到舞蹈中，"唯善舞者善武也"。桑植白族仗鼓舞有许多武术动作，如"苏公背剑""霸王撒鞭""三十二连环""四十八花枪"，这些动作以仗鼓为道具，在跳舞时左冲右突，呼呼作响，颇具威力，或挡、或冲、或攻击、或防守，进退自如，左右开弓，刚劲有力，显示出仗鼓舞强劲的威力。又如融合武术套路形成的"魁星点斗""雷公扫殿"等套路讲究"疾风扫劲草，四两拨千斤"，以及"快、准、狠"，突出仗鼓舞的实战技术。再如跳"四十八花枪"时仗鼓又变成"花枪"，勇猛、强劲，使仗鼓舞具备原始的杀伤力。这显然与南诏全民尚武，许多竞技性体育运动都含有练兵习武的元素息息相关。

总之，仗鼓舞作为桑植白族古今一脉承载的民间舞蹈，衔渊源、蕴历史、挽沿革、经衍变、历沧桑而根基弥壮，无愧为白族传统文化的瑰宝，深受白族人民喜爱。

山地白族古老的傩舞——耳子歌

"耳子歌"一词为白语，"耳子"意为"哑巴"，"歌"即打歌，也就是舞蹈，"耳子歌"意为"哑巴舞"。耳子歌主要流行于云龙县的检槽、诺邓等地，是一种驱邪禳灾、祈福纳吉、祈求生殖的古老傩舞，是山区白族原生态文化中最为珍贵的遗产之一。

耳子歌的表演有严格的禁忌，只能是在婚礼和新房落成时表演，其目的是驱邪逐疫，祈求生殖。表演由12人组成，要分别扮出老倌1人、老妈1人、耳子4人(为二老的儿子)，春官1人，货郎1人(专卖假药)，骗子1人(专门拐骗妇女)，新娘1人，伴娘1人，指点人1人(即表演的指挥人)。

这些人物全部由男性来扮演，并要根据各自扮演的角色进行化妆。春官穿明朝官服，戴一副只有边框的眼镜。老倌穿当地白族老人服装，戴白纸剪的长须，杵杖。老妈穿老年白族妇女服装，背一摇篮。四个"耳子"从头到脚用棕皮包扎，酷似猴形。

在婚礼中，耳子歌的表演分为两个部分，第一部分是在白天婚礼的宴请时表演，第二部分是在晚上闹洞房时表演。

在云龙山区，婚礼宴客要分为若干批，称为“流水客”，而耳子歌的表演是在新郎新娘都参与的那次宴席上。四个化了装的“耳子”一手拿笊篱（煮饭滤米用的炊具），一手拿一把荨麻，在唢呐锣鼓声中跳入席间。

首先是“跳四方”，即跳东南西北四个方向，边跳边舞荨麻四下挥舞抽打，意为驱邪逐秽。“耳子”跳毕四方后即在席间穿梭跳唱，并伴以打诨逗乐。所唱歌曲多是白族的山歌小调，歌词多是祝贺婚礼、祝福新人等与婚礼有关的诙谐逗趣的内容。最后四个“耳子”跳到新郎新娘所在的这一席旁，轮流向新娘打诨逗趣进行纠缠，乞讨席上的酒菜。新娘将事先就已准备好的一串红肉放到一个“耳子”的笊篱中，来摆脱众“耳子”的纠缠。此时，所有参加宴会的人纷纷前来争抢“耳子”笊篱中的这串红肉，“耳子”则用手中的荨麻来驱赶抢肉的人，谁若不怕荨麻的抽打，最终抢到了红肉，即预示着这一年定能消灾免难，清吉平安，一家人有吃有穿。

到了晚上闹洞房时，即进行耳子歌的第二部分的表演。表演开始时主人家要用一张大簸箕将大门堵起，表演耳子歌的一行人前来叫门。这时主人家一人要出来和表演队伍的人答话，双方要进行风趣诙谐的对答后才拿开簸箕，放人进入院内。表演队伍入门后在新房门前又唱又跳，以祝福新婚。之后再表演春官判案，先审判卖假药的货郎，再审拐骗妇女的骗子。在妙趣横生的审判过程中始终贯穿着如何做人、如何正直处事的教育。所以，这一部分的表演主要是起教化、劝世的作用。

以上表演结束后，表演进入到第二个程序，也就是这一部分耳子歌表演中的重点和当晚的高潮。表演时指点人端出一个托盘，内放有一些实物和道具，主要有一块豆腐、一碗豆子、一碗大米、几把红辣椒、一块红肉、几颗核桃等，还有一只用萝卜雕成的羽毛向上翻卷的母

婚礼中的“耳子歌”表演（图/李雨霖）

杨丽萍回故乡大理舞《月光》(图/杨士斌)

鸡(象征女性生殖器),以及一套寓示男女交媾的道具。在表演时,主要是由指点人拿出盘中的每一样物品让四个“耳子”来猜,在问答的过程中,双方巧妙地利用这一物品的名称、词意在白语中的双关语和谐音来讲述结婚、生殖以至男女交媾等有关的知识。最后,指点人拿起大米和豆子,众“耳子”高声齐唱“白米白米白生生,生个儿子做先生;一颗豆子圆又圆,生个儿子做状元”等吉祥贺词来祝福新郎新娘婚姻美满,早生贵子。

闹洞房结束后,还要进行驱邪除秽的祭祀活动,四个“耳子”要用杵、连枷等劳动工具遍屋敲打,驱赶暗藏的魑魅;要用锄向东西南北中五个方向挖铲,铲除积年的污秽。耳子歌表演结束后,所有参加演出的人员要到村外祭祀喜神,焚烧所用的道具和表演用具,并祈请神灵保佑表演者清吉平安。

在耳子歌中,四个“耳子”(哑巴)是主要角色,是这一舞蹈中存在的最本原的原生态文化的基因,他们在整个活动中最主要的功能是驱邪逐疫。在白语中,“耳子”一词的含义较广,不单是指不会说话,还有“憨”“愣”“傻”这样的意思。他们在生活中遇事不会多想,胆大,往往会做出一些常人不敢做的事情,有“鬼都怕他们”的说法,同时也会被认为是比较有“福气”的人。所以,正常人难以启齿的新婚时的性知识、性启迪的性教育也就只能由他们来完成。此外,在这些民俗活动中,“哑巴”角色的出现又往往能增加更多的风趣和欢乐,使较为神秘的神事活动增添了更多的世俗色彩。

唐人《乐府杂录》中记载当时驱傩的情景是:“用方相四人,戴冠及面具,黄金为四目,衣熊裘,执戈,扬盾,口作‘傩、傩’之声,以除逐也。”云龙白族耳子歌的表演也是扮出四个耳子,戴棕叶面具,用棕衣覆身,用杵、连枷等生产工具来驱疫。“耳子”即为古代方相的演化。

除了婚礼外,耳子歌在新房盖成后也要表演,称为“安宅奠土”,“耳子”要为新房驱邪逐疫,使主人家搬进新房后能清吉平安。所以,白族耳子歌从表演的形式、内容、以及这种活动所要达到的目的来看,无疑是一种傩舞,是现今仍存活于山地白族中十分珍贵的傩文化。从使用的材料来看,耳子歌产生的时代比较早,是目前国内所发现较为古老的傩舞之一。(文/谢道辛)

(编者注:本章“白剧”“仗鼓舞”部分多承姜果、侯碧云两位提供材料)

撰稿专家

董秀团,云南大学中文系教授。长期从事少数民族文化、民俗等方面的教学和研究工作。主要著作有《白族大本曲研究》《石龙白族乡戏》等。

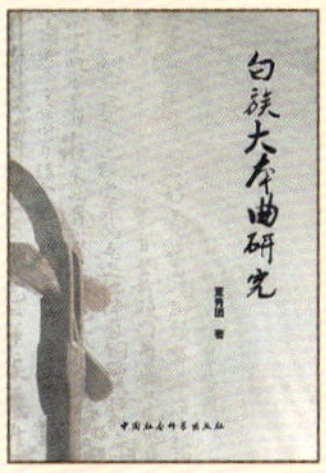

《白族大本曲研究》

扫描二维码,
阅读专家代表著作的电子版

正在制作扎染布的周城白族老人(供图/杨国才)

第9章

大红领褂白衬衫，艳蓝围腰花飘带

服饰

本章主撰稿人：云南民族大学教授　杨国才

在历史发展的长河中，白族先民生息和劳动在洱海区域，形成了自己独特的文化，突出体现在服饰上，就是以白色为贵，再配以色彩对比明快、映衬协调、挑绣精美的图案，以风花雪月的精心搭配，在中华民族的服饰百花园中独具一格。白族的生活习俗、审美情趣、色彩爱好，以及其他种种文化心态、宗教观念等等，都积淀于物质的服饰之中。

在白族聚居区，由于自然生态环境的不同，社会经济发展的不平衡，服饰的样式也不尽相同。洱海区域的坝区与山区不同，洱海的东面与海西也不一样；居住在同一区域的南北方向服饰特征也不相同，形成了绚丽多姿的服饰文化。坝区白族服饰结构映衬协调，色彩飘逸，对比鲜明，线条优美，给人留下深刻的印象。山区的白族服饰既要适应生产、生活的需要，又能抵抗风寒，形成了自己的风格。

白族服饰既是适应白族人生产劳动、生活文化以及气候特点的产物，又充分反映了白族人的智慧，还发挥着增强族人凝聚力的社会功能。每一位白族人都必须坚持穿老祖宗传下来的传统服饰，这正是强化民族感情的有效方式。历经千百年而传承下来的传统服饰，正是白族人民在漫长的历史进程中，为了本民族的生存和发展而不懈努力的折射。因此，白族服饰也是一种民族群体意识的象征，是一种民族精神凝聚力的表现。

从3000年前一路走来

南诏大理国的流风遗韵

白族服饰文化源远流长。洱海区域的剑川海门口、大理挖色鹿鹅山、大理苍山、宾川白羊村等新石器时代遗址中，曾分别出土了石质纺轮、骨锥、骨质或角质针具、穿孔贝壳、渔网坠等，表明早在3000多年前，洱海区域的白族先民已经开始制作简单的服饰。

远古时期的白族先民过着群居生活，他们以打猎、捕鱼、采集、种植为生，以动物皮毛、树叶、稻草来保暖、避寒、遮羞。至今，洱海区域的白族服饰中仍然保留有羊皮衣、树皮衣、稻草衣、草帘等早期服饰的原型。

中原工艺催生繁花似锦的南诏服饰

唐代，中华服饰开始进入繁花似锦时期，南诏的丝纺织业也开始走向繁荣。南诏后期曾从四川掳回大批工匠，使其丝织工艺逐渐接近于内地的水平。含纹纳花的丝织品不断增加，刺绣衣装饰品加工技艺不断提高，大凡华贵的衣服，都开始用精丝织成的丝、锦、绢作为材料来缝制。

南诏的服饰，从王者衣装、后妃的服饰到百姓衣裳，依性别、年龄、身份地位差异而有不同的面料及款式。南诏王、清平官的服饰皆用锦绣，外缀虎皮，异常灿烂。普通白蛮民众，据史料记载，“丈夫、妇人以白缯为衣，下不过膝”。也就是说男子、妇女以白色丝织品做衣服，衣长不超过膝部。

南诏，民族种类较多，王者、文武官员中绝大多数是少数民族，他们的服饰体现着民族特色，闪烁着别具一格的南诏服饰文化与乡土文化的光影。直到今天，南诏服饰仍然在白族服饰百花园中占有重要的一席之地。

高雅华贵的大理国盛装

大理国时期，王室及官员穿绫罗绸缎，白族上层服制、服式的基本形式也相对固定下来，相应的百姓服饰质量也有所提高，出现了刺绣的服饰，绢类面料虽没官家华贵，但仍不失质粗形美之感。1974年大理州有关单位到大理州洱源县三营火焰山塔进行调查，在塔中发现了大理国时期的丝织品，且保存情况良好，经鉴定为白绢一幅，丝绸三块，表明大理国时期的丝织工艺达到了较高水平。

这一时期的服饰开始注重色调与装饰彩染和刺绣，无论是王室官员，还是平民百姓，比较普遍喜欢彩染、织绣。服饰的质地、类型、式样颜色多样化，不仅反映了当时人们的社会等级、文化情趣及生产力发展水平，而且构成大理国白族服饰的特色。这一服饰文化仍然可以从《张胜温画卷》中得到印证。画面上大理国国王利贞皇帝率文武群臣虔诚礼佛情景图中，充分展示了大理国官制等级和与其相对应的服饰文化。

《南诏图传》中的中兴皇帝舜化贞

南诏服饰的类型和特色

服饰类型	人物	形象来源	工艺特色
部落王者衣装	张乐进求	《南诏图传》	绛红长衣、土黄色长裤、白色垂珠腰带、金髻箍、白色履
帝王服饰	南诏王法尧	《南诏图传》	头发束成如意形髻，倒插一只镶珠彩簪，戴花式金耳环，腰系镶红珠金腰带
	南诏王舜化贞	《南诏图传》	金色多层花形头囊，根部扎红色花绫带。外著圆领右襟阔袖金色长衣。下穿白色长裤。系金镶翡翠佉苴（腰带）
无冠王装	奇嘉王细奴逻	《张胜温画卷》	衣饰质朴，结构紧凑，仿佛行者装束，浓蘸着山野之味
	兴宗王罗晟	《张胜温画卷》	衣长及足面，腰系佉苴、足著金色履
红绫头囊王装	劝丰祐	《张胜温画卷》	头囊为红色，从冠到鞋，设作繁缛精究，美轮美奂，使王者之尊烘衬与显托无遗
戎装	景庄皇帝世隆	《张胜温画卷》	头戴红色兜鍪（头盔）。著紧袖甲衣，胸、腹、腿部挂赤色甲片，足穿甲靴
后妃服饰	细奴逻后妃	《南诏图传》	头戴下半似宽沿包头，上承一朵莲苞。首后有垂巾的头囊。颈挂项圈，耳戴环坠。身著右衽斜塔领长袖衣二件长及地面
王者妻妾服饰		《南诏图传》	诏佐们一切不施粉黛。贵者以绫、锦为裙、襦，其上仍披锦方幅为饰。两股辫，其发为髻。髻上及耳，多缀珍珠、金、贝、瑟瑟、琥珀
官员服饰	清平官	剑川石钟山石窟	头戴短翅幞头，服锦绣，上缀波罗皮
	羽仪长	剑川石钟山石窟	头梳顶髻，髻上饰有镂花卡箍。著圆领阔袖长衣，衣上有若干竖条纹，下摆褶纹较多
南诏演艺服饰	十六人舞服	《南诏奉圣乐》	红色的裙子和短衣；黑色头囊；金腰带；彩绘花纹的皮靴；头上缠饰勒着前额的巾帕，短衣外另加一件画着彩图的半臂
	南诏朝天子服	《南诏奉圣乐》	绛色，七节襦袖，节有青褾排衿，以象鸟翼
	女子歌奉圣乐舞装	《南诏奉圣乐》	彩色短衣，袖筒点染八种颜色。脚著绣着云纹的花鞋。头上插着双凤、八卦、彩云状的首饰
	乐人衣饰	《南诏图传》	缤纷艳丽，仪态万方，将织、染、绘、绣融为一体，是唐代白族地区纺织业和服饰艺术蓬勃向前发展的显著标志
民众服饰			以白缯为衣，下不过膝

头囊与告身饰——南诏服饰中最独特的元素

从古至今，白族服饰中历来有彰显身份标志的饰品，南诏时期的头囊、告身饰是南诏服饰中最独特和最引人注目的部分。

头囊是王者和高官身份的体现。头囊是用一幅纺织为面，顺边撮缝成角，然后将削成捞蒲头形状的木衬塞入角内，头囊即成莲瓣状。戴时用捞蒲角下的囊腔将发髻罩住，结上带子。囊面纺织物，王者用的是红绫，王以下用的是皂绫和绢（黑色绢），王者戴上头囊，如王权附身，高贵尊显，气度不凡。高官戴上它，亦显得威严荣耀，非同等闲。

剑川石窟中南诏王阁罗凤戴头囊形象
（供图/杨国才）

尖角椭圆形的头囊，其轮廓呈现的曲线极其流利、优美，设计者不但注意到王者的端庄和严肃，在艺术效果上也别出心裁地做过一番审美构思，使其庄重又挺秀，严肃又美观，富于变化而不繁琐，强调整体而不单调。作为宫室冠服，南诏头囊在中国历代同类品物中独树一帜，堪称异枝独放的一朵奇葩。

告身是南诏赏赐官吏的一种章饰。它同金带、大虫皮相类，是尊贵与殊荣的象征。告身是将瑟瑟（蓝色珠玉）、黄金等材料做成圆花形、圆块状或字形，装放在方圆三寸的粗毛或粗麻织品上，戴于膊上、胸前。用作奖励和区分贵贱。

告身饰源自吐蕃。据载，吐蕃对隶属部落有授以告身之制，雅州会野路（今四川康定一带）民族首领高万唐曾获金字告身五十片。《南诏德化碑》载，天宝十一年（752），吐蕃以等级最高和最珍贵的大瑟瑟告身授予南诏王凤迦异。告身的形状和佩戴方式，在剑川石钟山石窟部分造像上有表现。那栩栩如生的造像胸前饰有告身的人物，一个个何其得意，何等飒爽。

该图中的利贞皇帝金冠上饰两行小铃，每行四只，冠帔淡黄色。穿淡红色袍，上面饰有八章纹，肩部一日一月，二龙纹。胸前长幅上饰山、彝、黻、二斧，腰系带，内衣袖口红色。右手执长柄香炉，炉中冒烟；左手执念珠一串。脚着红色花鞋。利贞皇帝手持香炉虔诚礼佛、文武百官随行在后的壮观场面，充分展示了大理国时期白族的服饰特征，尤其利贞皇帝的冕服上面绣的日月十二章，表明当时大理国服饰文化与中原服饰文化已经有着密不可分的关系。而且，他前面的人头戴莲花形高冠，叶上做华丽花纹，边框描金，圆领大袖长袍，腰系带，左手执轻柄龙头剑。僧穿酱色袈裟，颈挂红带。童肩上饰云纹坎肩，金色衣，水红裤，淡黄鞋。同时，皇帝与文官皆头戴头囊，大军将又披老虎皮，兵士则穿犀皮甲胄，跣足，这也正是大理国时期既保留了南诏王室服饰的特征，又有许多服饰类型、颜色上的变化，突出了大理国时期的特殊服制特点。

《张胜温画卷》中的利贞皇帝

继往开来的元明清白族服饰

元明清时期，白族与中原及西南各民族之间进一步交流、交融、交往，和睦相处。白族人民吸收了中原及各民族服饰文化的优点，但又保留自己的特色。

元代，白族的发式为椎髻，这正是南诏时期白蛮的头囊的继续和发展。在洱海地区，已婚白族妇女多挽髻于顶，用黑布或白布或丝网包裹；未婚女性则先编独辫或双辫，然后为髻，绕首盘系于顶，再缠以绣花、印花或黑色头巾的包头，这正是南诏大理国白族服饰的遗风。

明清以来的白族服饰，一般说来，男子的服装各地大体相同，妇女的服饰则各有差异。洱海区域白族男子的服饰，头缠白色或蓝色的包头，身着白色的对襟衣和黑领褂，下穿白色或蓝色长裤，肩挂绣着美丽图案的挂包。

白族支系勒墨人男子在对襟衣外，加穿一件长可过膝的麻布坎肩，下着宽裤衩，肩挂一把护身长刀和一个花布袋，项间佩挂数串彩色珠子。大理海东的男子，头戴瓜皮帽，足穿白布袜和“云头”红鞋，身穿短大襟上衣，套以鹿皮领褂，外面还加穿几件布质或绸质领褂，腰系绿丝裤带，挂以鹿皮或绣花兜肚。这些元明清时期白族服饰的特征，许多都是今天白族服饰的基本元素。

身披老虎皮的大军将

蕴含丰富寓意和美好追求

不只是“风花雪月”

白族服饰虽然种类繁多，差异较大，但其基本结构、色彩搭配和刺绣装饰等方面仍有明显的共性特点。

以女装为例，其基本结构是右襟长衬衣（或前短后长）外罩右襟领褂，下身系围腰。头饰则是无论包头颜色如何，已婚妇女挽髻，未婚女子盘辫（即便有头巾包裹，依然是辫子盘于头顶）。

白族男性服装虽然较为汉化，但仍有其共同特点，一般是马甲套外衣，外衣则要求层层显露，民间称为“三叠水”。即便是老人的长衫，也不像汉族那样一长到底，而是短至小腿，露出裤脚，裤脚下露出袜子，再显露鞋子，这也反映出白族独特的审美意识。

白族服饰的色彩搭配追求的是明快，对比强烈，或红、白、蓝，或黑、白、蓝。装饰部分多集中在领口、袖口、围裙边角、飘带等处，可以特别精细，但绝不遍身是花，追求的是整洁、大方的审美趣味。

凝聚白族女性服饰特色的“金花装”

拍摄于20世纪50年代，反映大理地区白族生活的电影《五朵金花》播出后，赢得了全国观众的喜爱。电影中白族女性的服饰“金花装”，为外界广泛认知，成为白族女性服饰的“经典”。“金花装”是以大理市喜洲镇沙村传统白族服装为基础，进行改进制作的一种服饰，较好地概括、集中、整合了白族妇女服饰的特点，具有代表性、典型性，体现了白族人追求明快、大方、雅致的审美趣味。自《五朵金花》上映以来，这种以白色为主，红、黑、蓝相间，色彩艳丽、美观大方的“金花装”，因为适应白族女性生活劳动的需要，同样为许多白族女性所喜爱。服务行业如宾馆饭店等的服务员，官方的接待、节庆活动中的工作人员，都以“金花装”为“工作服”。“金花装”逐渐定格为白族的外在标志。

20世纪50年代大理喜洲白族妇女服饰。电影《五朵金花》里见到的白族妇女，穿戴的主要就是这种服饰。照片中的妇女在劳动，服饰要陈旧一些，也没有过节时的装饰品，朴素自然（图/云南省社科院）

寓意“风花雪月”的金花头饰

白族女性头饰，最突出的是被称为金花头饰的包头。有一种说法认为，这一顶漂亮的包头囊括了大理“上关花、下关风、苍山雪、洱海月”的优美景致：那发辫下盘着的绣花头巾，犹如盛开在山顶的山茶、杜鹃，代表大理四季盛开的鲜花；头巾一侧垂下雪白的缨穗飘飘洒洒，象征着终年吹拂的下关风；而绣花头帕上精心梳理出茂密雪白的绒毛，形象地表现了苍山顶上那冰清玉洁、经夏不消的皑皑白雪；美丽的发辫似一轮月儿挂在花海之中，象征洱海上空升起的一轮明月。这充满浓郁文化内涵和美好寓意的金花包头，现在已经成为白族服饰的代表。

值得注意的是，这类头饰并不是只在洱海边才有，洱源县的西山、庄上、腊坪，剑川县的东山、双河，鹤庆县的甸北，丽江的九河都有类似的包头，大同小异。其色彩的明快，前后左右的稍不对称，正是白族人独具的一种审美趣味。

金花装（图/杨士斌）

不同年龄和身份的白族服饰类型

	服饰类型	颜色搭配、分类、装饰等	功用或寓意
婴儿	狗皮衣		对婴儿健康成长的期待
	开裆裤		方便卫生
	抱裙		保暖美观
	护腰、掌腰		保护脊椎腰椎
	绣花披风		吉祥
	帽子	狮子帽、虎头帽、兔子帽、老鼠帽、青蛙帽、凤尾帽、鸡冠帽、鱼尾帽	勇敢坚强、美丽漂亮
青年女性	长袖大襟衣	白色为主	尊贵
	比甲	艳红色、湖蓝或黑色	尊贵、漂亮、年龄分层
	围腰	白色，下摆绣花	漂亮、护肚
	宽腿长裤	白色，裤脚绣花	宽松、方便
	圆口型或船型鞋	绣花	美观漂亮
	挂包	绣图案	聪明、智慧
青年男性	圆形大包头	白色或浅蓝色	阳光、强壮
	对襟衣	白色	阳光、潇洒
	领褂	黑色或羊皮	尊贵、勇敢
	扭裆宽管裤	白色或蓝色	宽松
	剪子口的牛皮底鞋		勇往直前
	挂包	绣花	潇洒、美观
新娘	筒形花帽	用红、黄、绿色绒球组成	尊贵、庄严、漂亮
	长衣	大红大绿，衣摆下用多层花边装饰	富贵
	长裤	绿色，裤腿上绣有喜鹊等各种图案	吉祥如意
新郎	包头	白色镶彩色边	庄严、尊贵
	对襟立领内衣	白色	阳光、清爽
	长袖衣	白色，衣边及衣袖口处绣花卉图案	气派
	马褂	蓝色	潇洒
	长裤	白色，裤腿绣花边	清爽

中老年女性	包头	扎染黑色头巾	庄重
	衬衣	白色	清爽
	大襟衣	蓝色、黑色	庄严
	比甲	蓝色、黑色	稳重
	腰带	绿色	尊贵
	围腰	冷色、过膝、双层	护肚、美观
	飘带	绣花	漂亮、美观
中老年男性	包头	白色、黑色	庄重
	领褂	黑色、鹿皮	富贵、吉祥
	皮兜	鹿皮、羊皮	富贵
	象鼻鞋	白色	富贵
	寿鞋	大红色，鞋头拼有寿字图案，图案下用蓝色的丝线绣着一枝素雅的针叶松	福禄寿喜俱全

现实生活中的白族服饰，地区差异较大，种类繁多，可以说是“十里不同俗”。仅洱海周边的地区，洱海东部与西部，就有“海东型”与“海西型”的区别。如果以县域为单位来考察，大理、洱源、剑川、鹤庆、云龙五个县市，都有各自的“金花装”。它们在款式、色彩、用料、组件搭配、穿着习俗等方面，都存在差异。那些与其他民族交汇杂居的白族，其服饰既保留了自身的特色，又接受了其他民族服饰的元素，成为“过渡型”的白族服饰，如云龙白族、丽江白族、怒江白族等。

总体而言，白族男性服饰差别较小，比较简洁；女性服饰差别比较大，有的鲜艳，有的朴素大方，而且一般为衣服和头饰花俏，裤子素雅；少女和小孩服饰比较艳丽，中老年服饰典雅端庄。但是，在不同地区，不同性别、不同年龄者的服饰，仍然存在很大的差异。

怒江勒墨人女子服饰，戴多串珠串，中间戴有大贝串（旧时一颗大贝壳可值一头耕牛），衣袖用红、蓝、绿、黄、黑等布条相间而成。整套服饰形如喜鹊，当地人称其为“喜鹊服”（图/张云霞）

洱滨、山区、坝区的服饰各具风格

白族聚居区，由于自然生态环境的不同，社会经济发展的不平衡，服饰形态也各有区别。

洱海区域的白族世代傍水而居，以捕鱼、农耕生活为生，加之气候温和湿润，生活环境十分优越，其服饰很大程度上折射出这种环境的优越性，整套服饰给人一种清新明快的感觉。从服饰的色彩上看，整套服饰以白、蓝两色为主，沿承了白族崇尚白色的传统特点，蓝白色彩搭配对比鲜明，简洁明快，同时还有蓝色代表洱海、白色代表苍山雪的寓意，反映了对家乡大自然的热爱；从挑花纹样及色彩搭配看，以白族传统的蓝底白花蝴蝶纹、菊花纹、梅花纹图案为多。集“风、花、雪、月”大理美景为一体的包头头饰，以白色长袖衬衫外套红、蓝色领褂，下摆绣花围腰，下穿浅色直筒裤，脚穿绣花船形鞋组成的服饰，充分展现出一种水居民族热爱水、热爱自然，对生活充满热情的生活态度。

山区白族以剑川、洱源山区白族为主要代表。他们生活在山区，对山区自然条件生存依赖性较强，其服饰也充分反映出这一生存特性。服饰色彩较贴近大自然原色，以蓝、白、黑为主色调，色彩浓厚，反映出人们对自然环境的深厚情感。为适应山区气候特点，服饰除了美观之外更重要的是能御寒保暖，所以山区白族服饰布质较粗糙厚实、厚重、穿戴繁琐。山区白族女子服饰最大特点是在头饰、腰带、飘带上的刺绣、挑花十分精细，色彩艳丽醒目、搭配丰富、图案具有浓郁的原始意蕴，这与山区自然生活条件有极大的关系。

坝区白族以洱源、剑川、鹤庆一带白族为主要代表。坝区生活以农耕为主，常年的劳作似乎使得人们对穿着也不太考究。其服饰色彩以冷色调为主，除领褂色彩为红、蓝色较鲜艳外，不像其他地区白族对刺绣、挑花图案装饰十分讲究，只是在

右图：剑川三河白族女子服饰，胸前挂三块挑花方巾，配以精美的银制项链（供图/杨国才）

左图：洱源凤羽白族少女服饰，以蓝、黑色调为主，围腰两侧和下摆绣花，整体较为质朴（供图/杨国才）

袖口、裤腿边有少许的花边或布条滚边作装饰，给人一种纯朴之感。但她们却很注重胸前的装饰，胸挂刺绣、挑花方巾，再配以精美的银制项链，这种装饰成了坝区白族服饰最显著特点之一。

可以看到，生活的自然环境，以及人们所从事的生产活动，在很大程度上影响了不同地区白族服饰的发展。

崇尚白色，喜爱青色

从一个民族的审美心理定势的形式上看，其服饰图案无论是从纹样的构图、拟形或是色彩的选择，均受地理环境、生活环境的影响。白族人在苍山、洱海边受到自然环境的感召，形成了具有本民族特色的色彩认识。白色被认为是吉祥的象征而最为常见。白族人不仅把“白”作为自己的族称，还以白色为服饰的基调。因此，白族服饰喜欢以白、青色为底，然后用对比强烈的净色线，如以黑对白、青对白作素绣，认为这代表着纯洁、善良、光明、高尚、吉祥之意。青，包括青蓝、毛蓝等，代表着洱海人纯朴、实在、广阔的胸襟和真挚的情感。青对白意即“清清白白”，光明磊落。另外，白族妇女们穿的坎肩围腰以紫色（包括紫红）面料加绣，可能是受南诏、大理国尚朱紫遗风的影响。

白族饰品类别表

	典型饰物	形制特点	流行地区
头饰	挑花头巾	蓝布做底白线挑花	大理地区
	刺绣头巾	以天蓝或浅绿色布为底，边为锯齿形彩线挑花	洱源西山、乔后等山区
	扎染头巾	白布以靛蓝扎染	大理周城、上关、海东等地区
	多层头巾	除有较简单的蓝底挑花外，多用头巾包扎造型与层数区别长幼	剑川三河、丽江九河等地
	风花雪月包头	一顶漂亮的包头囊括了大理“上关花、下关风、苍山雪、洱海月”的优美景致	大理洱海地区
	男子头饰	蓝、黑色头巾	大理、洱源、剑川、鹤庆、云龙等地
		用7米多的长白布或黑布作包头	保山阿石寨
	头囊	用依附纺织为面，顺边撮缝成角，然后将削成撂蒲头形状的木衬塞入角内，头囊即成莲瓣状	
腰饰	飘带	带端呈扁矛形，带面由宽而窄，与腰头加接处最窄	大理地区
	围腰	围腰四周都有花，唯独围腰中间不能有图案	大理地区
鞋饰	船型绣花鞋	鞋头高翅，鞋尾留有尾扣，鞋帮全部刺绣	大理海东、下关山区、洱源等地
	绣花布凉鞋	用雪白布面与布壳粘合，剪成所需鞋帮形状，滚上边，绣以图案	大理海东、下关山区、洱源等地
	圆口绣花鞋	系带圆口布鞋，有的是从头到尾满绣，有的仅在鞋头绣一组图案	在白族聚集区均盛行

最耀眼的装饰——围腰和飘带

白族妇女的围腰及飘带是白族服饰中最漂亮、最耀眼的装饰。其中，飘带是系围腰头的带子。带端呈扁矛形，带面由宽而窄，与腰头加接处最窄。中老年妇女常用黑、蓝色布料，少数用彩绸，较长且宽大。年轻女性喜用白、蓝色，一般用布料较短且窄。均用挑花装饰，以白线为主，少用红线。年轻人的飘带挑图案丰富，有花卉、飞禽等上百种。图案千变万化，带端部位皆挑绣蜜蜂、蝴蝶。蜜蜂和蝴蝶在白族社会生活中是多子多福、吉祥如意的象征。白族崇拜蝴蝶，把它视为母亲的化身。按民间习惯说法，蝴蝶多的年份年景好，瓜果香，谷米满仓，因此它又是连年丰收的象征。白族由此把蝴蝶美丽的姿容和多子的优点用蝴蝶纹饰绣于女性的服饰上，体现她们对美好生活的追求。

白族围腰四周都有花，唯独围腰中间不能有图案。因为，白族服饰最大的一个特点就是无论怎样修饰却不能在围腰中心作任何装饰。所以，围腰正中这一块正盖在肚子上，其上不绣任何图案，意为做人不能有“花花肠子”，要诚实、正直、善良，不做亏心事，明明白白做事，清清白白做人。

围腰和飘带，刺绣以花卉图案为主（供图/杨国才）

从鸟兽自然和文化生活中汲取灵感

白族服饰图案纹样的种类繁多，其表现形式及工艺技法也是千变万化的。从白族服饰图案纹样类型上看，根据其表现的对象及内容，大致可分为鸟兽自然和文化生活两类。

鸟兽自然类

植物：含花卉、农作物、果子等。白族服饰中，以花卉为题材的刺绣图案非常多。如白族服饰中的头巾、围腰、飘带、裹背、鞋帮、童帽等。在日常生活当中，白族刺绣不仅工艺精美，而且还蕴含着丰富的文化内涵。白族少女头巾上绣着美丽的山茶花或是蝴蝶花，就把大理独有的四大美景之一的“花”表现了出来。妇女系的围腰下摆两角，恰到好处地缀绣着蝴蝶和山茶花，或者是蝴蝶和梅花，围腰的把首上亦常常双面绣牡丹花和蝴蝶花；在身后扁矛形飘带上绣着的也是蝴蝶和花。蝴蝶绕人飞舞，寓意着白族人子孙满堂，家庭和顺等美好心愿。又如白族的裹背、鞋帮上以花果为内容的刺绣也非常丰富。白族男子穿白色对襟衣的衣领上都绣有缠枝花卉。

动物：有虎、狮、猴、松鼠等。在白族服饰图案中常有一些夸张变形的动物纹饰。如在裹背、帽子、鞋帮上有松鼠或虎、狮等纹样图案。白族妇女围腰的把首，常用白色的布镶一圈“狗牙边”，在围腰下摆上多绣松鼠图案。还有小孩戴的狮子帽、穿的虎头鞋等，都用了变形动物的图案，说明动物的纹饰在白族装饰工艺中占重要的地位。

鸟禽：有凤凰、孔雀、喜鹊、飞燕、鸳鸯、鸡、鸭等。白族妇女用她们敏锐的观察力，通过一双双灵巧的手，把这些美丽的图案、羽翎刺绣成各种纹样，有双凤朝阳、燕来春到及鱼鹰、公鸡等等。在白族居家的堂屋中常挂有彩绣的松鹤、雄鸡等直幅中堂。在结婚时，白族姑娘还要准备绣花鸳鸯枕，绣喜鹊登枝或是凤凰牡丹等图案的帐围，寓示着夫妻白头偕老、喜气洋洋、大福大贵。鸡在白族习俗中具有重要的意义，被称为“金鸡”“神鸡”，戴绣花图案的鸡冠帽，是白族妇女的重要装扮之一，充分体现了白族人民对鸡的特殊情感。与白族有着不解之缘的动物还有许多，如龙、鱼、蝴蝶和蝙蝠等，这些纹饰绣在服饰上都有着感人的神话传说和寓意。白族服饰有前短后长的现象，象征“衣皆着尾”，表现了白族人对龙的崇拜，祈求龙神保佑风调雨顺。

自然：包括天、地、日、月、星、辰、云、水、火、山、石、昼、夜等。如白族背小孩用的裹背，就是运用对自然的崇拜心理去绣制色彩明暗衬托的日月纹，明为昼、暗为夜，意为朝暮吉祥，传说裹背内的孩子在日辉月华的保护下可得长命。这也透露出白族对日月星辰崇拜的痕迹，同时也是白族人民追求光明的一种体现。又如云纹、水纹或地纹等等自然的纹饰在白族服饰中都有使用，这说明自然界里万物有灵的观念，曾在白族的信仰中产生重要的影响。

文化生活类

在人类活动中，人是生活的主体，说、唱、跳、放牧、骑马、逐兽、劳作等活动过程在白族服饰中都有体现。如白族有众人连袂踏歌纹挑绣图案，二人、四人抬轿等挑花纹，还有挑绣的舞花人体纹、坐轿纹、立人纹、摇船纹等等，都是通过原生活的载体加以人工的变形，使其纹饰生动有趣。还有的图案刺绣与房屋彩绘图案相似，反映出人与自然、人与生活环境、人与建筑艺术浑然一体。把这些有趣的纹饰，通过实体刺绣使图案的表现更加完美，在服饰上所体现出的文化内涵也更加丰富。在文字符号的图案中，有宗教信仰的符号及象形文字，也有象征吉祥的文字，其主要的表现形式就是把带有吉意的文字刺绣在服装上或是饰品上，既起到装饰作用，同时也是对幸福的祈盼。如寿字纹、人字纹、品字纹等，重在写意。

帽子：动物崇拜的遗风

白族小孩服饰中的帽子，是儿童时期最具有性别标志和象征意义的饰品。童帽的创意被认为是年轻女性智慧和才能的表现。白族妇女制作的童帽，花样繁多，形制变化丰富，千姿百态，绚丽无比。其种类有绣花的狮子帽、虎头帽、兔子帽、老鼠帽、青蛙帽、凤尾帽、鸡冠帽、鱼尾帽等。虎头帽、猫头帽、狮子头帽等象征勇敢、坚强，是男孩戴的；而凤尾帽、鸡冠帽、鱼尾帽等是美丽、漂亮的象征，是女孩戴的。

白族先民临水而居，有鱼、螺崇拜。在《南诏图传》的“两蛇相交图”中有其崇拜神物“金鱼”与“海螺”，至今大理白族地区的小孩及少女有戴“鱼尾帽”的习俗。鱼尾帽用黑色或金黄色的布仿鱼形制成。首先将两块硬布壳剪成鱼的形状，然后将鱼脊处缝合，并沿帽边绣花草纹，鱼头在前，鱼尾后翘，上缀银泡子或白色珠子表示鱼鳞，在上翘的鱼尾上钉一大红绒球作装饰。从少女戴的“鱼尾帽”习俗来看，可能是白族先民对鱼的原始崇拜的遗俗反映。

鸡冠帽（供图/杨国才）

虎也是古代白族崇拜的对象之一。从给小孩戴的虎头帽，穿的虎头鞋等习俗看，都是采用变形的虎头纹饰，挑绣出虎逼真的胡须和圆圆的大眼，使其看去既有山中猛兽的威严，同时又具有雅致童趣盎然之感，白族妇女精心设计制作虎头形状的童帽和童鞋，是以此来寄予对孩子的美好祝愿。

此外，白族的凤凰帽被说成是凤凰赐给凡人的礼物，因为凤凰是白族所崇拜的神鸟之一。

精妙绝伦的服饰制作技艺

选取天然原料，展现精巧工艺

把美好的愿望绣上衣装——白族刺绣

白族妇女的刺绣具有悠久的历史，独具风格。白族妇女常说“马靠鞍架，人靠衣妆”。白族女孩从小就学习刺绣，不仅装扮自己，还要负责全家的衣服、鞋的缝制；更主要的是保持本民族文化，传承、保护白族文化的独特性；而且女性把自己的知识再现出来，从形式上给人以美的享受；从内容上反映白族女性自己的智慧和创造才能。

白族刺绣丰富多彩，主要有平绣、辫绣、绉绣、卷绣、盘绣、纳锦绣、堆绣、叠绣、锁丝绣、破丝绣、数纱绣、打籽绣、板绣、镂绣、挑花、马尾绣等十多种绣法。其中平绣是运用最广的一种绣法，是用丝线针并针绣制，绣法简单灵巧，光洁平滑，适于绣制细碎的花鸟鱼虫；辫绣是先将8或12根彩色丝线编成“辫子”，然后将其回旋满缀于底布成花；结绣是插针后，以线在针头挽数结，然后抽针，如此反复插满花结；挑绣是按底布的经纬纹有规则地挑制成各种几何图案和变形花鸟、蝴蝶等，要求构图平衡、对称；贴绣是用绸缎等材料剪成各种形状的小块，然后拼缀贴于布底，组成花纹图案，并用丝线锁边而成，粗犷大方，常用于面积较大的花纹图案；绉绣比较复杂，它是像辫绣一样先将各色丝线编成辫，然后按构图的需要有机绉缩构成花纹图案；破丝绣是先将本已细微的丝线再劈分成若干股，然后再穿针引线绣制各种图案，使之更加精巧、细腻。

刺绣图案的造型、色彩、构图事先精心设计，一般多采用麒麟、龙、凤及生活中熟悉的鱼、青蛙、鸟雀、蝴蝶、几何纹、植物纹等。每一种针法中往往又派生出若干种，还有织绣、结绣、绕针绣、抽花等，不同的技法，不同的刺绣，共同展示白族妇女的心灵手巧和过人才华。

白族妇女不仅喜欢刺绣，而且善于挑花。挑花，又称“十字绣”，也是刺绣中的一种特殊技法，挑花应用广泛，种类也颇多。白族妇女挑花时，往往施针如笔，或方或圆，或曲或直，都可运用自如。她们挑绣的图案都要排得疏密有致，紧

绣花裹背，为白族妇女背幼儿用品（供图/杨国才）

右图：绣花口水兜（供图/杨国才）
下图：绣花女鞋（供图/杨国才）

凑大方，丰满而不堵塞，统一而有变化；色彩搭配上，“素花”显得明快雅洁，“彩花”则是光彩夺目。一幅幅图案，一组组纹样，都在诉说着女性的需求，女性的情和爱，表达女性的知识。

白族女性在其上衣，袖口上的刺绣构图及针法也是十分认真和细致，往往绣有喜鹊、凤凰、松鹊等，把夫妻恩爱、家庭和睦、子女漂亮等美好愿望寄托在自己的服饰图案中；而松鹊图案是中老年妇女最喜爱的，松鹊延年，意在自己长寿，家中父母也延年益寿。这样的构图针法技艺，正是反映了白族女性的心声与企盼。

白族扎染：天然染料造就的古典美

扎染是白族服饰主要的手工技艺之一。扎染，古称绞缬染，扎疙瘩花，民间俗称扎花布。从《南诏图传》和《张胜温画卷》中人物的衣着服饰来看，早在一千多年前，白族的先民就懂得了“染采纹秀”。特别在盛唐时期，扎染已在洱海地区成为民间日常生活用品，扎染制品也成了向帝王进献的贡品。

扎染生产地主要是大理喜洲、周城、巍山大仓和庙街等地。其原料为纯白布或棉麻混纺白布，染料是用苍山上生长的蓼蓝、板蓝根、艾蒿等天然植物，用石灰沤制而成的蓝靛溶液，而以板蓝根居多。

白族扎染有严格的工艺。扎染工艺的过程分为设计、上稿、扎缝、浸染、拆线、漂洗、整检等工序。心灵手巧、能织善扎的白族妇女，个个都是扎花能手，从四五岁小孩，到七八十岁的阿太，莫不如此。她们先在自己心中想好花纹图案，然后把白布上“花”的部分即不受色的部分加以重叠、掐绉，用线缝紧（或扎紧）呈疙瘩状，然后再将扎好的“疙瘩花”布放入染缸中，浸泡数小时，捞出晾干，待颜色有返本的表现后，便再次放入染缸里浸染。

用白布扎好的“疙瘩花”（供图 杨国才）

染缸是松木制成的，一人左右高，直径有一米多。根据颜色深浅不同，浸染的次数也不同，漂蓝色布一般浸染2道，毛蓝色布要浸染4道，藏青色布则要浸染六七道。染得越多蓝色就越深。每一次浸染都要用木制的染棒进行搅动。每染一道要捞出晾干，然后再染下一道，所以一批布要几天时间才能染成。

染好晾干后的疙瘩布要拆开进行漂洗，被扎紧的部分因未受染而成白色图案，在线缚松散的部分染色渗浸形成过渡色，图案产生自然晕纹，色彩就显得更为柔和。过去是用石碾子将布碾平，现在已改用熨斗了，一块漂亮的扎染布就成了。除了蓝色外还有绿色、红色、紫色的扎染布，十分素雅。

白族聚居区的剑川、鹤庆、洱源一带的农家，到处可见扎染制品，扎染工艺世代相传。大理周城从古至今传承着扎染，特别到1984年，周城兴建了扎染厂，把过去零星分散加工制作的农村妇女集中起来，带动近五千名妇女参加扎染。改革开放以来，周城的扎染又有了新的大发展，大姑娘小媳妇们在传统的手工劳动中注入现代的特点，主要表现在增加花色品种，从原来的十多种增加到二十余种花型，三十多种针法，近五百个图案，尤其以白族人民喜欢的蜜蜂、树木、花草、鸟兽、虫鱼、日月星辰为主体图案，其中蝴蝶图案，很受白族人民的喜爱，因为它象征着幸福吉祥。一幅幅绚丽多姿的扎染花纹图案，不仅点缀了白族妇女丰富多彩的人生，而且使白族妇女扎花染布的技艺、知识、经验得以充分展现。

扫描二维码欣赏
白族扎染技艺片段

（视频素材由大理周城“段立东扎染坊”提供）

从染缸中捞出扎染布，解开扎住的结，进行晾晒（图/杨士斌）

用传统染料染色的白族扎染布，以白族喜爱的花、鱼为主要装饰图案（图/邓磊）

“最后一位用板蓝根染布的人”——张仕绅

文/刘守华

2014年7月，我们走进了周城村。到村口时，几位老妇聊得甚欢，头上的花帕，腰间的花裙，都是扎染出来的蓝底白花图案。来到一栋白墙青瓦房前，铁门半掩，应该是张家了。进大门先不见院，而是一间堆满布的房间。本色白、靛蓝、绛红混杂，传说中的扎染人家，感觉瞬间就有了。

一位老汉迎出来，是张仕绅。六七十岁，古铜色脸，背有些驼。阳光透过天井，照着院子里的几株植物。坐在廊下，我们进入正题。

院里种的啥？板蓝根，扎染的传统染料。板蓝根是感冒冲剂，还能染布？张仕绅坐着藤制摇椅，慢条斯理地向我们讲解，冲淡了口音带来的障碍。

他说，白族扎染的关键，就是用板蓝根制作染料。自古先辈们就知道，苍山上野生的板蓝根，可以用来染布。后来，用量大了，才开始种植。每年二三月下种，八九月收割。留下根，只割叶和茎。按比例加石灰和水，在松木桶里泡一周，每天用染棒捣打，水起泡后，再沉淀、上架、去渣，反复几次，水分蒸发，蓝靛就做好了。好染料只要用清水浸泡，用十多年没问题。

如今的大理，满大街都是扎染，张仕绅很不屑，“那是用化学染料洋靛染成的，不好看，不舒服。用板蓝根土靛染出的布，青里带翠，素雅含蓄，虽然有点褪色，但越洗越好看。板蓝根有药性，染过的衣服、被单，就有消炎清凉作用。”

白族扎染国家级传承人张仕绅（图/杨士斌）

张仕绅说，周城村扎染历史已有500多年，明清时期就闻名全国。苍山十九峰，峰峰有水，清澈的溪水顺着山谷，流进周城村。小时候，村里有300多户做扎染，染坊人家在院子里支起木制大染缸，用山间流下的潺潺溪水，漂洗经板蓝根染过的布匹。民国时期，村里有30%的村民去赶马帮，其余70%从事扎染业，这是经济收入主要来源。即使不做扎染，也一定要大量种植板蓝根，再卖给染坊人家。那时的周城村，漫山遍野都是板蓝根。

中华人民共和国成立后，土地归集体，大多改种粮食，蔚为壮观的板蓝根海洋不见了。当时，附近村民分成四个大队，却只有一个扎染点。随着板蓝根品种退化，种植面积缩小，扎染业更是逐渐衰败。

扎染业遭遇灭顶之灾，始于“四清”运动。一夜之间，民族工艺变成资本主义尾巴，必须快速割掉。工作队把家家户户的染料木桶，都踢了个底朝天，销毁所有染料。这还不甘心，怕死灰复燃，居然在倒掉的染料上，又泼上大粪。

扎染是周城村人的命根子，怎么能断在自己手里？张仕绅和队长、技术员一合计，还是“偷”吧。当天深夜，3人悄悄拿了工具，把大粪扒开，用一个多小时，总算将下面的100多斤板蓝根渣渣，用桶装回。也不敢声张，分藏在村民家里。

两年后，工作队走了，周城村人又开始想念染坊。那100多斤深藏的渣渣，如同不息的薪火，让他们有了独家恢复祖业的条件。虽然艰难，但蓝白相间的韵律，毕竟又重新回荡在白族小院里。

改革开放后，扎染订单逐渐增多，天然染料开始供不应求。而化学染料因其染色快、上色稳定、成本低的特点，迅速占领了市场。然而，化学染料的广泛使用，再一次剧烈地冲击着传统扎染，直至导致张仕绅的扎染厂破产。

这一次，他选择了回家养老，不再去触碰会引发伤感的大染缸。但这并不妨碍他凭借独有的运用植物染料的技艺，在2006年成为白族扎染首批国家级非物质文化遗产传承人。

张仕绅被称为“最后一位用板蓝根染布的人”，但如今，他过往的经验与坚持，却没有去处。白族扎染自古传男不传女，张仕绅有两个儿子，小儿子在城里工作，大儿子虽然开办染坊，但用的也是化学染料，张仕绅不欣赏，索性不过问。在他眼里，现在的家庭作坊，小打小闹，不成气候，要传承和发展扎染业，不成规模不行。

尽管有担忧，但张仕绅依旧笃定地认为，传统东西肯定会回归。但传统手艺要传承，必须有政策扶持。张仕绅也希望，政府对非物质文化遗产的重视，会找到一条出路，让白族传统扎染技艺更好地传承下去。

驱邪镇恶、祈盼幸福的白族布扎

在白族妇女的传统手工艺中，数布扎最有特点。布扎制作工艺复杂，先要选用洁白的小螺蛳壳和色彩鲜艳的布料，然后按传统的式样串起来，色彩艳丽，具有较强的装饰效果。

在布扎工艺中，剑川的布扎最有特色。首先选用五颜六色的布料，按设计的图案先缝成雏形，然后填入艾叶等香料，再精心加工刺绣。其品种繁多，有吉祥物、八卦、荷包、十二生肖、龙、凤、瓜籽球、童子拜观音、牧童吹笛、松鹤延年等等。造型古朴，小巧玲珑，深受人们的喜爱和专家好评。

每当一年一度的绕三灵和端午节到来之时，居住在洱海区域的妇女们，要为绕三灵的人们刺绣一串又一串挂在胸前的小螺蛳壳布扎。剑川的女性在端午节前，都为小孩做好各种各样的布扎，让儿童挂在胸前，用以驱邪镇恶，以示对美好生活的追求。一串布扎由狮子、老虎、猴、麒麟、鱼、兔子、绣球、童子、香包、八卦太极等3—8件不等组成。其中绣球是吉祥的象征，猴子表示机灵，八卦太极为护身宝物等，每一串布扎都有美好的寓意。

说到白族布扎，不能不提到剑川著名艺人张德和老太太。她一生喜欢刺绣布扎，作品曾多次被选送参加全国工艺美术展览，深受专家好评，年届80多岁时她被云南省文化厅评为云南省民族民间高级美术师。为了传承白族工艺品生产技术，在剑川县西门社区举办的培训班上，94岁的老人登上讲台，为参训学员讲解。她说，把白族的布扎艺术传授给后人，这是她应该做的事情，也很乐意去做。同年，她精心制作的十二生肖等布扎小件被北京民族博物馆和云南民族博物馆收藏。接着老太太又将花了半年多心血精心制作的40余件白族刺绣小布扎捐赠给云南民族博物馆。这是一组精美异常、构思奇巧、惟妙惟肖的民族工艺品。老太太用各色碎布作主料，用亮丽的丝绒绣出生动的形象，并缀上各类小饰物，如用漂亮的纽扣、小珠子和亮光片制成动物眼睛、鱼鳞等。

这些布扎工艺，不仅有白族人民心目中象征吉祥如意、勇猛奋进的狮、象、马、鹿，活灵活现、憨态可掬；还有郊野的牧笛，展现了白族地区如诗如画的田园风光；而白鹤巨松、撒财等，折射了白族人民对健康幸福和谐生活的期盼。

如今，张德和老太太已经仙逝，但她的精神和她的布扎工艺却深深扎根在白族民间，已开花、结果。

撰稿专家

杨国才，云南民族大学教授。

洱海渔家(图/杨士斌)

第10章

乐土以居，佳山川以游

走进白族

本章主撰稿人：云南民族大学教授　杨国才

明代监察御史、白族学者李元阳在《大理府志》中对大理这样评价道：“若夫四时之气，常如初春，寒止于凉，暑止于温，曾无褦襶、冻栗之苦，此则诸方皆不能及也。且花卉蔬果，迥异凡常；岛屿湖陂，偏宜临泛；一泉一石，无不可坐；风帆沙鸟，晴雨咸宜。……是为奥区奇甸，世称乐土，其谁曰不然。”

对于白族地区的风景名胜，我们很难只用诸如“丰厚”“优美”“绮丽”或者“古老”这样简单而抽象的字眼来概括。白族地区的风景名胜包含着多元复合的自然资源和人文资源，自然素质佳，文化内涵深，二者有机融合。悠久的历史、深远的文脉，给得天独厚的自然景观赋予大而厚重的文化色泽，自然资源因此得以升华。当代白族知名学者马曜有这样的评价：“环顾域内名胜，既饶壮丽之自然景观，又富悠久历史文化，兼之者其大理乎!”

大理的自然景观往往与人文景观相伴而生，使自然景观既有外在的自然美，又有内在的人文美；既有恢宏的壮景，又有细微的雕凿；既有雄奇、峻秀的自然外观，又有丰富厚重的文化内涵。复合的地质结构造就了大理高山、河谷和盆地等类型齐全的地形地貌。巍峨的山峰，起伏的山峦，涓涓的溪流，奔腾的江河，幽长的峡谷，以及明镜似的湖泊，田园牧歌式的坝子，构成了大理独特的多姿多彩风景名胜的基本风貌。悠久的民族文化赋予自然景物的厚重性。这不仅表现在大理有许多历史古迹点缀其间，而且许多自然景物被拟人化。举凡古城、建筑、园林、碑刻、石窟、墓群、村寨、民居、民风习俗等，无不渗出浓郁的地方民族特色。且让我们走进大理，走进白族，欣赏那凝聚在山水之间的举世无双的美。

雪与花争妍，山与水竞奇

倾倒众生的大理山水

大理具有冬暖夏凉，年温差小，昼夜温差大的高原气候特点，又由于坝区的湖泊、泉潭的小气候调节作用，年平均气温在15℃左右，冬无严寒，夏无酷暑，雨热同季，春秋日数达300余天，这与全国其他地区相比占有很大的气候优势。这种良好舒适的气候条件，在世界上也是不多的，非常适于四季旅游和休、疗养。

呈南北走向的横断山脉地势西北高东南低，使大理拥有从高山到低山的多种山地类型。从海拔2000多米到4000多米的名山棋布境内，婀娜多姿，各有特色。其中苍山、鸡足山、巍宝山、石钟山、水目山等，不仅风光秀丽，生物资源丰富，而且还是民族文化内涵极其深厚的宗教名山，是多元复合型的风景名胜地。这些名山的影响遍及云南省内外，甚至远及东南亚。

大理州境内江河纵横，湖泊众多，如洱海、叱碧湖、洱源西湖、剑湖等。这些湖泊景观各异：洱海有“三岛、四洲、九曲”及“洱海月”景观，叱碧湖有“水花树”奇观，西湖有芦苇水乡景观等等，更有湖泊与高山相伴，构成“水光万顷开天镜，山色四时环翠屏”的高原湖

苍山黑龙潭（图/杨士斌）

泊景观。这些湖泊，不仅滋润着大理的生灵，同时也给这里的景色平添了妩媚。

"山有多高，水有多深"是大理高山的一大特色，第四纪冰川的作用和山顶冰雪的融汇，形成了苍山洗马潭、黄龙潭、黑龙潭、马耳山天池、云龙天池、剑川老君山九十九龙潭等高河窦海自然景观。地下暗河众多，有"泉潭之乡"鹤庆的龙潭群——黄龙潭、黑龙潭、白龙潭、西龙潭、大龙潭、石寨龙潭、仕庄龙潭、美龙潭、温水龙潭和剑川东岭龙潭、双龙潭，以及洱源清源洞龙潭、三爷河龙潭等环境清幽、古树围抱的泉潭景观。

因受澜沧江断裂带、洱海—红河断裂带和宾川断裂带的影响，大理的温泉出露较多。如洱源九气台温泉群、西湖温泉群、下山口温泉、漾濞券桥河温泉、大理塘子铺温泉、云龙漕涧温泉、永平曲硐温泉、巍山洗澡塘温泉、南涧碱坝温泉、马鹿田温泉、石洞温泉、弥渡总府庄温泉、高芹温泉等等为硫矿或碳酸泉，尤其是有"热水城"之称的洱源硫矿泉最为著名，是极好的医疗保健、休闲度假的旅游资源。

令徐霞客激赏的洱源西湖、茈碧湖

洱源西湖地处右所坝区，距洱海约10千米，是洱海北部的主要水源地之一。西湖是位于洱海和茈碧湖之间的一个非常有特色的湖泊，面积约4平方千米，最大水深12米。西湖是名副其实的高原湖泊，水质清澈，保存有较健全的水生生态系统，冬季这里有数量可观的北方飞来的越冬水禽，生机盎然。旧州村西的山麓一带还有蝴蝶聚集，头尾相吻，成串挂于树上的自然奇观，大理蝴蝶泉就是因这种奇观而闻名于世的，但如今蝴蝶泉的这一蝴蝶奇观已很少能见到了，而在旧州一带则依然可见。

徐霞客于崇祯十二年（1639）春游览洱源西湖，曾在游记中这样描绘道："汀港相间，曲折成趣，深处则旷然展镜，夹处则窅然罨画，翛翛有江南风景；而外有四山环翠，觉西子湖（编者注：指杭州西湖）又反出其下也。"洱源西湖的摄人之美，可见一斑。

茈碧湖又名宁湖，因湖内有茈碧花而得名。湖区面积8平方千米，最深32米，是大理州境内的第二大湖泊和最深的湖泊。茈碧湖最著名的是"水花树"奇观，一簇簇、一串串晶亮的水珠从湖心的水底往上跃出，宛如一棵挂满琼珠玉粒的宝树。其实，这是湖底的温泉不断涌出泉水所致。四百多年前，徐霞客就用他的妙笔描绘过这一奇特景观："海子中央，底深数丈，水色澄莹，有琉璃光，穴从水底喷起，如贯珠联璧，结为柱帏，上跃水面者尺许。从旁遥觑，水中之影，千花万蕊，喷成珠树，粒粒分明，丝丝不乱，所谓'灵海耀珠'也。"

洱海"一颗印"——小普陀（图/杨士斌）

苍洱大观——身与心的洗涤

“山则苍笼叠翠，海则半月拖蓝。”这是明代的杨慎描写苍山洱海的佳句。苍山是我国横断山脉的南端，青藏高原的前缘，由于地质构造运动的影响，形成苍山十九峰的同时，每两峰山谷之间均形成一条溪流，构成了连绵十九峰孕藏十八溪的独特景观。水随山转，山因水活，且苍山海拔均在3000米以上，云绕雾缭，泉溪争鸣，涧深树密，峰回路转。山顶常年积雪，植物垂直分布带谱十分明显。苍山是第四纪冰川的发生地之一，是冰川遗迹保存完好的低纬度地区之一。苍山顶上还有因冰川作用形成的冰碛湖，形成高山出龙潭的奇观。

烟波浩渺、映月如镜的洱海与挺拔峻秀的苍山息息相依，水质清澈，是我国罕见的高原淡水湖泊。海中冲积洲和弯曲的岸线曾有“三岛（金梭、赤文、玉矶）、四洲（清沙鼻、大贯朋、鸳鸯、马帘）、五湖（太平湖、莲花湖、星湖、神湖、潴湖）、九曲（莲花、大鹳、蟠矶、凤翼、梦莳、牛角、波砟、高品、鹤翥）”之胜，云海相连，白帆点点，妩媚秀丽，与挺拔的苍山刚柔相济，无限风光尽在其中。

洱海九曲之一——凤翼曲（图/杨士斌）

苍山云景：望夫云和玉带云

苍山十九峰相依相连，云雨变化多端，特别是苍山的云景变化无穷，有时峰顶云雾缭绕，有时白云长达数十里，如玉带束腰，使得苍山景色更加秀丽迷人。云景中以“望夫云”及“玉带云”最为出名。

“望夫云”是苍山上空神奇的自然景观。每到冬春季节，万里晴空，苍山玉局峰顶上常常会升起一缕白云，冉冉升空，又倏然不见，继而又起。她像舞步翩翩的少女，回环旋转，飘逸多姿，这就是闻名遐迩的望夫云。这种现象，气象学上称之为旗云。这种云出现后不到半个小时，随即狂风骤起，飞沙走石，平静的洱海霎时掀起惊涛骇浪，航船落帆靠岸，不再航行。因此，望夫云又称为“无渡云”。

夏末初秋，苍山十九峰会经常看到山岚四起，形成朵朵白云在松树上空飘浮，并逐渐汇集在苍山半山腰，又迅速向两端伸展，形成一条洁白的匹练，横亘数十里，经久不散，就像天赐玉带，系在苍山腰部，形成一大奇观，民间称为“玉带云”，被誉为“山横玉带”。清代本地诗人高可观在《夏山云带》中写道：

秋夏之交雨乍晴，白云如带岭腰横。

山公已受天封敕，吹老刚风裂不成。

据民间传说，玉带云出现次数多，预示年景好，定获丰收。

蝴蝶泉边的蝴蝶会（图/杨继远）

蝴蝶泉：清澈如镜，蝶树合一

蝴蝶泉位于大理市周城村北1千米，苍山云弄峰下。蝴蝶泉为地下泉水，因泉所处的环境生态条件良好，适于蝴蝶的生长繁殖，泉边的滇合欢（蝴蝶树）四月初发花如蝶，又有真蝶千万连须勾足，悬于树上，直及泉面，出现了蝶树合一的奇观。蝴蝶泉的蝶树合一是一种自然现象，但民间赋予了它美丽动人的传说，因而更为出名。

徐霞客曾在游记中记载："泉上大树，当四月初，即发花如蛱蝶，须翅栩然，与生蝶无异。又有真蝶千万，连须勾足，自树巅倒悬而下，及于泉面，缤纷络绎，五色焕然。游人俱以此月，群而观之，过五月乃已。"

相传，蝴蝶泉原名无底潭，有一对名叫霞郎和雯姑的青年男女相爱，被世袭领主俞王逼迫双双跳潭而死，化为蝴蝶从泉水中飞出，从此该潭便被称为蝴蝶泉。每年的农历四月十五为蝴蝶会，人群聚集潭边，唱歌跳舞，至今仍是白族青年男女谈情说爱的地点。

观树赏花的天堂

大理由于地形复杂，又处于滇西峡谷区、青藏高原区、金沙江植物区、云南高原植物区、印度马来西亚植物区系的过渡地带相接壤地带，植物区系复杂，种类繁多，是许多植物的变异中心和发生中心。其中以云南山茶、苍山杜鹃、报春、兰花、木兰科植物和高山花卉最为著名，有"云南茶花甲天下，大理茶花甲云南"的大理茶花"恨天高""童子面"等，有畅销海内外的兰花"大雪素""小雪素""朱砂兰""莲瓣兰"等，有永平木莲花山的红花木莲、大理的"龙女花"等木兰科植物。苍山有44种杜鹃，成为世界杜鹃花分布中心之一，苍山花甸坝有我国野牡丹分布中心之称。

大理还具有许多良好的原始森林植被，形成优美的森林景观，如大理苍山具有从低热带至高山冰漠冻原带的全部垂直植物带谱，尤其是苍山冷杉—杜鹃—苔藓林，结构整齐，层次丰富。剑川老君山的针叶—杜鹃原始森林，宾川鸡足山、弥渡太极顶、南涧灵宝山的阔叶林，巍山巍宝山、云龙天池、祥云水目山的混交林，永平木莲花山的木莲花林都是优美的森林景观。

除了有较茂密的森林植被外，还有许多古树名木值得欣赏，较著名的有大理将军洞大青树、感通寺感通茶、弘圣寺大理罗汉松、观音塘古叶子花、蝴蝶泉滇合欢、无为寺唐香杉、鸡足山空心树、巍宝山古茶花和云头柏、弥渡桂花树王、永平永国寺古茶花、祥云水目山夫妻树和古月季、巍山文庙古银杏等等。

百鸟朝凤——鸟吊山

"鸟吊山"是云岭山脉罗坪山凤翔中峰的别称，距洱源县城30千米，洱乔公路从鸟吊山垭口穿过，最高海拔3170米。

鸟吊山是候鸟迁徙路线上的一个途经点。鸟类按生活习性可分为留鸟和候鸟，候鸟每年秋季从北方到南方越冬，春季又从南方飞往北方生活和繁殖，在它们南来北往的迁徙过程中，形成了固定的飞行时间和飞行路线。每年中秋节前后一个月的时间是候鸟迁徙途经罗坪山的时期，此期间大批候鸟沿横断山脉由北往南飞经迁徙地，如此时夜间遇上云雾天气，且有人在罗坪山上燃起篝火，迁徙中的鸟群就会向火光方向飞去，形成无数鸟群飞越罗坪山的奇观。百鸟朝凤的动人传说也就是由此现象而来。据调查，鸟吊山的迁徙鸟类已知的有130余种，属12个目，24科。

白族地区自然保护区一览

名称	地点	级别	主要特色
苍山洱海	大理市、漾濞彝族自治县	国家级	断层湖泊、古代冰川遗迹、苍山冷杉、杜鹃林
无量山	南涧彝族自治县	国家级	亚热带常绿阔叶林、黑冠长臂猿等珍稀动物及栖息地
云龙天池	云龙县	国家级	云南松林、高原湖泊及珍稀动物
巍山青华绿孔雀	巍山彝族回族自治县	省级	绿孔雀等珍稀动物
金光寺	永平县	省级	森林及野生动植物
剑湖湿地	剑川县	省级	湿地生态系统及候鸟

位于巍山县隆庆关隘口的"鸟道雄关"摩崖石刻，是世界上迄今为止发现的唯一最早、最古老的关于"鸟道"的记载（图/杨士斌）

领略大理灿烂的文明之光

大理州是全国拥有文物古迹最多的自治州

历史上，“云南”“昆明”和“大理”等地名都与现在的大理有关。这三个在云南历史上最重要的地名都源于洱海周围的地区，这种地名的演变，正好说明大理在云南历史上举足轻重的地位。因此有人曾说，了解了大理的历史，就基本上知道了云南的历史。厚重的历史给大理留下了极为丰富的文化遗产，大理白族自治州是全国30个少数民族自治州中拥有文物古迹最多的自治州。想要了解白族悠久而灿烂的文明史，探访这些文化遗产是最好的选择。

史前遗址——云南的文明曙光

自20世纪40年代考古学家吴金鼎等在大理苍山半坡发现了马龙、龙泉、白云等16处新石器遗址之后，考古工作者先后在洱海沿岸及宾川、剑川、洱源、祥云等地发现了3800多年前的新石器和铜石并用时期的遗址。2008年，在剑川县象鼻洞发现了一处旧石器遗址，这是大理州境内首次发现和确认的旧石器时代中晚期遗址。它的发现填补了大理地区旧石器时代遗址的空白，并将大理地区有人类活动的历史上推到了至少一万年以前。

这些重大发现，对于了解洱海文化的源流、类型及其在人类历史上的地位都有着重要的价值。其中宾川白羊村遗址发现的碳化稻和剑川海门口遗址发现的成束稻穗，肯定了当时这里已经有定居的稻作民族。可以说，云南的文明曙光，就是在大理地区升起的。

不过，这些史前遗址并不是经过开发的旅游景点，如果想要探访，还需要游客自行规划和安排行程。

南诏大理国文明的厚重遗存

大理地区是历史上南诏、大理国的核心区域，又是“南方丝绸之路——蜀身毒道”和“茶马古道”的交汇地，是元代以前云南的政治、经济、文化中心。悠久的历史，灿烂的文化，为全州留存下众多的文物古迹。

南诏大理国的这些重要文物就像一面镜子一样，在一定程度上相当真实地再现了当时的政治、经济、民族、宗教、文化、艺术等方面的状况：太和城遗址、白崖城遗址、屹屿图山城址、德源城遗址、阳苴咩城遗址等

宾川白羊村遗址（图/杨士斌）

古城址反映了当时的政治和社会经济状况；大唐天宝战士冢、龙首关遗址、段氏与三十七部会盟碑等是当时军事活动的见证；南诏铁柱反映了当时的宗教信仰情况和冶铁技术水平；崇圣寺三塔、石钟山石窟、地藏寺经幢、博什瓦黑岩画等是南诏大理国时期宗教活动和上层政治活动的宝贵历史记录。

多元宗教文明的交汇

从宗教文化方面看，大理州境内白族本主信仰、佛教、道教、伊斯兰教、天主教、基督教多教并存，体现了大理地区民族宗教文化的开拓性、包容性和广博性。这些特点不但体现在地域上，也体现在建筑风格、祭祀活动、民间习俗上。

西云书院内的《种松碑》为大理名碑之一，清代诗人宋湘书。碑文诗句抒发了对苍山的深厚感情，以及植树造林、造福后代之意（图/杨士斌）

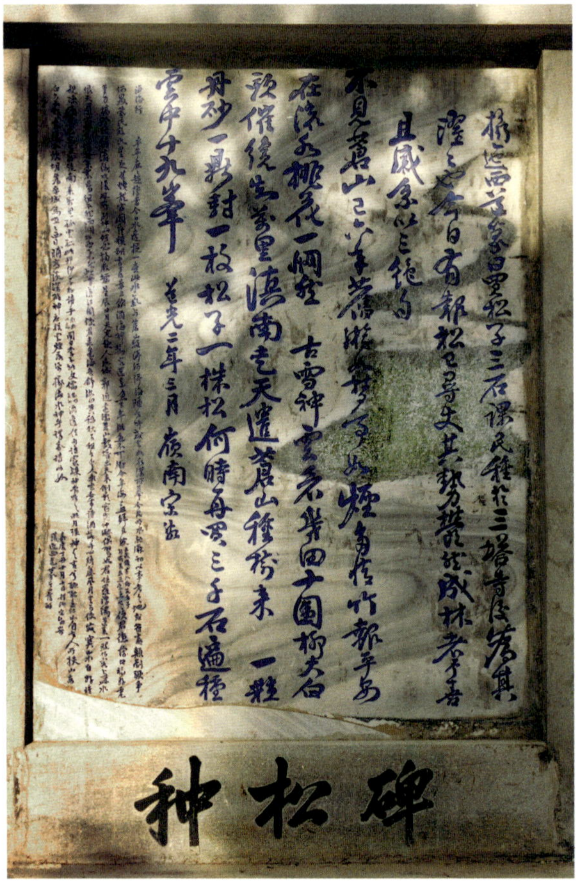

白族聚居区众多的本主庙，集中展现了白族传统建筑文化、工艺美术精品、音乐歌舞等，成为白族传统道德的传承场和民族文化的传播中心。可以说，白族本主庙是白族传统文化的保存库和博物馆。无论是著名的神都、苍山神祠、下关将军洞，还是分布于每一个白族村落的大大小小的本主庙，都能令人看到白族人民对本主的虔诚信仰。

佛教对大理的影响根深蒂固，这与南诏和大理国统治者的大力提倡很有关系。佛教的盛行，促进了大理与外部世界的文化交流，促进了大理古代建筑、绘画、音乐、文学的发展和繁荣，至今留存下来的崇圣寺三塔、石宝山石窟、鸡足山庙宇群，以及明代剑川兴教寺壁画等等，无一不是佛教在大理传播的产物。

塔与石窟一样，是佛教建筑之一。在历史上佛教盛行的大理，古塔众多是必然的。从现存的古塔看，大理

大理白族自治州博物馆

大理白族自治州博物馆位于大理市下关洱河南路8号，始建于1986年，是云南省最早建成的州立博物馆。

大理州博物馆是以南诏大理国时期的历史文物为重点，以青铜、陶瓷和石刻艺术为主体，以白族民族民俗为特色的地方性综合博物馆。馆藏已初具规模，共拥有历史文物、民族文物、革命文物及其他资料和大理石精品等藏品7000余件，其中不少为本馆独具的稀世珍品，如战国时期的大理铜鼓、编钟、铸石范、马纹图案铜斧，西汉至晋代的水田模型、陶屋、陶人、陶马以及各种铭器，南诏大理国时期阿嵯耶观音、弥勒、天王力士等不同质地的佛教造像以及金刚降魔杵、塔模、大理国写本经卷，元明瓷器以及大理石天然画精品“孔雀开屏”“美猴出世”等等。

境内的塔不仅年代久远，而且数量冠于全省。据统计，大理现存古塔有40多座，建造年代从唐宋直至民国年间均有。其形式有空心密檐式砖塔，也有实心密檐式石塔；形状有四方形、六角形、八角形、圆弧形；多数为佛塔，但也有风水塔、镇蝗塔等等。

在云南，唐宋时期所建的塔已留存无多，因此大理现存的崇圣寺三塔、佛图塔、弘圣寺一塔、祥云水目寺塔等唐宋塔的存在就弥足珍贵了。大理古塔中，最著名者当推崇圣寺三塔中的千寻塔，其年代之久远、塔级为偶数、抗地震能力之强，实属稀有。

右图：佛图寺塔，摄于1994年（图/杨士斌）

下图：明末禅师、画家担当和尚的墓塔，位于苍山圣应峰南麓的感通寺内（图/杨士斌）

与四大佛教名山齐名的鸡足山

鸡足山风景区位于大理州宾川县炼洞乡境内，距宾川县城32千米。鸡足山地处横断山块断带，为横断山脉东南边缘。最高海拔金顶3248米，最低海拔山麓沙址河1780米，相对高差1468米。

鸡足山属季风高原气候类型，具有干湿季明显的特点。山体垂直高差较大，具有立体气候特点。鸡足山独特的地理位置、地质构造及立体高山气候，造就了鸡足山雄、奇、幽、秀的自然风光，其中以“绝顶四观”及“八景”为著名。全山共有40余座奇山，13座险峰，34座岩壁，多处幽洞、泉潭。最高峰为天柱峰，登上山顶可观“绝顶四观”（东观日出，西望苍洱，南睹祥云，北眺玉龙雪山）。

鸡足山是我国的佛教名山，与著名的四大佛教名山齐名，在东南亚一带影响较为深远。相传释迦牟尼大弟子迦叶尊者入定于鸡足山，宋、元至明代初期，有和尚上山结茅为庵。明正统年间（1436—1449），少林寺派了通、了晓两和尚在山上建造了第一座大型寺院石钟寺。元、明两代，山中建成了以寂光寺为主的8大寺和71丛林。到清代光绪年间，又发展到以祝圣寺为中心的36寺、72庵共108座寺庙的庞大建筑规模，僧尼多达3000多人，称为“佛国”。禅宗开山鸡足后，高僧辈出，著名的如大错、担当、虚云等，他们或在山讲经、著述，或遍游名山求法，不仅丰富了鸡足山佛教文化，而且对全国佛教发展作出了贡献。

鸡足山因其自然风光和佛教文化显赫于世后，各方文人、学者、官吏相继登山游览，著书立说，留下了许多诗文及词联，著名的如杨慎、李元阳、谢东山、徐霞客等。清光绪三十二年（1906）光绪皇帝亲赠“护国祝圣禅寺”寺名，民国时期孙中山、梁启超均有题匾相赠，这些都丰富了鸡足山的文化内涵，扩大了鸡足山的知名度。

1980年后，国家陆续对鸡足山的重点寺院进行了重修。如今，鸡足山主要寺院有祝圣寺、金顶寺、慧灯庵、迦叶殿等。其中，位于鸡足山主峰天柱峰之巅的金顶寺是欣赏鸡足山“四观”的绝佳之处，为游人所必到。

鸡足山（图/视觉中国）

位于巍宝山山顶的斗姥阁在道教中十分著名，供奉的是北斗众星之母斗姥女神（图/杨士斌）

道教圣地巍宝山

距离巍山县城13千米的巍宝山，以南诏发祥地和道教圣地而出名，是我国西南部的道教名山之一。

明清以来，巍宝山地区道教盛行，各地道人在山上先后修建了20多座道观殿宇，鼎盛时期，道人多达上百人。这些道观分布于前山和后山，前山绵亘叠嶂，宫观多藏于密林之中，以建筑规模宏大而著称。后山险峻陡峭，庙宇多依山势显露于岩壁之间。这种有藏有露的建筑布局，体现了道家思想“道法自然”的特点。这些宫观依山就势，布局巧妙，出阁架斗，工艺精湛，雄浑古雅，雕塑形象逼真传神，雕刻壁画和图案丰富多姿，具有浓厚的宗教色彩和民族特色。

现存主要宫观有文昌宫、玉皇阁、青霞观、三皇殿、斗姥阁、培鹤楼、财神殿、长春洞等。玉皇阁供奉的神像较为集中，展现了巍宝山道教神仙系统宏大场面。建于巍宝山顶的斗姥阁在道教中十分著名，供奉的是斗姥女神（为北斗众星之母），斗姥雕像3眼4头6臂，显示其神通不凡。位于巍宝山西麓的长春洞建于清康熙年间，布局巧妙，建筑式样独特，景致清幽，是巍宝山道观群中保存比较完整、较有特色的一座。长春洞的大殿内有精美的藻井和壁画，整座建筑雕刻、彩绘并茂，具有很高的艺术价值。

白族地区重要文物保护单位一览

（截至2018年）

名称	时代	地点	保护级别
石钟山石窟	南诏、大理	剑川县	国家级
崇圣寺三塔	唐、五代	大理市	国家级
太和城遗址	南诏	大理市	国家级
南诏铁柱	南诏	弥渡县	国家级
喜洲白族古建筑群	明、清	大理市	国家级
元世祖平云南碑	元	大理市	国家级
白羊村遗址	新石器时代	宾川县	国家级
巄屽图山城址	唐	巍山彝族回族自治县	国家级
水目寺塔	唐至明	祥云县	国家级
佛图寺塔	唐	大理市	国家级
州城文庙和武庙	明至清	宾川县	国家级
西门街古建筑群	明	剑川县	国家级
沙溪兴教寺	明至民国	剑川县	国家级
长春洞	清	巍山彝族回族自治县	国家级
海门口遗址	新石器时代至夏、商、周	剑川县	国家级
银梭岛遗址	新石器时代至商	大理市	国家级
顺荡火葬墓群	明	云龙县	国家级
弘圣寺塔	唐至宋	大理市	国家级
等觉寺	明	巍山彝族回族自治县	国家级
诺邓白族乡土建筑群	明至清	云龙县	国家级
沘江古桥梁群	明至民国	云龙县	国家级
景风阁古建筑群	清	剑川县	国家级
云南驿古建筑群	清	祥云县	国家级
南诏镇古建筑群	清	巍山彝族回族自治县	国家级
茶马古道	唐至民国	鹤庆县、剑川县	国家级
阳苴咩城遗址	南诏、大理	大理市	省级
德源城遗址	唐	洱源县	省级
大唐天宝战士冢	南诏	大理市	省级
兰津渡及霁虹桥	汉至清	永平县	省级
圣源寺观音阁	明至清	大理市	省级
苍山神祠	清	大理市	省级
法藏寺与董氏宗祠	明至清	大理市	省级
鹤庆文庙	清	鹤庆县	省级
祝圣寺	明至清	宾川县	省级
宝相寺	清	剑川县	省级
云鹤楼	清	鹤庆县	省级
永增玉皇阁	清	弥渡县	省级
上沧本主庙	明至清	宾川县	省级

金华山石刻	大理	剑川县	省级
段信苴宝摩崖碑	明	洱源县	省级
周保中故居	清	大理市	省级
王德三、王复生故居	清	祥云县	省级
白崖城遗址及金殿窝遗址	南诏	弥渡县	省级
圆觉寺及双塔	明	巍山彝族回族自治县	省级
凤仪文庙	清	大理市	省级
东城门及钟鼓楼	明、清	祥云县	省级
杨氏宗祠名人题刻	1930年	宾川县	省级
董友弟墓石雕造像	明	祥云县	省级
苍山崖画	汉	漾濞县	省级
赵藩墓	1928年	剑川县	省级
龙首关遗址	南诏	大理市	省级
云龙盐井遗址	唐至明	云龙县	省级
旧州三塔	唐、明、清	洱源县	省级
金镑寺漂来阁	明	大理市	省级
日本四僧塔	明	大理市	省级
永济桥	明	巍山彝族回族自治县	省级
观音塘	明至清	大理市	省级
巍山文庙	明至清	巍山彝族回族自治县	省级
凤羽古建筑群	明至清	洱源县	省级
虎头山道教建筑群	明至清	云龙县	省级
天峰山玉皇阁老君殿建筑群	明至民国	祥云县	省级
东岳宫	清	巍山彝族回族自治县	省级
星拱楼	清	巍山彝族回族自治县	省级
真武阁	清	洱源县	省级
海云居	清	剑川县	省级
南薰桥	清、民国	宾川县	省级
利克村传统民居建筑群	民国	巍山彝族回族自治县	省级
杨杰故居	民国	大理市	省级

附：大理州外与白族相关的重要文物

名称	时代	地点	保护级别
段氏与三十七部会盟碑	大理	曲靖市	国家级
地藏寺经幢	大理	昆明市	国家级
袁滋题记摩崖石刻	唐	盐津县	国家级
惠光寺塔和常乐寺塔	唐、清	昆明市	国家级
博什瓦黑岩画	唐至宋	四川省昭觉县	国家级
王仁求碑	唐	安宁市	国家级

走村串巷游大理

走进白族人的居所和生活

看不尽的名城、名镇、名村

大理处于云贵高原与横断山脉相接部位，山川纵横，在山峦之间镶嵌着许多大小不同的盆地——“坝子”，如大理坝子、祥云坝子、巍山坝子、弥渡坝子、鹤庆坝子、剑川坝子等。这些盆地土壤肥沃，水源丰富，是主要的农业耕作区，又是主要的人口聚居区和经济活动中心。白族地区的国家级、省级历史文化名城、名镇、名村达10多处，这在全国少数民族地区是极为罕见的。走进这些城镇，你可以体验到厚重的白族历史文化和浓郁的民族风情。

大理古城和巍山古城分别于1982年和1994年被国务院公布为全国历史文化名城。在一个少数民族地区内，同时拥有两座国家级历史文化名城，这在全国是独一无二的，足以说明大理历史的悠久和文明的古老。

此外，大理地区还有云南省省级历史文化名城两座（剑川、漾濞），国家级历史文化名镇、名村8个（诺邓、沙溪、州城、凤羽、云南驿、东莲花村、曲硐村、文盛街村）、省级历史文化名镇、名村1个（双廊）。国家级历史文化名城重要组成集镇2个（喜洲中心镇、周城

中心村)，剑川沙溪寺登街被列为世界濒危建筑保护遗址。

在这些名城、名镇、名村之中，保存着大量优秀的白族传统建筑，也蕴含着极为丰富的历史文化内涵。大理地区的白族人民结合民族生活习俗，充分利用当地的地理环境、气候和地方建材，经过长期的居住建筑发展，在建筑平面布局、立面造型、雕刻装饰、色彩运用方面创造出独具建筑特色的白族民居建筑。这些民居又受地域和地形的影响而略有差异。大理喜洲民居布局严整，吸收外来建筑形式，较讲究规模体量；洱源凤羽民居和大理挖色大成民居则布局灵活、尺度适宜；云龙诺邓民居则在遵循传统规范下，因地制宜，依山就势处理建筑组合。白族民居不仅各单元的院落、门楼、照壁成为一景，而且由这些灰瓦白墙的民居单元组成的村落，三折九曲的小巷，高低错落的屋顶，陪衬以古老的大青树，构成了优美的白族乡村风貌景观。

右图：剑川古城（图/杨士斌）

下图：位于洱海东岸的双廊古镇（图/杨士斌）

云龙县山环水绕，构成了天然太极图(图/杨士斌)

深度体味大理风物

白族银制工艺品（图/杨继远）

大理地区古老悠久的文明，秀丽的山山水水养育了聪慧的大理各族人民，陶冶了他们的审美观念，在生产生活中逐渐形成了独特的民族工艺制作。如大理、云龙的大理石制品，剑川木雕、大理石和木雕相结合形成的“云木家具”，大理草编，大理、巍山扎染，洱源“凤羽砚”，鹤庆、祥云金银饰品，大理的刺绣等。随着旅游业的发展，这些民族工艺品已成为具有民族特色的旅游商品，并形成了一些以旅游为主的“民族村”，如鹤庆新华民族村（银器）、洱源凤羽民族村（凤羽砚）、剑川狮河民族村（木雕）、大理周城民族村（扎染）等。

大理地区各民族的节日繁多，除了元宵、清明、中秋、重阳、冬至等节日与汉族一样，过节方式大同小异外，还有自己民族特色浓郁的节日，如：白族和彝族火把节、白族本主节、彝族土主节、回族把斋节、大理绕三灵、蝴蝶会、三月街、花朝会、小鸡足歌会、葛根会、松花会、洱源渔潭会、耍海会、茈碧湖海灯会、剑川石宝山歌会、骡马会、鹤庆天子庙会、石宝山会、宾川鸡足山会、弥渡花灯会、天生桥会、南涧松山山会、巍山巍宝山会、永平金光寺会、云龙澡塘会、虎头山会以及有着浓郁农耕文化内涵的栽秧会等。这些盛大的民族节日，不仅有其优美的传说故事，而且围绕着节日主题，有丰富多彩的活动内容，把宗教活动、民族歌舞、民间体育、商品贸易、谈情说爱、探亲访友、游览观光等有机地融合在一起，成为大理州人文景观的重要组成部分。

白族文化专家徐嘉瑞先生曾说：“大理人民，为爱好艺术之人民，为具有艺术天才之人民。”大理的每一棵树都有自己的历史，每一块石头都有自己的传说，每一朵白云都有自己的故事，每一条小溪都有自己动人的歌。白族人不但在如石宝山歌会、绕三灵、蝴蝶泉会、小鸡足歌会等民族节日上对歌，在日常的田边地头也常常能听到动听的歌声。大理的民族文艺生活丰富活跃，民族气息浓郁，到处可以体验到大理各族人民能歌善舞，热爱生活，热爱艺术的民族风情。

“一苦二甜三回味”——白族“三道茶”

“三道茶”是白族古老的品茶艺术，起源丁南诏时期，传承至今，已有1000多年的历史。“三道茶”的内涵是由主人依次向宾客奉献苦茶、甜茶、回味茶三道，通过仔细品尝每道茶的性味，产生对人生经历的联想，寄寓“一苦、二甜、三回味”的人生哲理。

第一道是苦茶，用大理茶装入小陶罐烘烤冲沏，茶味以芳香浓酽为佳。第二道是甜茶，用下关茶、朵美红糖、熏烤过的邓川乳扇和漾濞核桃切成碎末配制，味道以香甜可口为佳。第三道是回味茶，用苍山茶、冬蜂蜜、姜、椒、桂皮等配制，品尝后生津回味，沁人肺腑。三种茶均有清热解暑、滋阴润肺、提神醒脑的药用价值，清香爽口，耐人寻味，因而声名远播。

在品茶过程中，伴以白族的民间诗歌、乐舞、曲艺、民俗表演，形成浓郁的艺术氛围，更增添了茶艺的感染力。“三道茶”是白族人民待客交友的高雅礼仪，被各界广泛采用。

烤制“三道茶”（图/杨继远）

白族饮食的“百科全书”——八碗一座盘

文/王文铭

白族人的“八碗一座盘”（也称“八大碗”“土八碗”）不仅仅是一个民族的饮食文化，更是一部白族饮食的“百科全书”。

白族人不论红白喜丧大事小事，款待宾客的都以“八碗一座盘”为主角。“八碗一座盘”由“八碗”和“一座盘”组成。

“八”是个源远流长的吉祥数字。“八仙过海，各显神通”是白族地区用得最多的典故，体现了白族人自立自主的处世原则。当然，白族文化有海纳百川的气度，在八仙过海、各显神通的同时，也讲究合作精神。“八大碗”荤素搭配、土洋菜蔬的兼容，正是这种思想内涵的具体表达。

“八大碗”由荤素两大类组成。传统正宗的荤菜四大碗，主要由猪肉构成，有肥肉、瘦肉、骨头、肥瘦夹杂肉……几乎将一头猪的所有部位都用上了，表现了白族人的大方、好客，对自己所有东西毫不吝啬的大度气质。这四大碗荤菜具体为：

第一碗：红肉。用红糟米染成亚红色，表示各方面都红红火火、顺顺当当。主要原料是肥肉。

第二碗：白肉。即颜色白净的肉，由猪头肉和猪蹄组成，肥中有瘦，瘦中有肥。表示希望日子过得清清白白，吉祥如意。

第三碗：酥肉。酥肉可以有酥肉和酥骨两种，可视家境不同而定。酥肉有日子舒舒坦坦之意。

第四碗：千张肉。千张肉用猪肚皮上的三线肉做成，下面垫干腌菜。颜色金黄，酸腻结合，香气浓郁而不腻人，是高贵典雅的象征。

素菜四大碗具体为：

第一碗：主要由豆类组成，但必须是白色的，看起来比较高贵典雅，如大白豆、小白芸豆等。如果是有色的豆子，要经过浸泡后，将有色的外皮剥去。

第二碗：由干菜系列组成，可以在干菜中任选一道。如黑木耳，是道高贵而具有保健作用的菜；干香菇、干竹笋、海带、干黄花菜……价格也不相同。这道菜在“八大碗”中是最费钱的一道，也是白族人精心设计的一道菜，体现了白族与外部世界的融洽，有极大的包容性的含义，是不闭关自守的表现。

第三碗：粉丝。老式方法都是加肉汤煮熟了就行，而如今在做法上有了很大的改进，主要是将烫过的粉丝放入大碗后，要在上面浇上一层面酱，然后用葱白、炒豆瓣、芫荽叶、食用色素将粉丝打扮得靓丽无比，甚至让人有种不忍下口的感觉。

第四碗：五花菜。五花菜是红萝卜丝、百合、青菜杆丝、虾仁、油炸豆腐丝这五种菜的完美组合。吃了上面几道油腻腻的荤菜，这鲜美无比、清心寡腻的菜，是客人们都争着吃的最后一道菜。看似简单，但却是整个席面技术含量最高的菜。本地人说：

八碗一座盘（图/杨士斌）

“厨子高明不高明，看看五花菜的样子就知道了。”五花菜要做得红的鲜红、白的雪白、黄的金黄、绿的亮眼。吃起来那爽劲，只有亲口品尝到的人才能心知肚明。

“一座盘”由垫底和盖头两部分组成。

垫底的主要成分是各种酸腌菜和凉拌菜。盖头由“五香”组成，“五香”是指由腌鸭蛋、鸡蛋、吹肝片、里脊片、虾片五种不同香味组成的风味食品。盖头是整个席面支撑门面的部分，不仅要讲求质量，还要讲求色、香、味俱全，使整桌“八碗一座盘”显得生机盎然，又有一种视觉上的红花配绿叶的感觉。

这何止是吃，这是白族文化几千年的积淀，它已经超越了吃的界限。有机会来白族地区，最好能够到农家和边远的山寨里，品尝原汁原味的“八碗一座盘”。

那些或浓或淡的乡愁

扎染之乡周城

周城被誉为“白族扎染之乡”，位于大理古城北，坐落在滇藏公路旁，是云南省最大的自然村，面积将近5平方千米，全村居住有1500余户白族居民，是大理最大的白族村镇，为对外开放的白族民俗旅游村。

周城（图/视觉中国）

大理才村耍海会（图/杨士斌）

面朝洱海——才村

才村地处大理古城东边，位于洱海西岸，辖区有3千米多岸线。这里居住的白族村民世世代代以打鱼为生。如今，才村毗邻洱海一面已改造成为洱海湿地公园，才村由此成为环洱海白族村落里最大的旅游风景区，也是接待游客最多的天然原始村落。

古风遗韵的萂村（图/杨士斌）

古道驿站——萂村

萂村位于大理州宾川县西部，是金沙江沿岸及川西进入滇藏茶马古道的古老食宿站，更是宾川西部古老的白族聚居地，形成了丰富多彩的以白族文化为主体的多元文化。古朴的白族建筑群、古老的手工织布和刺绣技艺、化石般珍贵的洞经古乐和宫廷礼仪，构成了古村独特的文化遗产。2007年5月，入选云南省历史文化名村。

民艺之乡——新华村

新华村位于鹤庆县西北部凤凰山脚下，历史上是茶马古道的必经之地。这里至今还保存着类似“古

鹤庆新华村(图/杨士斌)

长城”的石城墙的和石寨古遗址，其历史之谜尚待揭开。村中除保留有鹤庆白族的民俗民风外，其具有近千年历史传承的民族工艺品生产工艺和规模，在云南省内都是独一无二的。

春风习习——古生村

古生自然村隶属湾桥镇，西靠大丽路，东临洱海。2015年1月20日，习近平总书记来到古生村了解洱海生态保护情况，并走访村民李德昌家。总书记评价古生村：“这里环境整洁，又保持着古朴形态，记得住乡愁。”

茶马古道上的天堂——寺登村

寺登自然村隶属剑川县沙溪镇，属于坝区。古色古香的戏台、兴教寺、白族民居、寨门，哪怕是一条

古生村边，环境面貌日益改善的洱海(图/李平)

小巷、一道土墙，都历经岁月的洗礼而显得格外迷人。“在马帮兴盛的年代，寺登村就是茶马古道上的‘天堂’。直至今天，依然无愧于‘最美传统村落’的美誉。”沙溪镇寺登街区域是茶马古道上唯一幸存的古集市，已入选世界纪念性建设基金会2002年101个世界濒危保护遗产目录。在白族话中，寺登街的意思是“寺院所在地方的街”。这个寺院，就是有近600年历史的兴教寺，是我国目前保存最完好、规模最大的佛教密宗“阿吒力”寺院。

上图：剑川沙溪寺登街（图／杨士斌）

下图：诺邓远景（图／杨士斌）

山地白族大家园——诺邓古村

诺邓古村，位于云龙县城西北，

村中保留着大量的明、清两朝建筑和著名的玉皇阁道教建筑群，被称为"千年白族村"。以云龙县城诺邓镇为中心的诺邓景区，包括诺邓千年白族古村、天池、天然太极图、虎头山、沘江古桥梁等景观。

岁月静好——坦底摩村

坦底摩村隶属于太邑彝族乡，村名来源于白族语言，意思为在一个大水塘下的村子。这是一个大山深处波澜不惊的白族古村落，是一个任岁月如水般悄然磨洗也不曾改变的小山村。

因盐而兴——师井村大村

师井是云龙八大盐井之一，曾经因产盐闻名遐迩，商贾云集，百业兴隆，后随盐业衰落而渐渐无闻。2012年，云龙师井村大村入选首批中国传统村落名录。古村依山傍水而建，溪水潺潺，绿树成荫，炊烟袅袅，鸡鸣犬吠。村中古屋错落有致，古桥悠悠，宛如一幅镶嵌在师里河畔的唯美诗画，让游人心醉。

苍洱风光第一镇——双廊古镇

双廊镇为大理市所辖，西临洱海，环洱海公路从境内穿过，陆路和水路交通都很便利。双廊镇历史悠久，新石器时代就有人类居住，是青

右上图：坦底摩村（图／杨继远）
右中图：云龙师井村（图／杨继远）
右下图：双廊夕阳泛鳞光（图／杨士斌）

铜文化、洱海文明与大理文明的发祥地之一。如今的双廊镇城址格局完整，属典型的依山傍水的白族渔村，民居建筑特色鲜明，具有较高的艺术和保存价值，多姿多彩的白族传统文化和习俗，也都有很好的保留。因为历史、文化、风物、民俗等诸多元素的久远、独特、完整和多样，2003年，双廊镇被评为省级历史文化名镇。

三江边陲第一城——剑川古城

剑川古城始建于元代至正末年，已有650多年历史，现四门护城河、壕桥犹存，古城墙基础四至清晰。明代建成的街巷道路，走向、尺度、格局至今不变。古城的民居极富特色，尚保留明代建筑40余处，其中有21个院落保存完整，至于清代和民国时期的则以百计，古民居建筑的保留量占全城民居总数的90%以上。

凤凰涅槃——凤羽古镇

凤羽古镇是云南历史文化名镇之一，全镇人口近97%是白族，白族传统习俗、古建筑群、古民居保留得比较完整。由于是茶马古道上的一个重镇，其所属的九村处处有古迹，沉淀了很厚实的历史文化。

堪比剑桥的奇迹——喜洲古镇

喜洲位于大理古城以北，东临

右上图：剑川古城（图／杨士斌）
右中图：凤羽镇（图／赵寅松）
右下图：喜洲白族古建筑群俯瞰图（图／杨士斌）

沙溪古镇兴教寺（图／视觉中国）

洱海，西枕苍山，是重要的白族聚居的城镇，有着保存最多、最好的白族民居建筑群。历史上喜洲镇是南诏的军事重镇，文化比较发达，曾为国家输送了社会各界的许多知名人士。

马蹄声碎越千年——沙溪古镇

沙溪镇位于剑川县东南部，地处大理、丽江、香格里拉三大旅游区之间，东南与洱源县交界，西北与剑川县弥沙、羊岑、甸南相邻。沙溪镇先后获得云南省级历史文化名镇、国家历史文化名镇、云南旅游名镇、108个中国村庄名片等荣誉称号，入选“中国乡村文化遗产地标村庄名录”。

水抱山围似一城——宝丰古镇

宝丰镇位于云龙县县城，在清代曾是云龙州治所。宝丰是古代云龙先民的发祥地之一，从宝丰南新出土的石器和科浪出土的青铜器（现藏于县文管所）印证了这一点。

宝丰古镇（图／杨士斌）

白族地区土特产一览

名称	产地	特点
大理石	大理苍山	一种变质岩，具有美丽的天然色彩和花纹，可制作各种手工艺品。常见大理石手工艺品有石屏、酒杯、台灯、笔筒、花盆花瓶、砚台
拥翠墨石	南涧县拥翠乡	石质细腻而光滑，为良好的建筑板材
乔后盐	洱源县乔后镇	岩盐，为优质食用盐。为云南省四大盐矿之一
鹤庆棉纸	鹤庆县	以构树皮为主要原料，纸白如棉，薄如蝉翼，质软防蛀，吸水性强。素有“安徽宣纸甲天下，鹤庆棉纸誉云南”之说
剑川木雕	剑川县	多与大理石配制成屏风、茶几、靠椅等手工艺品，典雅大方，图案丰富多彩
饵块	大理各县，以大理、巍山为佳	大米制品，有烧、炒、煮等做法，以现揉烧饵块最有特点
油粉	大理各县	即豌豆凉粉，大理油粉夹锅粑，味道浓，有萝卜丝或腌菜垫底
凉鸡米线	以大理市为佳	有鸡丝做“帽”，以核桃酱和小粉为卤汁，味香，汁酸中带甜。以大理回族制作的凉鸡米线为佳，夏季食用尤为佳
喜洲粑粑	大理喜洲	即麦面烤饼，重油、分层，内有馅
粑肉饵丝	大理、巍山	猪腿肉以大砂锅炖煮，作为饵丝肉帽
高河菜	大理苍山	以高河菜做腌菜，有开胃、健脾、清神等药理作用。高河菜为苍山特有的高山名贵植物
巍山蜜饯	巍山县	以冬瓜、沙参、姜花为原料，白若凝脂，肥而细腻，食用能止咳化痰、滋补强身
雕梅	洱源县	以盐梅为原料，成形如菊花，加以上等红糖浸渍，成品外形美观，甜而不腻
炖梅	大理、洱源	又称“黑梅”“煮梅”。以优质盐梅为原料，加入精盐腌渍，微火炖煮一月即成，色泽黝黑，酸香适口，为上等酸味调味品
永平腊鹅	永平县	催肥后的鹅于秋末初冬宰杀后，以食盐腌渍，风干后收藏食用，味鲜美。以当地回族制作为佳
漾濞核桃	漾濞县	核桃壳薄、仁白、味香、出油率高
洱源乳扇	洱源县	乳制品。长八九寸，宽三四寸，呈斜长扇形，吃法多样，味香浓郁
鹤庆米糕	鹤庆县	米制品。质细美观，色香味俱全
大理雪梨	大理市海东	属砂梨系统，果实外表呈翠绿色，果大、皮薄，肉质雪白细嫩、汁多，味香甜
鹤庆乾酒	鹤庆县	酒味香醇，回味长久，能提神补气
砂锅鱼	大理	以洱海淡水鲤鱼为主要原料，配料多，营养丰富，味道鲜美
下关沱茶	大理市	茶制成碗形块状，滋味醇厚，汤色澄亮，香气馥郁
天生磺	洱源县	为硫磺温泉蒸气的升华微粒。是治疗胸腹胀闷、中风喘咳和子宫虚冷的上等中药
弥渡卷蹄	弥渡县	猪腿皮填精肉风干，煮熟后装坛，味酸香可口
诺邓火腿	云龙县	配料独特，制作精细，质优而味美，切口肉色嫩红

撰稿专家

杨国才，云南民族大学教授。

“中华民族文化大系”牢牢把握为祖国各民族做一张历史文化名片的编辑宗旨，以人为本，从细节入手，力争展示每个民族的亮点、特点和发展过程中的关键点。这套“集大成”之作，从撰稿到出版，历经数载，凝聚了众多专家学者的心血，得到诸多领导、同仁、读者的关心与支持，亦参考借鉴了相关研究成果，因体裁所限，未能逐一标注，特此申明，并深表谢意！

需要说明的是，书中部分文字、图片、音乐、视频等，经多方努力，仍未能找到相关作者或著作权人的联系方式。作者或著作权人如发现请随时与我们联系（meimin56@163.com），我们在核实后将奉上稿酬。

民族文化丰富而博大，繁复而琐细，虽已尽全力核查、考证，但挂一漏万，肯定还存有不少谬误，恳请读者批评斧正。

本书编委会

2017年6月

图书在版编目(CIP)数据

苍洱灵秀 ：白族 / 杨国才，李东红主编．-- 上海 ：上海锦绣文章出版社：上海文化出版社，2019.12
（中华民族文化大系）
ISBN 978-7-5452-1927-2
Ⅰ．①苍… Ⅱ．①杨… ②李… Ⅲ．①白族-民族历史-中国②白族-民族文化-中国 Ⅳ．①K285.2
中国版本图书馆CIP数据核字(2019)第219847号

上海文化发展基金会图书出版专项基金资助项目

审图号：GS（2020）1223号

责任编辑 李 平
整体设计 周艳梅
美术编辑 费红莲
督 印 张 凯

书 名 苍洱灵秀——白族
主 编 杨国才 李东红
出 版 上海锦绣文章出版社 上海文化出版社
出 品 上海故事会文化传媒有限公司
（200020 上海市绍兴路74号 www.storychina.cn）
发 行 上海文艺出版社发行中心
（上海市绍兴路50号 200020）
印 刷 上海雅昌艺术印刷有限公司
版 次 2020年6月第1版 2020年6月第1次印刷
规 格 787×1092 1/16 印张 19.25
书 号 ISBN 978-7-5452-1927-2
定 价 90.00元